从「物化」到艺术作品的本源

庄子与海德格尔的论析

曹璇 著

FROM "WUHUA" TO
THE ORIGIN OF
ARTISTIC WORKS

An Analysis of Zhuangzi and Heidegger

上海社会科学院出版社

图书在版编目(CIP)数据

从"物化"到艺术作品的本源：庄子与海德格尔的论析 / 曹璇著. — 上海：上海社会科学院出版社，2024
 ISBN 978-7-5520-4378-5

Ⅰ. ①从… Ⅱ. ①曹… Ⅲ. ①庄周(约前 369-前 286)—美学思想—研究 ②海德格尔(Heidegger，Martin 1889-1976)—美学思想—研究 Ⅳ. ①B83-092 ②B223.55 ③B516.54

中国国家版本馆 CIP 数据核字(2024)第 086195 号

从"物化"到艺术作品的本源——庄子与海德格尔的论析

著　　者：曹　璇
责任编辑：刘欢欣
封面设计：龙　顺
出版发行：上海社会科学院出版社
　　　　　上海顺昌路 622 号　邮编 200025
　　　　　电话总机 021-63315947　销售热线 021-53063735
　　　　　https://cbs.sass.org.cn　E-mail：sassp@sassp.cn
照　　排：南京理工出版信息技术有限公司
印　　刷：上海龙腾印务有限公司
开　　本：890 毫米×1240 毫米　1/32
印　　张：9
插　　页：8
字　　数：226 千
版　　次：2024 年 6 月第 1 版　2024 年 6 月第 1 次印刷

ISBN 978-7-5520-4378-5/B·351　　　　　　　　　　定价：69.00 元

版权所有　翻印必究

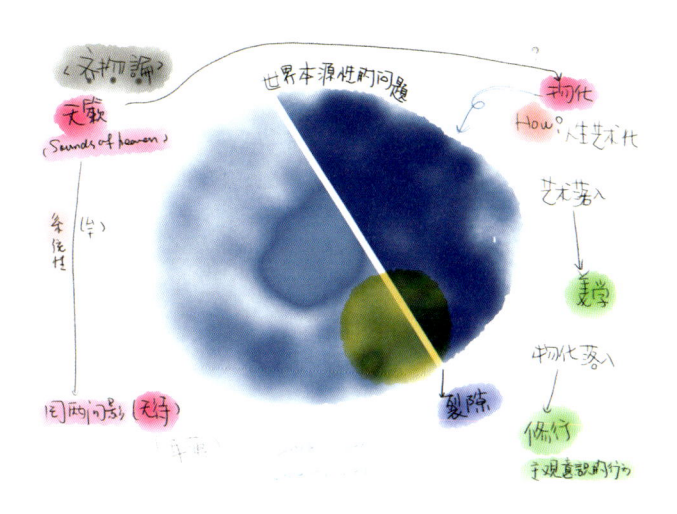

图 1　物化到世界本源性的问题。思考记录 10：落入美学障碍或还原世界本来模样。

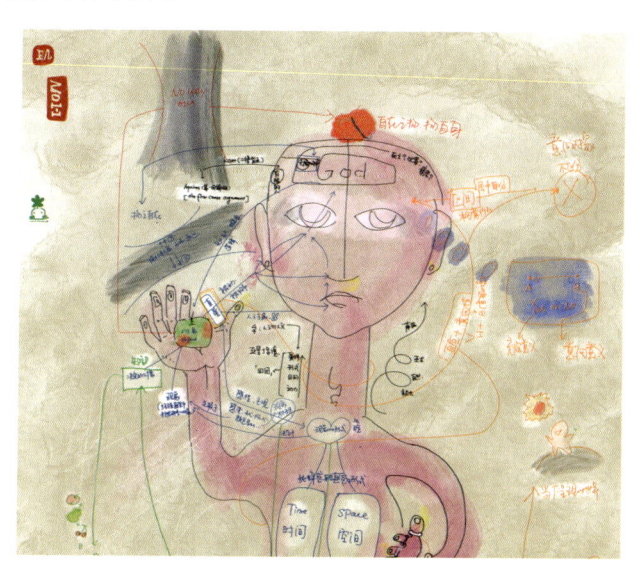

图 2　Kant 被给予的世界到 Husserl 意向性的超越。思考记录 11：思维挖掘机，一号巨人弗兰奇出土。

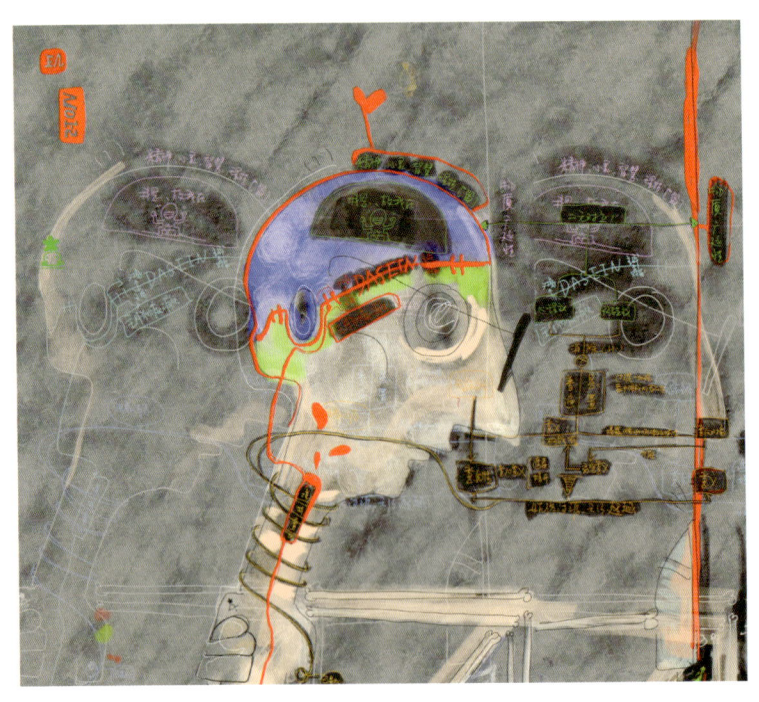

图 3　Husserl 到海德格尔彻底消失的主体。思考记录 12：超越的无底洞。二号巨人海盗卡列夫出土。Dasein 摧毁意向对象的基地。

图 4 老子的有无与真理非真理双重性否定。思考记录 13："有"，"无"，"遮蔽"与"澄明"。命运的转轮，巨人三号布朗尼大蜗牛出土。

图 5　庄子沉沦和遗忘的世界。思考记录 14：道不远人，是人将其遗忘。不断沉沦地生活。四号巨人翘辫子的佩琪琪出土。

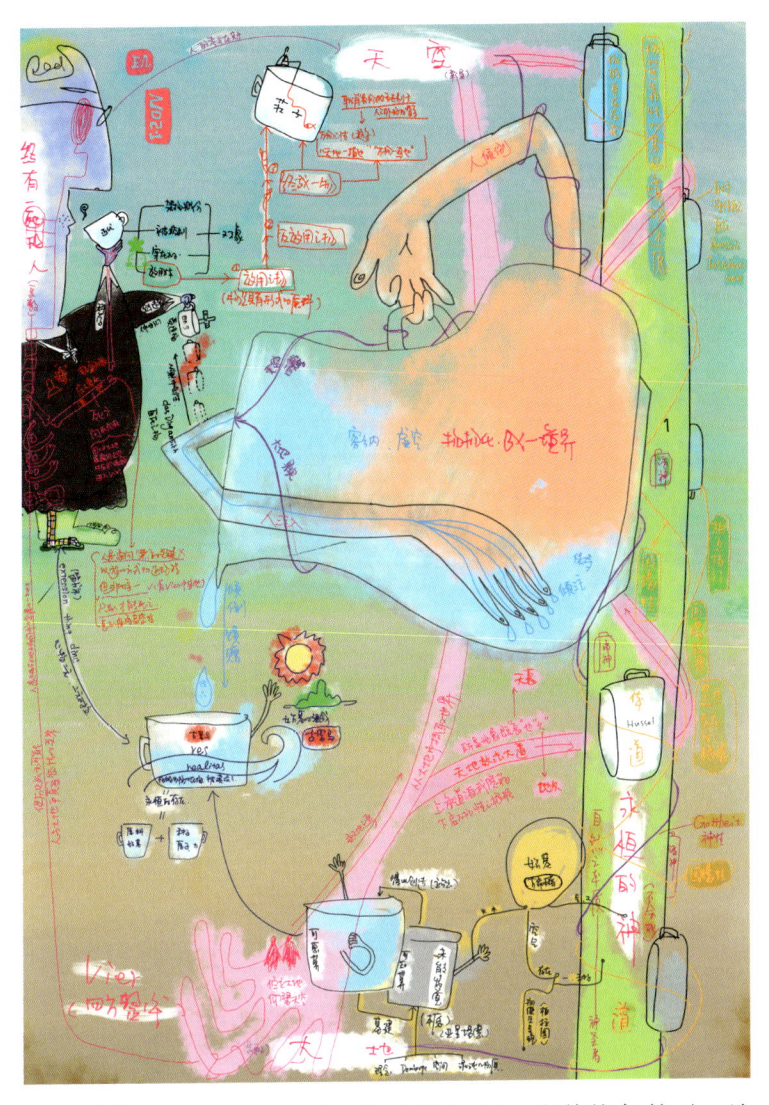

图6 物的历史与天地人神。思考记录15：海德格尔的天，地，人，神。五号巨人香迪斯的水壶出土。

图 7　四元四大与天籁。思考记录 16：老子，庄子与海德格尔。六号巨人组三胞胎三元神（戴肯，艾米与裴曼）出土。

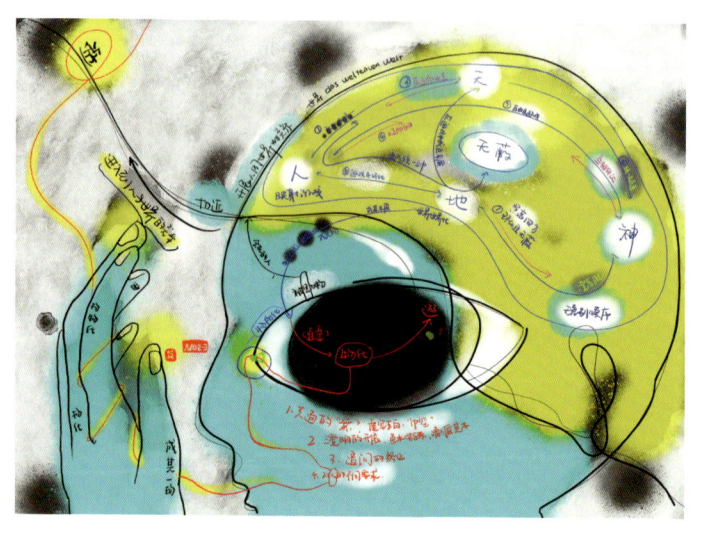

图 8　从游到物物化。思考记录 17：四元环舞的物化神游。七号巨人豆花儿出土。

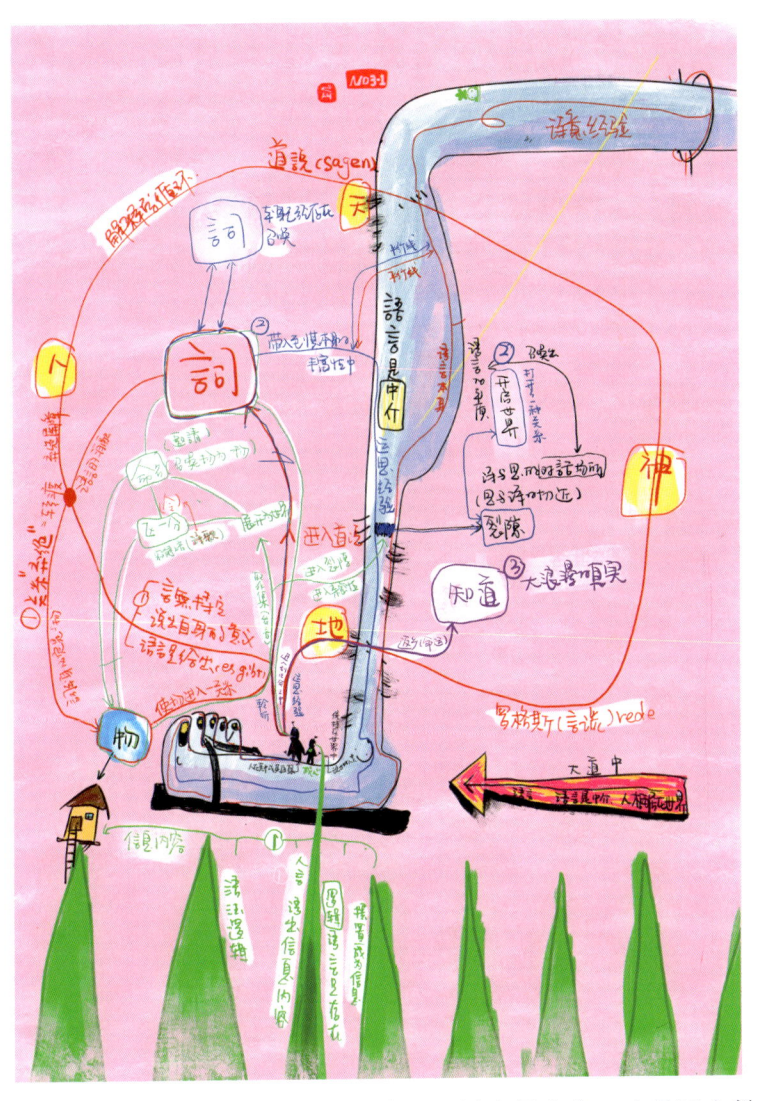

图 9　作为语言的中介。思考记录 18：语言是中介。八号巨人粉红色系的亚当出土。

图 10　人在语言中，语言在大道中。思考记录 19：语言在大道中。道说。九号巨人黄土色系的婴儿派出土。

图 11 孤独的艺术家。思考记录 21：孤独的艺术家。无我相。十一号巨人光头睡美人卡莲娜出土。

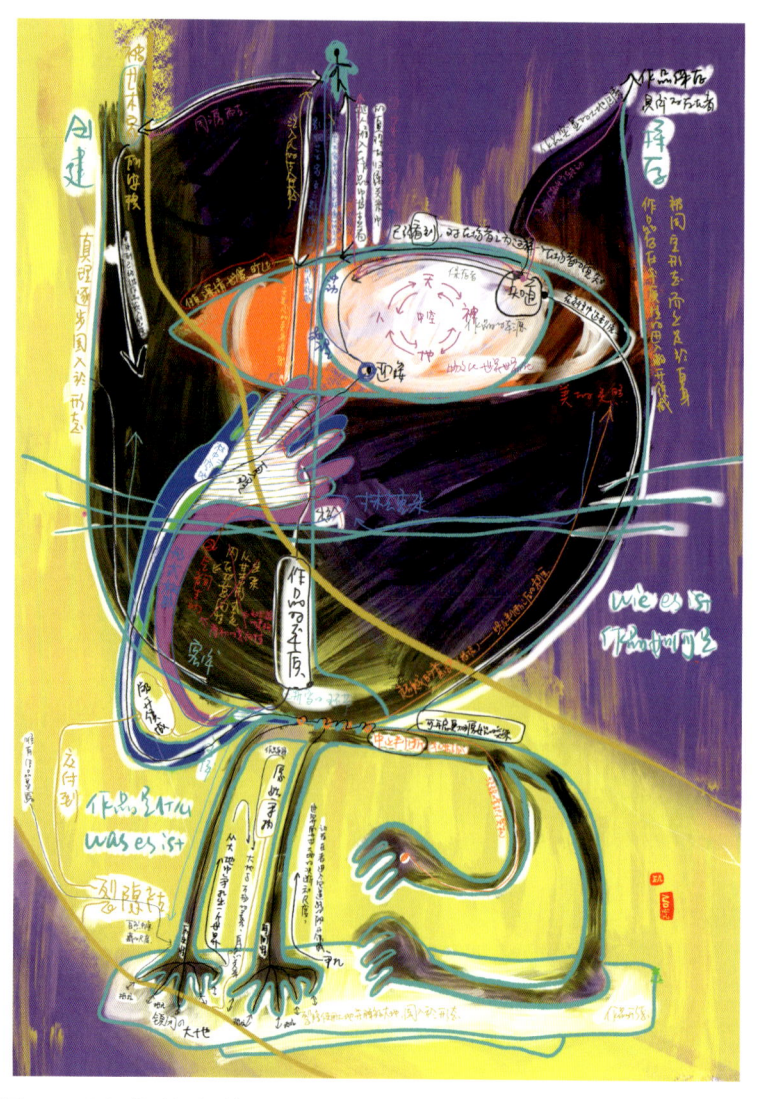

图 12 回到原初的境域构成。思考记录 22：艺术作品的创建与持存。十二号巨人猫咪大宝贝萨摩斯出土。

图 13　在境域中的运作方式时间性与历史性。思考记录 23：历史性与时间性的持存方式。过去—现在—未来。十三号巨人青色恶鬼胡胡出土。

图 14 实践与历史适应性。思考记录 24：日常生活，实践与适用性。一个茶杯直接落到矿底。一至十三号巨人群的坟。

序

1930年，海德格尔在一篇名为《哲学的终结和思的任务》的文中，提到哲学到了今天，已经是到了要终结的时候。不过，他所谓的终结，是有深层的意思。哲学的终结并非表示现代人不再需要哲学，他说，有些时候，我们太容易在消极意义上把某物的终结了解为单纯的中止，理解为没有继续发展，甚或理解为颓败和无能。他所谓的终结，并非此意。

哲学这种活动，自古以来，就是一种无关于现实生活的思辨活动。柏拉图认为哲学就是不断追求恒定的真理领域，为的是冲破各种不定、矛盾、冲突或怀疑之经验世界，达至绝对确定的形而上的真理领域。海德格尔对哲学的理想并没有异议，但是由柏拉图所揭示的真理定义，他却认为它有待转向，由形而上学转向"思"的新方向。

早前，十八世纪的康德已经在《纯粹理性批判》中告诉我们，形而上学是人类的本然趋向（natural disposition），他比喻人心灵内，永远波涛起伏，像小舟于怒海中渴盼在一块平稳的陆地上靠岸，即使我们明白人类的认识能力无法达至形而上的世界，但他仍将前仆后继地寻找那块大陆。这种本然趋向不断催逼我们，总希望找到现象界以外的存在，康德倾向认为我们追求形而上学的终极答案，将是徒劳无功、人只能获得现象的知识，人是不可能踰越知性的限制，而开启物自身（Thing-in-itself）的本体界。

海德格尔承接康德的批判再上路，所以他说哲学之终结意味着传统形而上学的完成。任何思想的开端，最终亦会因着内部的限制而有所终结，传统形而上学有过宏大的作用，它推动整个西方走向现代，但必须有所转向，才能保存思想的活力。

海德格尔提倡"思"（Denken/Think）来与传统哲学活动对比。"思"是存在之思，并非为了统一性之理智轨迹服务，而是要迎接那开端性的真理。理智之操控性与思之迎接性形成了不同的哲学方法。思是传承哲学之显性化而开启真理另一面之隐性。

理性之光虽然关涉于澄明，但它背后所根据的主体性（subjective），却不自觉将澄明归属于主体一面，即真理似乎只依人的理性能力而存在，离开了人的认识能力，真理就失去了意义；所以这种主、客对立的结构下，只有显现了出来的存在者。只是在场者之无蔽，还不是真理，一切存在者的本源，来自隐蔽的大化。

曹璇君此书承海德格尔的真理观，进一步透入海德格尔的物化观念。"物化"或者"物物化"属于他晚年定论；海德格尔对物（thing）作了非常深刻的溯源。海德格尔在《演讲与论文集》（1936—1946年）中的《物》一文中，对西方的事物、实物观念进行大规模的研究，试简约言之：他说近代西方的事物观是自罗马人采纳了晚期的希腊哲学始，罗马人称物（res）——经验世界中实在的能看见的东西，所谓实在（reality）。在这种现世精神中，物质是确然的又是确定的。至中世纪时，"上帝创造万物"，物不再是罗马时期的永恒之物，它成为一种被动的被创造的"对象"。由"res"变为拉丁文中的"ens"，是一种"成为"或"形成"，这种从无到有的创造不仅是万物的起源，也是神可"物化"的渠道。

海德格尔认为我们首先要放下常识的事物观，将"物"看成一种境域（horizon）。海德格尔承希腊人重视命名的传统，当物获得"命名"时，即它们被召入"可道"的世界，他也称为物物化（Dingen des Dinges）。物"物化"之际，也是世界开展之时，因为物展开着世界，物在世界中逗留而成其为逗留之物。

海德格尔的诗化语言，目的是要我们回归到存在本身；在壶的壶性中，总是栖留着"天空"、"大地"和作为"终有一死者"的人与"永恒的神"。海德格尔称为四方（Vier）或"四方域"（das Geviert），它们是共属一体，本就统一。壶的本质就在于，将这四方整体融入自身，入于此一当下栖留之物，成一境界，而这一境界，即"物性"，即"物物化"。所以"物化"是个动词，好像圆舞曲那样围着四元跳舞、回环。四方合一。

四元环舞，让我们联想到庄子。庄子钟爱于"游"，庄周梦为蝴蝶，自然是一种游的境界。"神人至人乘云气，骑日月，可游乎四海之外。圣人不从事务，无所谓喜好违害，而游乎尘埃之外。"同样，庄子与惠子游于濠梁之上，言鱼之乐，并不在分辨逻辑思辨。鱼水游乐，请循其本。这个看似是引导至对话开端，实际是提醒惠子须从人的辨识回归到本来面目，这个本来面目便是指上文的敞开领域所允诺的自由之境。知鱼乐于濠之上，便是已经在澄明之中自由给予和接纳，庄子此处便是将敞开领域的澄明之所开展提到归于本己的首要位置，"物化"于此才能开展。

"游"之无穷，以乐乎逍遥。从人的存在本源的层面上来讲，"游"就是破除成心，忘知忘识，从知识论切入而转出。不对当下事物做知识分析的判断，使之进入一种境域式的延展之中，庄子称为

"物化"。

"梦"与"游"相同,都是忘其所知而入于其自身,并同时开展出这天地间的世界。故"梦"而"物化","游"而"物化",均是同义。

近年海德格尔的哲学盛行,曹君对海德格尔、庄子作多向的描摹,故本书对中西哲学的会通,有重大的贡献。最后,庄子尝言"虚室生白,吉祥止止",此书让我们亲涉其境。

陶国璋

2024 年 3 月 1 日

目 录

前　言 ………………………………………………………… 1

导　论 ………………………………………………………… 7
　第一节　研究背景与动机："天籁"与"物化" ………… 7
　第二节　研究方法与思路："抹去重来" ………………… 11

第一章　世界存在的方式 …………………………………… 17
　第一节　西方世界存在的方式 …………………………… 17
　第二节　道家看待世界的方式 …………………………… 40

第二章　物性与齐物 ………………………………………… 71
　第一节　物的历史 ………………………………………… 71
　第二节　"天"、"地"、"人"、"神" ……………………… 102
　第三节　"物物化"与"物化" …………………………… 123

第三章　栖居在艺术观赏的世界中 ………………………… 140
　第一节　作为中介的语言 ………………………………… 142
　第二节　栖居的世界 ……………………………………… 162

第四章 作品的"创建"与"作品存在" …………………… 206
　　第一节 孤独的艺术家 …………………………………… 210
　　第二节 "创建"与"持存" ……………………………… 233

结论 从"伪装的遮蔽"到"蔽障"：一种"艺术"到"人文"
　　的方式 ……………………………………………………… 259

参考文献 ……………………………………………………… 264

后记 …………………………………………………………… 277

前　言

每当我们谈起"艺术作品的本源"时，就好像在谈艺术哲学，但在海德格尔看来，"艺术作品的本源"既不是分析艺术，也没有谈论艺术家，而是将艺术作品作为一种关系，从物的角度提问艺术作品究竟是什么，从物的历史一步步开展并最终抵达作为真理的非真理部分。当触及"真理"时，我们便容易将其划分到以形而上学为传统的西方哲学体系中。而实际上，"发问"、"真理"也是东方哲学（尤其是道家）要面对的共同问题。当然，这并不意味着庄子和老子的哲学完全等同于形而上学，而是说，在海德格尔的思考之中，隐藏着一种能够给我们进一步理解道家的思考进路。本书则试图将这种隐藏的线索揭示出来。

"物化"出自庄子《逍遥游》的最后一节，"庄周梦蝶"的"物化"——即"物我两忘"的部分。在我们的一般认识中，"物化"即"无差别"，"放下"，这是一般实践论的讲法。在《艺术作品的本源》中，海德格尔借艺术作品去讲物的存在，这个存在（不是我们一般理解的物）非常接近于庄子所说的"物化"，于是"物化"就多了一层超出于一般存在论的意思。当然，这层意思既不是形而上学，也不是传统上对事物的存在的理解。这层意思究竟是什么？"物化"与海德格尔又有什么关系？其实，这些问题的背后有一个共同的背景，在某种意义上来说也是本书的一种创新和探索。即尝试开展出来，"庄子对道的理解"与"海德格尔对存在的理解"二者之间的关系是什么？二者相同还是相异？或者说他们各自有各自的观点。本书的观点是，他们之间有一种共同的地方，共同的地方不是文本，是哲学思考的一种理路。于是，对于这种共同理路的探讨便是本书的范围与方向。

在具体摸索理路的行径时，有几条线索比较值得关注：

一、庄子的"物化"与"世界本源性"的关系是什么？

二、庄子的"物化"的艺术境界是如何得以进入的？

三、海德格尔所呈现的"艺术作品的本源"与庄子文本在哪些层面可以得到呼应与补充，二者又有什么不同？

四、艺术家在艺术创作过程中直观到的内容与作品本身的创建如何在实体论层面得以呈现？

这四点在描述上看似是四个独立的问题，其实三者中各有相关甚至重叠的部分。比如世界本源性如何开展与如何呈现艺术境界；庄子艺术境界的进入方式与海德格尔艺术的本源的呈现的关系；作品创作与物化、物物化的关系等。那么，如何能够在可以梳理全部问题的同时既不重复赘述，又能够找到一个恰好的切入点去分析这些内容。就需要在整体的架构和安排上建立一个分析框架和顺序。

这是最困难的部分，不光因为建立框架困难重重，更是因为这个框架本身就充满了障碍：艺术境界与境域呈现与学术的逻辑性语言相矛盾，或者说相差别。为此，庄子与海德格尔的文字书写风格和内容范式也在极力避免这一点。但避免不是逃避，而是以另一种迎向并肯定此障碍——明白其既是思考瓶颈，也是本书的价值所在：即在逻辑式的语言表达的困境的背景中，试图突破通达境域呈现的困境。而这一点所付出的努力，与庄子和海德格尔的行文初衷也是相一致的。

在陶国璋老师的指导下，我们在否定了几个方案之后，最终确定从庄子文本着手，从"天籁"与"物化"的关系来展开并完成推论。即是从《齐物论》文本出发，首先提出物化为何，"物化"与"天籁"关系的问题，继而进入关于艺术境界的讨论和世界本源性问题的讨论之中。

具体来说，分为四章。第一章为全书的背景与铺述，分析从西方世界传统的形而上学观点直至海德格尔及道家思想看待世界本源性的方式。认为庄子的"物化"是能够进入世界本源的起点，是形而上学的层面，非普通经验意义上的"物我合一"或"物我两忘"。第二章从既是海德格尔阐释与庄子哲学的关键连接点，又是相关与"物化"的"物"着手，提问"物性"与"齐物"关系，为回答这个问题，分为两个步骤进行推论：一是阐述关于"物"的历史，从古希腊、古罗马、笛卡尔到中世纪和近代科学，人与自然的关系伴随这些可被控制的物，逐渐成为实在的、可以被控制的效用体的集合。海德格尔反对上述观点，认为物不是"对象"而是"境域"，在这一点上，老庄也进行一定的补充，并得出庄子的"终成一物"切近于海德格尔的"物性"即"物的本质"的结论；二是比较以"齐物"为背景的庄子的"物化"，和以"物性"为内容的海德格尔的"物物化"，阐释四元一体——"天"、"地"、"人"、"神"分别在海德格尔与庄子文中的语义。并通过分析海德格尔的"四方域"、老子的"四大"、庄子的"天籁"，最终得出庄子"物化"与海德格尔的"物物化"、"齐物"与"物性"之间的比较关系。第三章继续从"齐物"和"物性"切入，根据"艺术的本源"通达"物性"，"齐物"之后是"逍遥"的人生的艺术境界,发现继"物"之后,"艺术"以及成就艺术世界的展开——作为"道说"的"语言"——成为海德格尔与庄子哲学连接处的新的关键。而这个过程本身也回答了如何进入庄子艺术境界的问题,即人是如何通过作为"中介"语言,一步步进入大道之中,并依据返乡的忠诚,最终通往那真实的美的"艺术世界"。第四章在艺术世界已被开展的基础上,通过分析作品的持存和创建,明确论点,即"天籁"与"物化"之间的关系实则是一种转换,而这种转换需要"人的参与"在其中,类似于艺术世界和作品之间、"作品的作品存在"与"物物化"的关系。为此通过几点加以阐释,①如何确定"物化"与作品的根本依据相关。②艺术家如何以"中介式的转换器"的角色,通过现象学的"终止判断"的方式以及"抹去重来"的方法参与作品的创建与持存。

自此关于"天籁"与"物化"的关系即解答完毕,但重要的并不是这个命题的阐释,而是在整部著作的梳理中,所逐渐开展出来的一种境域和存在,它也许并不是完整的,但一定是开放和值得讨论的,即围绕着庄子的物化与海德格尔艺术的本源所开展出来的一种境域的存在。

另外,此处特别说明关于所引用的资料及其版本:

一、关于康德著作的翻译版本,主要引用邓晓芒与牟宗三的翻译本。两位先生都是学界研究康德哲学的重要人物,故选用二位先生的翻译本。

二、关于胡塞尔与海德格尔著作的翻译版本,主要引用中国现象学研究领域的重要专家学者:孙周兴、倪梁康与王庆节的翻译本。

三、本书各章节写作对某些著作有重点引用,如第一章第一节重点引用张祥龙的《现象学与孔子》;第一章第二节重点引用陶国璋的《哲学的陌生感》,及由牟宗三讲述、陶国璋整理的《庄子齐物论义理演析》;第三章第一小节重点引用海德格尔的《在通向语言的途中》;第四章第一小节重点引用海德格尔的《林中路》,特此说明。

导 论

第一节 研究背景与动机:"天籁"与"物化"

《齐物论》在《庄子》中的地位与其他篇不同。其他三十二篇大多是"以卮言为曼衍,以重言为真,以寓言为广",行文诡谲浪漫,充满了寓言式的想象,理论推进处都不是很强,但在《齐物论》中,行文增添了许多具有进程式的铺述,尤其在理论推进与架构方面,增进了很多系统的表达。对于这一点,牟宗三先生曾如此评价:"《齐物论》虽亦芒忽恣纵,犹河汉而无极,而义理主富……各段俱有其本身之义理,亦有其理论之发展,此为庄子书中最丰富,最具理论性之一篇。"[1]进而,牟先生指出,《齐物论》起始至"天籁"处,为一序言之片段,言说天籁乃一"绝对无待、圆满具足、独立而自化、逍遥而自在"之一虚灵的境界;尔后"低回慨叹,亦具有存在之悲感"[2],最后以"罔两问影"浑化有待无待,拆穿依待方式,相忘而独化,[3]回归与呼应天籁,可谓"全篇空灵透脱,无一败笔"。如此描述,《齐物论》推述的系统性与完整性可见一斑。然

---

[1] 牟宗三,《才性与玄理》,台北:台湾学生书局2002年,第196页。
[2] 牟宗三,《才性与玄理》,第196页。
[3] 牟宗三,《才性与玄理》,第204页。

"《齐物论》如此丰富",若只依无待之自然为分析路径,貌似又有些单薄。况《齐物论》的最后一部分中,"罔两问影"只是其一,"庄周梦蝶"才是全篇结尾。"昔者庄周梦为蝴蝶,栩栩然蝴蝶也,自喻适志与,不知周也。俄然觉,则蘧蘧然周也。不知周之梦为蝴蝶与,蝴蝶之梦为周与?周与蝴蝶,则必有分矣。此之谓物化。""物化"是《齐物论》全文结尾,是"罔两问影"浑化无待之结果,亦是庄子的结论。那么,"物化"为何呢?作为结论来讲,"逍遥"不是更加切近于"至人"、"无己"、"无功"的境界么?为何最后的结论是"物化"呢?既然庄子有意安排"物化",必有其用意。于"物化"的解释,徐复观先生最为深刻,徐先生以心斋虚静之"美的关照"加以洞见:"在美的关照中,将对象拟人化,人也拟物化,物我两忘,主客合一。"[1]徐先生从艺术的角度阐释"物化",认为是"心物两忘",即"物我两忘"。"庄子所追求的道,与一个艺术家所呈现出的最高艺术精神,在本质上是完全相同的。艺术家由此成就艺术的作品,庄子则由此成就艺术的人生。"[2] "物化"、"物我两忘"不仅是庄子所期待至人、神人、圣人的境界,更是人生自身艺术化的实现,人的生命的艺术境界的成就。[3]但若依循徐先生的阐释路径,就出现了一个新的问题,即庄子的艺术境界,是怎样得以进入的呢?起始"天籁"的提出,到中间部分不断讨论如何放下主客的对立、是非的分辨,再到庄周与蝴蝶不分主客的"物化"的艺术境界,是否也像牟先生之前总结的那样,具有一个明显的推进关系呢?也就是说,"天籁"与"物化"是否具有某种关系?如果是肯定的,那又

---

[1] 徐复观,《中国艺术精神》,台北:台湾学生书局1998年,第79页。
[2] 徐复观,《中国艺术精神》,第56页。
[3] 同上。

是什么关系呢?"天籁"与"物化"一头一尾,中间部分层层叠进,从现实世界中人的痛苦来源,到对"成心"的分析,再进入消融语言的方法,最后至无相境界,"庄周梦蝶",这是庄子的理论进路。但终至艺术境界的"物化"而言,与"艺术"又是如何关联起来的呢?徐先生在开篇就讲"道家所谓的道就是艺术精神",而"艺术"又是什么呢?

若简单理解"艺术是什么"的问题,我们已经有了许多的参照答案,从"模仿说"[①]、"情感说"[②]、"表现说"[③],到"巫术论"[④]、"本体论"[⑤]、

[①] 苏格拉底认为:"艺术就是模仿自然。"李泽厚主编,《美学百科全书》,北京:社会科学文献出版社1990年,第167页。柏拉图认为:"艺术是'理型'的三重模仿。"朱立元主编,《西方美学名著提要》,卷一,香港:昭明出版社2013年,第60页。亚里士多德的三层模仿说,"本然"、"可然"以及"应然"。奥古斯丁认为:"艺术模仿自然的精神因素,并将其与基督教神学结合,模仿异变为象征。"朱立元主编,《西方美学名著提要》,卷一,第239页。

[②] 法国美学家维隆认为艺术是情感的表达。陆贵山主编,《文艺源流辞典》,北京:文化艺术出版社1994年,第52页。

[③] 意大利美学家克罗齐在《美学原理》写道:"艺术是精神产物,是幻想或直觉。艺术的直觉总是抒情的直觉。艺术只关于感性以下的认识。"葛力主编,《现代西方哲学辞典》,北京:求实出版社1990年,第246页。英国科林伍德在《艺术原理》中认为艺术是无意识的主体的情感表现,是自我表现。表现活动仅仅在艺术家的头脑里产生,认为"表现是种不需要技巧的活动"。[英]罗宾·乔治·科林伍德著,王至元等译,《艺术原理》,长沙:湖南人民出版社1985年,第251页。

[④] 德国詹姆士·弗雷泽认为,原始艺术是巫术模仿祈求狩猎成功,是巫术意义上的占有。孙亦平主编,《西方宗教学名著提要》,香港:昭明出版社2003年,第308页。

[⑤] "异质同构"是艺术本体论中较著名的观点,由美国现代心理学家鲁道夫·阿恩海姆提出,亦是"格式塔"心理学的理论核心。其目的在于重新建构艺术本体,用形式而不是用社会文化关系解释艺术,这是西方现代美学的一个重要倾向,但各个学派所用的方法又不相同,苏珊·朗格用的是生理学(生命科学),阿恩海姆用的是心理学。格式塔心理学派认为在外部事物的存在形式、人的视知觉组织活动和人情感以及视觉艺术形式之间,有一种对应关系,一旦这几种不同领域的"力"的作用模式达到结构上的一致时,就有可能激起审美经验,这就是"异质同构"。正是在这种"异质同构"的作用下,人们才从外部事物和美术品的形式中直接感受到"活力"、"生命"、"运动"、"平衡"等性质。阿恩海姆在其最重要的理论著作《艺术与视知觉》中,对视知觉结构做了大量的分析并以此作为分析造型艺术的基础,充分阐述了他的"异质同构"说。[美]鲁道夫·阿恩海姆著,孟沛欣译,《艺术与视知觉》,北京:中国社会科学出版社1984年,第616—631页。

"游戏论"①等，这些论说都给出了一个现成的答案，但其能够自圆其说的范围也只能被限定在"美学"之中。然而，艺术的不幸就在于，它往往落入了"美学"的范畴之中。②海德格尔所指之"美学"，是"知识论的美学"。知识论的框架使得"艺术"的境界被拉低至一般的经验的反省中去，失去了形而上的内容。"物化"亦是如此，简单理解"物我两忘"，极易变成一种外在的修行。"忘记"或舍弃外在世界，虽也可以成为一种解释，但"物化"或"物我两忘"并不单单是主观的意识活动，可能更多的，是一种世界存在的本源性的问题。海德格尔就是如此理解这个问题："世界与大地总是一种亲密的挣扎，大地总是隐蔽的，需要世界不断去揭示。"我们所揭示及理解的种种论说也好，知识也好，种种世界的形态也好，都只是大地隐蔽下显露出来的一部分，就好像林中空地，永远都只是一块一块的呈现，并非全部。而知识论的理解"物化"或"艺术"就是被限定在这一块块的空地之中，因为全部是"澄明之所"，定然认为自己明白这个世界的全部，尤其是随着近现代科技的兴起，我们仿佛越来越确信世界的应有面貌，于是，"世界只显现出唯一的图像"出来。然而，当我们越来越确定之时，就是越来越迷失之际。当我们确定现在的世界就是政治、经济等多方面组成的现实社会时，我们就已经缺乏了一种让这个世界保留它原来的状况的能力，这种能力

---

① 康德认为："艺术本质上是自由的，好像只是在游戏。"[德]康德著，宗白华译，《判断力批判》，上卷，北京：商务印书馆1964年，第149页。席勒在《审美教育书简》（又称《美育书简》）中写道："艺术是自由的女儿，正是游戏而且只有游戏才能使得人成为完全的人。自由——人精神上的解放和完美人格的形成，把艺术看做是一种感性与理性的协调，它消除一切强迫，使人在感性和理性上都得到自由。"[德]席勒著，徐恒醇译，《美育书简》，北京：中国文联出版公司1984年，第51页。
② 参见[德]马丁·海德格尔著，孙周兴译，《林中路》，上海：上海译文出版社2014年，第11—12页。

在艺术的理解与创造中还有得保留，所以艺术不仅仅是一种知识的诠释，更是一种理性的态度，一种应用的关系，一种是人和宇宙之间亲密的关系。在此关系中，艺术也不光是作品，而是一种交往，非知识区分，概念限定，主客对立的交往。在交往中，原初的东西能够显现出来，能够通过世界显露大地，能够让真理得以彰显。这一点来讲，此种交往与庄子"物化"的艺术境界似有相通之处。本书试图通过论析此一相通之处，从"天籁"与"物化"之间的关系着手，将海德格尔与庄子的理论进行对比并相互补充，试图拓展出一条有助于我们进入对于世界的本源、艺术的本源、存在的本源、真理的本质之显现的思考的进路。

第二节　研究方法与思路："抹去重来"

不被知识论框架限定的前提，首先就是不将世界作为"对象"来认识。在生活世界中，我们所经历的每一个事件都不是完全遵循逻辑的，不是纵列或者横列的构成，好让我们去拼凑出整个世界的图景。而是在不断连续又重叠中，使得生命越来越深刻，越来越"理解"这个世界。这种体会就好像创作艺术作品时一遍遍不断抹去、覆盖、添加笔迹，无数重复后，最终显现出作品的样貌。人也是如此，通过不断地理解和体验，世界才慢慢变成我们生活的世界。在不断与这个世界的交往中，个人的性格，个人的"林中空地"，也都逐渐一一呈现出来。故本文也试图以"抹去重来"的方式，理解庄子，理解庄子的艺术境界与世界本源的关系，并在系统论证部分，以现象学的方法，重点以海德格尔的系统论证补充、阐释并说明这种关系。

从整部著作的架构来看，我们已从庄子处发问了"天籁"与"物化"并指出庄子的艺术境界与世界的本源问题可能存有的关系，那就意味着，我们已经明确了庄子与海德格尔在根源性的层面中有呼应之处。那么在第一章中，首先需要分析的，即西方世界传统的形而上学观点直至海德格尔及道家思想，看待世界本源性的方式。

西方传统哲学善于从知识论、自然主义观点的角度思考世界的本源性，其思想脉络发展的过程是从本体论逐渐转变至认知论，从康德转折到胡塞尔、再从胡塞尔到海德格尔。在这些转变过程中，看待世界的方式，从二元对立、主客分别直至主体性逐渐消失。世界从被给予的对象，转变为围绕 Dasein 的"境域"。这种"境域式"的把握世界的方式，使得对于"存在"本身的追寻——即"真理"，与道家的"道"颇有切近之处——"真理"不是确定的被认识框架限制与定义的独立体，或以系动词"是"为基准的确定存在，而是同"道"一样，不断流动与变化，有无、上下、沉沦与超升，在这个世界中始终保持着神秘性。具体阐释出来，则重点在于分析"真理非真理"的双重性与道的"有"、"无"的两面性的比较和呼应。可以看出，相较老子多以"道"之角度看待世界，庄子则分析主体多一些。庄子认为，世界总是关乎人的世界。之所以这么说，是因为人总会因为怀有一种对比的"成心"，遗忘道的存在、遗忘存在的本源，从道的世界掉落，沉沦在经验世界之中。这与海德格尔早期提出的 Dasein（此在），即人的特殊存在，有呼应之处。因为当顺应 Dasein 的思维脉络时，我们能得到两点结论：唯有人才能理解这个世界的存在并发问；人发问的时候就是问他自己，同时也是回应自己的过程。所以他理解这个世界，就是投射出我们内在对于世界的观感，一种世界观。这便是"解释学的循环"①。Dasein 便是"人对自己的认识就是一个循环"。在这种思维中，"真理"不再是人对世界的理解，而是人对这个世界的存在显露出来的一个状况。所以就变成，"真理"是事物原初的自我表现出来的样态，其切入的过程，就好像森林里面一块空地，在森林中一小片地显露出来。显露出来的是"世界"，隐蔽的地方是"大地"。如果人不继续开辟，空地又会被重新吞噬。海德格尔强调我们不能用图像的方式直接去理解显露的地方，否则就是遗忘了存在的本源。但这又是几乎无法避免的情形，因为 Dasein 本身就具有"人云亦云"、"好奇"、"惯性"等主体性的特性，这同庄子所说的人因"成心"离开道一样有某种呼应。所以从某种意义上来讲，"遗忘存在的本源"这一内容，在海德格尔和庄子看来，大体都是因为人具有"主体性"或"成心"。海德格尔认为只有彻底地消融主体，才能回到存在的本源。②而庄子的放下"成心"，不是消融，是通过"功夫"与"修养"进行主体转化，回到人的本来面目。

随着"看待世界的方式"逐渐展开，人与自然的关系也展现出不同的倾向，其中最重要以及最显著的表现，即是对"物"的把握。与此同时，我们发现"物"在庄子和海德格尔处都有特殊的意义："庄周梦蝶"是《齐物论》的结尾，只有"齐物"才能"物化"。海德格尔的"物的存在"，只有显露"物性"才能把握。"物"仿佛是能够作为桥梁的角色，搭建在庄子与海德格尔之间。为继续把握这个角色，我们就要面对一个十分重要的问题——"齐物"与"物性"的关系是什么？为回答这个问题，在第二章中，我们即从"物"展

---

① 关于"解释学的循环"的解释，请见第 48 页。——著者注
② 关于海德格尔所持有的"消融的主体"一理念之解释，请见第 27 页、51 页。——著者注

开，首先阐述关于"物"的历史：从罗马人（并非真实的罗马人，就是泛指具有这种角度的人类）认为"确定的真实的实在的东西（res）"，到笛卡尔的"心物二元论"；从中世纪的"上帝造物（ells）"，到近现代科学中"原子、电子所构成的可被控制的物"。人与自然的关系伴随这些可被控制的物，逐渐成为实在的、可以被控制的效用体的集合。海德格尔反对以上关于物的看法，他认为物在这些观点中只是"对象"，并不构成我们存在的这个世界生成的"境界"。"壶是一物，这既不是在罗马人所讲的 res 的意义上说的，也不是在中世纪人们所表象的 ells 的意义上说的，更不是在现代人所表象的对象意义上说的。壶是一物，因为它物化。"[①] 从海德格尔对物的分析来看，物非对比显现，非一般意义上的器具，亦非物理世界所讲的原子电子，更非广延性含义（extension），而是一个"境域"，每个东西就是个"境域"。当我们说"东西"时，就是指空间中的个体，比如石头就是一个东西，但若我们不从"对象"里面讲，东西就是一个"存在"，这里面就是一个"境域"，而"境域"之中又包含好多"东西"。从"对象"到"境域"，这种讲法有些跳跃，在这里我们可以通过道家关于物的内容得到补充：一、物的"因缘性"；二、庄子的文中物的具体含义："效用之物"、"反效用之物"与"终成一物"。并得出庄子的"终成一物"切近于海德格尔的"物性"即"物的本质"的结论。继而通过庄子以"齐物"为背景的"物化"，和海德格尔以"物性"为内容的"物物化"的比较，阐释四元一体——"天"、"地"、"人"、"神"分别在海德格尔与庄子文中的语义。并通过分析海德格尔的"四方域"、老子的"四大"、庄

---

① [德] 马丁·海德格尔著，孙周兴译，《演讲与论文集》，北京：三联书店 2005 年，第 181 页。

子的"天籁",最终得出庄子"物化"与海德格尔的"物物化"、"齐物"与"物性"之间的比较关系,并通过梳理此关系,证明"物"确实在海德格尔与庄子的哲学中是一个至关重要的桥梁的角色,所以研究二者,需要从"物"切入。

在庄子文中,"齐物"之后是"逍遥"。徐复观先生认为,"庄周梦蝶"的物我两忘的艺术境界,就是"逍遥",而"逍遥"的境界似乎指向"天籁"。海德格尔也认为只有艺术作品可以揭示物的自在,可以恢复"惊奇的关照和事物最初在场的完整性"。于是,关于"物"的问题似乎在庄子和海德格尔处都开始与"艺术"关联起来。第三章便是试图根据"艺术"这个关键词,通过与海德格尔艺术本源说的"比照",继续丰富和拓展徐复观先生所提出的庄子具有的艺术精神一说,完善"庄子艺术境界的进入过程"的推论。"比照"不是纯粹的借鉴或对比海德格尔关于艺术本源的理论,是明白海德格尔为我们在通向庄子的艺术精神的问题上,已经开辟出了一条启发性的道路:即"语言"。"语言"一直在扮演一个类似于"中介"的角色,"中介"保持着人与存在间的持久且亲密的关系。这种关系使得在"物物化"的世界展开时,人能够居留在语言的本质中,即作为语言的本质的整体——道说(sagen)中,进入一种区别于形而上学或宇宙意义上的诗意涌现的世界。人栖居在这个世界中,便是栖居在大道中,同时也是栖居在充满庄子艺术精神的艺术观赏的世界中。其中有一个复杂的推论,便是对庄子艺术精神之进路的分析:如何一步步地自语言的诗意、到达及居留在庄子艺术精神的世界,乃至到达"逍遥"、"天籁"的境界,开展出一个真实的美的艺术世界。

只有诗人能够聆听到道说的召唤,只有艺术家能够依靠作品持存在艺术世界中。但是作品的"持存"与"创建"并不依靠艺术家的创作,艺术家在整个作品的创建中只起到一个"中介"或"转换器"的作用,这个作用便能够解答"物化"与"天籁"之间的关系——即人的参与的"跳跃的翻转"。第四章从消失的主体性角度讨论艺术家的孤独;从现象学"终止判断"的方式讨论艺术作品中的境域构成;从"抹去重来"的方法分析作品的创作,一一回答能够证明该结论的设问:一、为何艺术家只具有"中介"作用,并不能决定艺术作品的创建;二、作为转换器的艺术家,如何参与作品的创建;三、如何确定"物化"与作品的根本依据相关。

第一章　世界存在的方式

第一节　西方世界存在的方式

一、被给予的世界：康德先验世界的起点

1."第一因"非诠释世界的唯一方式

在西方人思维的经验中，世界的存在有两种可能，一种是上帝看见的世界，另一种是我们的世界。在我们的世界里，感官经验能够捕捉到这个世界的存在，这是知识上、事实上的存在。但是，如果我们没有感官经验，如同一块石头，没有感知，没有生命，那么对于仍旧在这个世界中的石头来说，世界是否存在呢？如果我们仍坚持说世界是存在的，只不过是石头无法理解这个存在的"事实"，于是就变成：对于石头来讲，世界是知识上的不存在，但是是存在的存在。但反过来说，对于拥有感官经验的我们，我们的世界总是个事实的、知识的世界。这种传统的叙述方式总是处在矛盾之中，一方面坚持去打造两个世界间不可逾越的屏障，另一方面却总是试图打破它们，试图从我们的世界通向上帝的世界。于是，当我们的世界作为上帝创造的产物时，寻求每件事的因果关系就成为追求本体上帝、发问世界、宇宙起源的思维传统，这就是一神教的传统：

"第一因"①。圣托马斯·阿奎那（St. Thomas Aquinas，1225—1274）被公认为最伟大的理性神学家，提出"第一因论证（the first cause argument）"，又称"宇宙论证（cosmological argument）"，其结论为：必须存在自己本身没有原因的"第一因"，这就是"上帝"。②"上帝"是一个形而上的概念，是终极、永恒、全知全能的造物主，是能够解决现实终极问题（人为何死亡？为何人会犯罪？为何人会有痛苦？）的第一即首要的原因。"第一因"虽然稳固地屹立在西方宗教圣坛之上，但它并非关于世界存在的唯一推论。从内容上讲，在对万物起因的分析中，亚里士多德（Aristotle，公元前 384—前 322）的"四因说"③早在第一因推论形成之前就得到普遍的应用。每一物总具有一种完成它自己的发动力量，一个发展的动力，即"动力因（efficient cause）"。每一物往前发展时，总有一个目的，即"目的因（final cause）"。牟宗三先生认为，万物有其动力与目的，人亦如是。人是什么，人的动力和目的是什么，并不是上帝规定的创造物，人之所以为人，就是能实现人之所以为人的人义，实现人之所以为人的人义就是人的"目的因"，就是完成他自己。人没有本质，本质要靠自己创造，如果要为人本身下定义，也只能依靠自己所把握到的本质，④而非上帝造万物时已经规定的内容。从逻辑上讲，"第一因"的推论也存在很多可疑之处：其一方面主张每一个事物的运动都有

---

① 每每说起第一因，我们首先的印象便是天主教与基督教的教义传统。而实际上，从古希腊直至现代科学，追寻第一因的思维传统始终贯穿其中。——著者注
② "第一因"的论证过程：我们的感官经验到世界上有事物在运动。任何运动的东西必须是它物造成它的运动。如果每一个事物的运动都由它物造成，而此物的运动由另一物造成，结果须有第一因。孙亦平主编，《西方宗教学名著提要》，卷三，第 38 页。
③ "质料因"、"形式因"、"动力因"、"目的因"。［古希腊］亚里士多德著，张竹明译，《物理学》，北京：商务印书馆 1997 年，第 194—198 页。
④ 牟宗三主讲，卢雪崑录音整理，《四因说演讲录》，《牟宗三先生全集》，31 卷，台北：联经出版事业股份有限公司 2003 年，第 14 页。

原因，另一方面又认为有一个没有原因的第一因。康德（Immanuel Kant, 1724—1804）在《纯粹理性批判》中就对这种"两个相互矛盾的命题同时得到证明"的推论提出批评，称其为"二律背反"①。从宗教及文化层面上讲，以"第一因"为主线的一神教，以及以一神教为主要背景的西方文化也非唯一。其他比如萨满教，不同于犹太基督教传统中的自虚无而生的"创造"型，萨满教是一种多层次的、自然的、与万物并生的巫术性宇宙。再比如中国古代文明，一种不同于西方"破裂性"的形态的连续性的宇宙观。②可见，"第一因"并非诠释世界的唯一方式，同样，亦非解决问题的唯一方式。

2. 被给予的世界

对于一神教来讲，首先面对的问题就是：作为有限的人是如何认识上帝的？如何从现实世界、经验世界着手，证明上帝的存在？为此，神学家们往往通过宗教仪式、上帝之在的教条主义、神秘主义等经验化的灌输，证明世界为神之创造，并通过理论论证的方式

---

① "二律背反"是康德的哲学概念。意指对同一个物件或问题所形成的两种理论或学说虽然各自成立但却相互矛盾的现象，又译作二律背驰，相互冲突或自相矛盾。二律背反是康德在其代表作《纯粹理性批判》中提出的。在书中，康德列出四种二律背反，均由正题和反题组成。静态二律背反第 1 组二律背反（关于时间与空间）正命题：宇宙在时间上有起点，在空间中也有限制。反命题：宇宙没有起点，在空间中也没有任何限制；它在时间与空间中都是无限的。第 2 组二律背反（关于基本粒子）正命题：在宇宙中各种组成物质都由许多简单部分组成；而且，没有东西既简单又由许多简单部分组成。反命题：在宇宙中没有由许多简单部分组成的东西；而且，在宇宙中没有任何简单物质。动态二律背反第 3 组二律背反（关于自由意志）正命题：宇宙的各种现象，不只是由遵照自然法则运作的因果律主导的，还受到自由意志的因果律影响。反命题：没有自由意志这种东西，在宇宙中任何东西纯粹遵照自然法则运作。第 4 组二律背反（关于上帝）正命题：在宇宙中或与宇宙相关（的地方）有一个绝对必然的东西是宇宙的一部分或是宇宙的成因。反命题：在宇宙中或宇宙外没有一个绝对必然的东西就了宇宙。［德］康德著，邓晓芒译，《纯粹理性批判》，北京：人民出版社 2004 年，第 361—380 页。

② 张光直，《连续与破裂——一个文明起源新说的草稿》，《中国青铜时代卷》，台北：联经出版事业股份有限公司 1999 年，卷二，第 131 页。

证明上帝可被人的知性认知，并以此开展出三种证明类型："本体论证明"①、"宇宙论证明"②及"自然神论证明"③。虽然类型不同，但这些论证均在一个统一的背景：人有能力去认知上帝乃至一切的客观存在，我们早已知晓这个世界，只是还没有去把握。在这个基础论调中，人的能力被无限放大，客观存在等待人去探索，世界等待人去开发，上帝等待人去证明。虽然作为个体的有限的人，在本质上又区别于神的无限，但人的认知能力所及的客观存在都是可以被澄亮的，人在某种意义上也成了"无限的人"，于是，设置前提条件为"有限的人类"的"第一因"，反而使人成为"无限的可以去澄明一切的人"。人既是有限的被创造物，又是具有"无限澄明能力"的主体。这是一神教解决问题的起点。但是在康德看来，人的认知力绝对是有限的。而"上帝是全能的，这是一个必然判断"④。如果上帝是全能的，那么上帝就是一切事物存在的根据和本源，是绝对的必然。⑤全能的必然与绝对有限的认知不可能相契合：不可能被经验所理解、知性所认知。因为绝对的必然根本不可能生成、显现于现

---

① 上帝存在的本体论证明，由神学家安瑟伦在其《宣讲篇》中提出。袁世全主编，《誉称大辞典》，上海：汉语大辞典出版社 2002 年，第 62 页。
② 根据天文观测资料及物理学原理，研究大尺度天体系统所固有的运动形式和一般规律，如宇宙的起源及其演化发展的历史追本溯源去推导上帝的存在。"托马斯提出了五种证明，其中前三种后来被康德称为'宇宙论证明'。"张弓长主编，《哲学辞典》，长春：吉林人民出版社 1983 年，第 280 页。
③ 自然神论神学指用自然神论的证明方式证明上帝存在的神学，代表人物为布鲁诺、斯宾诺莎、托兰德、伏尔泰。石衍丰主编，《宗教观的历史·理论·现实》，成都：四川大学出版社 1996 年，第 108 页。
④ ［德］康德著，邓晓芒译，《纯粹理性批判》，第 474 页。
⑤ "人类理性的自然进程就具有这样的性质。首先，它相信某一个必然的存在者是存有的。它从这个存在者中看出某种无条件的实存。于是它就去寻求那不依赖于一切条件者的概念，并在那个本身是一切其他事物的充分条件的东西中，亦即在那个包含着一切实在性的东西中，找到了这一概念。但这个没有限制的大全就是绝对的同一性，它具有一个惟一的存在者、也就是最高存在者的概念，于是理性就推论：最高存在者作为一切事物的原始根据，是绝对必然的存有的。"［德］康德著，邓晓芒译，《纯粹理性批判》，第 468 页。

实经验之物。神创造世界，人生活在世界上。相对于这个庞大的客观世界，有限的人只能通过知识去有限地把握世界，[①]并不能够知晓上帝乃至一切客观自在之物的存在。我们总是被动地认识世界，心灵因外界事物的存在而受到影响，世界总是被事先给予我们。我们所面对的对象（object）并不是在人的能力范围内主动去得到映射，或是可以依托于人的认知力不断挑战、发现、探索乃至逐渐接近于类似上帝存在的未知领域，只能是被动地通过人自身已有的媒介去"接受"被给予的对象。所以康德认为，这个我们已经认识的、现在正在认识并且即将认识的世界，都是并仅仅只能是知识对象，绝对不可能进入上帝之自在领域，即一切事物存在的本源处，亦即"物自身"。对象因人的参与就不再是物自身，只是能够通过知识"把握"的对象。但这种"把握"并非直接对应其字面意义的纯粹主观能动性，而是建立在人被给予了对象的存在时的一种人本身的功能上，对于这种功能，康德称为"直觉"。不管是什么方法，还是什么样式，总有一种知识会相关联到对象上，通过"直觉"，对象被给予我们，并且只有在对象被给予我们的限度内，"直觉"才发生。"直觉"是对象呈现的媒介，是对象被给予我们的基础条件，是有限的人去认识无限的世界的基本能力。并且，只有对人来说，"直觉"才能发生。

作为人本身自有的机能，直觉是被"感性"所提供的。"感性"作为人的一种能力，使得人被对象影响时能够接受表象，并通过外在的表象有了感性的感受。而这种感性的感受并非一开始接受就一成不变，它仍会通过"对象继续对我们的影响"和"我们内部的对

[①] "从知识去把握世界。我们认识世界不是认识它的本体，而是认识知识。"［英］G. 巴克莱著，关琪桐译，《人类知识原理》，台北：台湾商务印书馆1966年，第56页。

应之的情绪"的变化而发生变化。这变化的这一部分,即对象对我们接收到的表象机能的影响,被称为"感觉"。也就是说,对苹果从绿到红,坚硬的石头到碎末的石粉的外在感觉,同开心、愤怒、恐惧、舒适等内在感觉,实际都是依赖于人本身的感觉功能所建立的。依赖着五官五感的外在感觉器官和内心的纯粹主观感受,这一部分是感性所提供的表象中最无法确定且始终变化的——它是主观并仅仅是主观的。这些主观的通过感觉并关联于现象的直觉被康德称为"经验直觉"。"经验直觉"只关联于现象,即"直觉中未被确定的对象"。比如天空中突然出现的黑点,当我们看到它时,能够从感觉上模糊地判断它的大小与颜色,但仅此而已,它不能被确定是什么,这便是"未确定的对象"。它不是对象本身,而是对象在经验直觉中的显现。黑点的颜色、形状、大小,相关于感觉被给予我们,这便是"现象的材料"。"现象的材料"关于感觉,并随时根据被给予对象之于感觉的变化而变化。但是,无论如何变化,黑点仍然保持有统一的模式,即相对的静止状态。这个模式或状态植根在感性里但不包括感觉部分的内容中,是一种普遍的"感性成分"。"感性成分"作为直觉的一部分规定了黑点的显现的一般模式,是一种纯粹的感性形式,康德称之为"纯粹直觉",即一般感触直觉的纯粹形式,亦即黑点作为现象中保持不变的部分——"现象的形式"。"现象的形式"决定了杂多现象使其排列在一定的关系中,它先验地(Transcendental)处在心灵中,并非感觉中。如果说被给予的对象通过经验直觉影响了表象机能,则被给予的对象通过纯粹直觉给予人类纯粹的表象。纯粹的表象意味着,在超越意义上,没有什么东西是属于感觉的,所有的直觉的杂多(现象的杂多)都是在一定的规定的关系中被直觉。这个关系就是纯粹的感触直觉的形式,是时间与空间，它们必须被先验地发于心中。

既然没有东西是属于感觉的，就是说时间与空间并不能给予我们现象的材料，某种意义上来说，它们是"空"的，没有内容的，但"空"不是"空洞"。相较来讲，时间更多是我们内部感取的形式，直觉我们自身，直觉我们的内部形态，作为是感触直觉的纯粹形式，时间是一切现象（内部、外部）的先验的形式条件。而空间的作用在于，事物必对于我们而为外部的对象，并且只有当事物即将被给予（显现）我们时，才能被归属给事物。也就是说，感性中的感觉将现象的材料放置在，或被规定在作为纯粹的、抽象的时间、空间中，让其显现、完成被给予的对象的初步印象。这种显现或是时间中的相续或是空间中的彼此相聚相离，于是感性捕捉到的内容不单单是感觉所供给的杂多，而是具有了空间与时间规定性的杂多。时间将暂时的感性内容放置在先后的次序当中，空间将感性内容放置在外面并且使其相互外在。于是，我们就可以说，对象通过感性的感触直觉（经验直觉与纯粹直觉），以未决定的对象的方式（现象）被给予了我们。

当我们说"只有对于人来说，直觉才能发生"时，已经超出了包含直觉的感性能力范围，而涉及人的思维能力。"我们若是愿意把我们的内心在以某种方式受到刺激时感受表象的这种接受性叫作感性的话，那么反过来，那种自己产生表象的能力，或者说认识的自发性，就是'知性'。"[①]"知性"是"思维感性直观的对象的能力"，[②]"知性"需要从感性那里获取经验的和先验的内容与素材，将思想与其结合，才能产生概念乃至"知识"。"知识"关系到对象

[①] ［德］康德著，邓晓芒译，《纯粹理性批判》，第52页。
[②] 同上。

上时,即"决定的对象",如之前天空中的黑点在我们凝视清楚后,分辨出那是一架飞机或是一只风筝,这就是对象被给予我们时,通过知性被思成为一个概念,概念是从知性发生的。而这个思维的能力,就是自我,亦是自我意识的能力,康德称之"摄觉"。"摄觉"先验地存在于"我"中,同时就是完全抽象的"我",并具有将某种东西摄入"我"意识的能力,是一般的规定,能够给杂多材料带来统一的相对于杂多而"简单"的模式。正因为"我"的内部是此模式,所以在摄觉发生作用时,经验的内容放进"我"的意识时,它本身也就被简单化,成为"我"的内容,这个过程和功能,也被称为:统一的具有综合功能的自我意识的纯粹摄觉。它具有捕捉的能动性,即凡是我所接触的东西(被给予的对象),必定迫使它进入这个统一的形式之中。这个统一的形式有综合的特定的规定形式:即"范畴"。康德共划分了十二个基本范畴,平均以每三个范畴为一类,共分为四类。① "范畴"一方面作为知性的形式、纯知性的概念起作用,另一方面作为联结多样性材料的方式被提供给感性所给予的材料。作为建立在自我与诸多表象和经验材料的统一性上的范畴,有绝对的先验性,并被包含在自我意识的统一性中。但如果想遇到范畴,单靠纯知性概念是不行的,范畴必须被感性给予的材料填充,

---

① 第一类是量的范畴:单一性、杂多性、全体性。多是一的否定,差别是多。第三个范畴是前两个范畴之合而为一,对多加以综贯,就是全体。全体就是多之被设定为一;多是不确定的,多被结合为一就是全体。全体是被总括起来的多。第二类是质的范畴:实在性、否定性、限制性。限制同样是实在的、肯定的,但也同样是否定的。第三类为关系或联系的范畴:实体性的关系,实体和偶性;因果性的关系,原因和作用的关系;第三为交互作用。第四类为样式的范畴,这指物件对我们的思维的关系:可能性、特定存在(现实性)和必然性。可能性应该列为第二个范畴,但按照抽象思维,空洞的观念[可能性]却被认作第一范畴了。伟大的[辩证法]概念的本能使得康德说:第一个范畴是肯定的,第二个范畴是第一个范畴的否定,第三个范畴是前两者的综合。三一的形式,在这里虽只是公式,在自身内却潜藏着绝对形式、概念。[德]康德著,邓晓芒译,《实践理性批判》,北京:人民出版公司2003年,第90页。

并通过自我的先验摄觉得到综合,才能将被给予的对象从"未被确定的对象"转变成"确定的对象",即概念、知识和经验:被知觉被感觉的东西从属于范畴的规定。于是,我们可以确定,被给予的对象,在知觉的层面被接受时,并非全部接受或是按照其个别性直接被接受过来,而是通过范畴、因果律等一般的规定被划分与连接,所以面对"被确定的对象",我们即使能够确定、规定并固定在一个普遍的法则中,也并不能直接完全明白它究竟是什么。比如我们即使知道地球的公转规律,也不能直接知觉它的规律和变动,这就是康德所讲的知识世界。我们通过知识去把握世界,所认识的只是关于这个世界的知识,仍旧并始终与真实的世界相隔。我们认识的仅仅是被给予的对象,并不是真实的世界。即使以无条件者和无限者作为对象的理性也不能挽救这一点。因为它被提出的假设并不能适应它本身所拥有的能力:通过概念在普遍中认识特殊。即在知性的基础上继续认知无限定的对象。这是无法得到论证的。一方面认知本身就是限定对象,无限定的对象则本身就有悖于这个命题;另一方面无限的对象本身根本不可能在有限的经验层面被获取,即"感性的世界里不可能相应有理性的对象",亦即一开始所讲的上帝作为绝对的必然根本不可能被有限的人认知甚至证明。无限者,无条件者,自在之物,上帝,被康德统称为"物自身"。客观存在,却又永远无法被人认知,无法作为对象自在而在地呈现在人面前。这就是康德的先验哲学的起点与终点:被给予的对象。作为我的先验的统一的所有的思直接或间接都与直觉相关联,相关于感性,故被给予的对象唯一与我们相关的就是直觉,亦感性,除此之外,对象再无其他方式被给予我们。空间、时间、范畴先验的呈现被给予的对象,至于表象、现象、知识乃至物自身,都是康德给被给予对象在人的不同接受层面的阐述。

二、从"对象"到"境域"：胡塞尔的意向性的超越

在康德"事先被给予的对象"一语境中，对象是一个客观的实存，它外在于人，并在向人显现时往往关联于主观的相对的条件。如感触直觉关联表象，经验直觉影响表象的机能，感触直觉的纯粹形式反映纯粹的表象，先验的摄觉（范畴）统一杂多感性材料的形式。人在这种有限的主观条件的限制中，只能有限地认识这个早已存在的世界，而这种有限性也决定了人不可能真正把握世界究竟是什么，只能通过先验存在于心灵中的结构，理解对象为知识，从而去了解这个世界。这就是为什么康德坚持人只能看见现象，却无法把握"物自身"。可以说，康德的理论是在客观对象与主观先验能力所决定的条件的关联中开展出来的，这一点同胡塞尔很相似。胡塞尔（Edmund Gustav Albrecht Husserl，1859—1938）的现象学，就是以研究"客观对象与本源的主观的被给予方式之间的关系"[①]为目的而开展的，但胡塞尔与康德的不同（也即超越康德之处），是他并没有像康德一样，将人的先验能力与客观对象分别而开展作为被给予方式的两端，而是将注意力切换至二者之间：被给予方式之间的关系。正是这样，胡塞尔才能够在意向性的基础上，开展出现象学的世界。从康德到胡塞尔，这个世界仍旧是被给予的，但胡塞尔心中的"理想国"，并非康德永无企及的物自身，而是承认人就在并且永远都在世界中。世界在人之前即存在，人因世界被给予才能够认识世界，因世界呈现出的"境域"来了解世界。世界不再以客观实存

---

① ［德］埃德蒙德·胡塞尔著，倪梁康译，《现象学的方法》，上海：上海译文出版社 2016 年，第 11 页。

对象的现象折射来被人把握，是以"境域"的存在方式，自发并自然地显现出来。

1. 超越的意向性

当人面对一个外在于自身的物时，首先会用一种本能的方式去把握，这被康德称为直觉。对象被给予我们时，直觉是关联我们与对象之间的媒介。康德在直觉的基础上，完善了感性、知性把握对象的方式，开展出时空、范畴等先验理论，并一路区别了现象与物自身等概念。直觉问题在康德那里是金字塔的基层框架，直觉功能是人认识世界的前提与基准，亦是连接人与对象的桥梁。直觉是主体具有的，无可争执的，甚至无需去质疑。因为直觉不需要去质疑或是讨论，真正值得探讨的是桥梁双方，人之先验能力、对象之现象或对象之物自身。胡塞尔之超越康德之处，首先在这个问题中得以转出：直觉不仅是桥梁，更是全部。延承康德的进路，胡塞尔承认直觉给予对象条件，并非常认同"直觉在人的限度内才发生作用"。但正是因为只有人才有直觉，说明人的直觉具有特殊内容，这个特殊内容使得当人面对被给予的对象时，能够在自己的方式中对其把握、判断、认知。它不是康德一般意义上所讲的人的内在功能，而是在承认每个人的特殊性的前提下，总结出我们面对对象的方式，它不仅仅是直觉，更是直觉所给予的认识对象的条件，对象的内容，甚至我们自身。也就是说，胡塞尔意义上的直觉已经不是在客观实存与主观主体二元对立的前提下建立的人的内在功能，而是变成一种世界被给予方式的中间性。在这个意义上，"意识和世界在所有主体-客体的分列前就已经相通了"。这个具有居间性的直觉功能，被胡塞尔称为"意向性"。

"意向性"的概念来自布伦塔诺（Brentano Franz, 1838—1917），

它最重要的功能即制造并承担"意指对象"的机制：每一种意识行为包括语言行为本身包含了对一内容的指称或对一对象（不一定指实在的对象）的指向，并同时尽可能清除掉其中的心理主义倾向。即人的表达式本身就具有构意行为。比如当我们说"快乐"这个词时，我们本身也就在通过以往经验快乐的体验并在它的含义和意指的贯彻中。这种体验、含义和意指就是意义本身，意义是"逻辑"的观念之物，它不是客观的实存或者抽象的实体，更不是心理观念，而是在表达式与被表达对象之间，并非分割二者，而是同时拥有并涵盖二者的本源。当我们说"快乐"时，"快乐"这个表达式的意义就被激活了，被激活了的意义的表达式包括两个方面：其一，表达式的物理方面。如"快乐"二字作为符号的构成和组合，视觉方面的接收或听觉方面的传递；其二，给予表达意义以及可能的直观充实的行为。[1]这个充实的行为，就是胡塞尔在保留布伦塔诺意向性指向对象功能的基础上，完善并进一步明确了赋意功能：意向活动与意向对象相吻合，因吻合而有确定的原本的对象显现并只是显现给我。即是，当我们说一个词语时，它一方面指称被表达者，另一方面激起了人对于被表达者的纯粹的赋意行为，从而指向被表达者，与词语的指向功能汇聚一处，互相吻合，这种吻合并非被对象激发出的反应，而是当场被构成的并直接朝向被表达对象的一种非主非客的居中身份。

胡塞尔根据意义层面的推进，将赋意行为即意向行为所产生的意义，分为"意向意义"与"充实意义"。意向意义就是绝对意义上的意义。给予意义的、赋予意义的行为就是"赋意行为"，赋意行为

---

[1] 张祥龙，《从现象学到孔夫子》，北京：商务印书馆 2011 年，第 18 页。

使得一个符号成为语言表达的最低要求。①比如我们看到纸面上的一句话：两点之间线段最短，便知道这句话自身内包含了某种像"两点之间线段最短"这个命题意义的东西，并且依据此意义给予作用并与此作用保持一致地去实行其他功能，这些功能正是由于"两点之间线段最短"的意义给予作用而成为"充满意义的"，这就是赋意行为的"意向作用"。比如短跑运动员并非因"两点之间线段最短"推算出直线线路赛跑节省时间的结论，而是已经在他的意识背景中具有此意义的作用。意向作用总是在我们关注于一个具体的对象并关联此对象开始实行、推演出意识之前，就已经以隐匿的、非实显的方式支撑起我们的意识领域，是一种广义的赋予意义、构成意义以及其对象关系的活动行为的作用。可以说，我们从来就活在一种广义的、非实显的、未被实行的赋意行为之中。②胡塞尔虽然以意向意义作为意向性的起点，但与进一步指向对象的充实意义相比，明显更具有铺垫意味。不仅被胡塞尔认为是"最基本的空洞的意向"，更被确定为"仅仅符号性的意指"，也就是说意向意义是没有实际内容的，只有在意向意义的基础和前提下，进一步地在直观中充实很多表达式的意向意义，构成了它的意向意义所意指的对象之间的同一关联，只有完成此一关联时的意义才有内容，可以成为知识或者证明真理的源泉，③此时的意义就是"充实意义"。被意指的对象即意向对象，④就在这行为中被同时构成或给予，成为以同一方式"被

---

① 张祥龙，《从现象学到孔夫子》，第19—25页。
② 同上。
③ 张祥龙，《从现象学到孔夫子》，第22页。
④ "意向对象：意向作用在直观体验中构成意向对象。"［德］埃德蒙德·胡塞尔著，倪梁康译，《现象学的方法》，第25页。

给予的对象"。①比如当我们进一步将"两点之间直线最短"的命题在生活经验或是科学实验中反复求证，最终确实将"两点之间直线最短"的命题却认为是"真的"时，即构成其意向意义与对象的关联，这个意向意义就得到了充实，与之相应的行为就被称为"充实行为"，"充实行为"的过程也就是意向对象得以显现的过程。

于是，我们现在转回看康德，以直觉认识对象的二元对立，到胡塞尔，居间的意向性显现意向对象，就能够很清楚胡塞尔的转折处，即加入意向性的直觉。意向性给予对象条件，意向性加入直观（感官）成为充实行为。所以，当胡塞尔说"对象被给予我们"的时候，就是在承认人的有限性的前提下，不去追问对象究竟是什么，而是以意向性居中的思路，展示与对象处于同一关系中的，在直观中被给予的充实行为和充实意义。②

2. 从"对象"到"境域"

在康德看来，人面对及把握的世界并非真正的世界，只是无数个对象（object）。对象被给予我们时，感性把握其为现象，即未决定的对象，知性在感性材料的基础上，通过范畴将未决定的对象转变为决定的对象。人最终能够了解的，仅限于决定的对象，对象并非世界如其所是，只是人在自己的能力范围内尽可能地把握到的世界的模样。这个模样作为无数个世界本然的显影呈现出对象的姿态，它们一方面无关于人的意志为转移，另一方面通过感触直觉作为最基本的方式关联于人，在感触直觉，尤其是感觉阶段，它们是简单的、直接性的存在，具有现实的本质性；在知觉的范畴阶段，它们

---

① 张祥龙，《从现象学到孔夫子》，第 19—25 页。
② "充实意义不同于被意指对象本身，它与这种对象处于被直观给予的同一关系中。"[德]埃德蒙德·胡塞尔著，倪梁康译，《现象学的方法》，第 25 页。

是知识的生成者。每一个对象都是独立的、静态的，无数个被给予的对象组成了我们所能认知的世界。

由意向性接受的被给予的"对象"，在胡塞尔眼中则是另一番景象。世界不是积木组块堆积而成，而是通过人本身所感受到的真实的叠加，当下现实的呈现。[①]人之感触，交感交摄，听到物的声音，看到物的影像，关注到物的存在，对物产生意识。一时间中，这个听、看、关注、意识，因为有具体的物与之相关，则有一个中心领域；又因为人本身就是有限的，则必然在逐渐不关联该物的延展中出现界域。这就是胡塞尔所讲的"边缘境域"，张祥龙将其比喻为目光所关注的中心以及余光所及的一个向四周越来越模糊的扩散开去的视野，它好像一个围绕带，围绕带中心即"凸显中心"，也即我们所关注的意向对象，而逐渐模糊散开的一个围绕此中心的各式各样的东西，就是能够衬托出凸显中心的背景，它与凸显中心一起构成"边缘境域"。在任何意向性的结构中，都存在这个"边缘境域"。比如我们想要喝水，会去寻找杯子，这个杯子在桌垫上，桌垫在桌子上，桌子上面有桌布……对于一杯水的意向结构，就这样一层层推演开，慢慢消失在某一处。在这个例子中，"目光所及"已经不能完全说明问题，也就是说，"边缘境域"不是单纯的感官生理构造的问题，而是一切人的意向行为，必然地和自明地，是任何一种连续的和构成对象的意识经验所不可少的。[②]在这个意义上，我们就能体会到，人的意向性是流动且变化的，并非指偶然多变的心理因素，而是流动性本身使得我们能够通过意向性到达意指对象。听音乐时尤其能够说明这一点：一曲古典钢琴由很多音符组成，我们在聆听时，

[①] 牟宗三，《心体与性体》，上册，台北：正中书局1981年，第138—139页。
[②] 张祥龙，《从现象学到孔夫子》，第40页。

是在听钢琴曲，并非每一个音符，我们听到的音符是跳跃的、承接的、连续的，在琴曲的统一的背景中。这个背景就是"将保持（回伸）和预持（前伸）所构成的一种特殊的时显方式"①，它是流动且始终保持动态的非实显，一个音符正响起，是承接了过去已有的韵律和预期了即将被弹奏的曲调，还未留意，刚刚那个音符已成为新音符的被承接者，但仍然被保留下来，并且始终作为琴曲的一部分被保留在当前。这个保留并非真正地保持到"现在"，而是以一种变样的、边缘化了的、境域的方式被保持住，否则，我们将不再听到一个个音符组成的优美曲目，而是每一时间都有很多正在弹奏以及被保留的音符的声响一同响起。"每一时间"即每一个现在，现在即过去，亦是未来，是过去的未来，未来的过去，现在是不断连续变化的，显示现在的边缘境域是不断变化的。边缘境域作为凸显中心的背景，二者一同构成的意向对象亦是不断变化的，"意向对象就如同当前一样并非一个实在的现成对象，而就是由这个连续变换着的、牵拉挂连着的边缘域所潜在构成的"②。

　　流动的意向对象所展现的世界，就是我们当下现实的呈现。对于胡塞尔来说，对象存在并非康德所描述的那样，独立、静止又实显，而是全部的是意向性呈现的内容，意向性所显露的流动的世界，它是过去、现在，亦是未来。而组成意向对象的两个部分——凸显出来的中心领域，与隐蔽的从来不呈现的边缘境域（背景）中，凸显中心可以在范围指涉上吻合于康德所描述的对象，而隐蔽的背景部分——使世界不断开延的动态的内在时间，就是胡塞尔超越康德的地方，也即胡塞尔所讲的"生活世界"。仍旧是那个杯子，杯子在

---

① 张祥龙，《从现象学到孔夫子》，第 40 页。
② ［德］埃德蒙德·胡塞尔著，倪梁康译，《现象学的方法》，第 40 页。

时间、空间里出现,是一个现象或一个知识的对象;杯子在境域、视阈中出现,它就是与其他人共同生活背景的生活世界的一部分,我们无需判断这个杯子存在于的世界是不是真的,停止任何宗教、心理学、社会学、历史主义等自然主义观点去解释这个世界,离开概念的康德式的思维,返回概念之前,好似艺术家描绘一棵不知名的可爱的绿色的树木,全部放下,只是"呈现"。这个"呈现"就是境域,视阈,边缘境域,以及以边缘境域为背景衬托而出的凸显中心。

三、消失的主体性:从意向主体到 Dasein

当我们讲边缘视域时,并不是在剖析一个对象,或者汇聚很多对象在一起的集合体,而是已经将对象(object)的概念抛开,进入到境域(horizon)的层面当中。即世界从被给予的对象成为被给予的生活世界,成为无数个无限被扩展的边缘境域的叠加。而人,作为具有意向性的意向主体存在并生活于其中,赋予意向对象意义。因此,往往被认为占据主体地位的人,因为意向性的赋意行为显得更加具有"居中性",这个"居中性"并非简单地表现在意向主体居于主体客体二元之间,而是一种非常纠缠的非主客、亦非非主客的关系,在这种关系中,人即意向主体,一方面丧失了主客意义上的直接主体性,变得更加纯粹化,另一方面却又保留着主体成分好似幽灵般携带着主体因素扑向意向对象。这始终是胡塞尔的矛盾,而海德格尔(Martin Heidegger,1889—1976)正是在此处得以突破,将意向主体转化为 Dasein,主体性彻底得到溶解,并最终消失。

1. 纯粹化的主体性

胡塞尔对于主体性的复杂态度首先来自他批判笛卡尔(Rene

Descartes，1596—1650）的"自我"。我们知道，笛卡尔的"我"建立在怀疑可感对象及数学对象的基础上，通过对于"我"的怀疑，确定"我的存在"——"我思，故我在"①。即依据实体的我思的活动，一方面在思维活动进行中直接意识到自身，另一方面通过反思我思的活动，而被意识到我思活动的存在，从而能够确立我作为实体的存在。于是，自我的根据即我思这种精神性的，思维性的东西，用笛卡尔的语言来讲，就是"精神、心灵、智慧、理性"②，与二元对立的广袤的物质，完全属于两个领域，相互不可生成，但在沉思者的意识显现内可以跳跃的直观到"真正首先整个的直接给予的东西"，这种东西是一种实体观念。这种带有先验实体性的内容被胡塞尔认为只是一种被表象的思，一种反思，并不具备先验主体的资质。"自我成为一个实体性的思维者，一个分离了的思维和灵魂的人。"③这种分离和跳跃被胡塞尔认为是，源自其具有主张以人的内在心理机制为根据去解释逻辑性质的心理主义，和依据后天经验把握知识的经验主义的内容。若我们不去讨论胡塞尔理解笛卡尔的我思是否正确，④只分析胡塞尔批判并剖析我思的方式，就可知道，胡塞尔对于二元论中的主体性是批评的。因为在胡塞尔看来，"在思的我"即意识，不仅是意识主体同时也是意识对象，即一种可以表现自身的

---

① ［法］笛卡尔著，王太庆译，《谈谈方法》，北京：商务印书馆 2010 年，第 27 页。
② ［法］笛卡尔著，庞景仁译，《第一哲学沉思录集》，北京：商务印书馆 1998 年，第 26—27 页。
③ ［法］笛卡尔著，庞景仁译，《第一哲学沉思录集》，第 114 页。
④ 如马里翁认为胡塞尔不能将笛卡尔的"我思"或"在思的我"视为一种反思、一种被表象的意识。而是一种"原初性的思"，在逻辑上要先于一切"物件性的思"，是后来一切思想的形式基础、逻辑前提。就其本身来讲，由于"在思的我"所具有的那种特殊结构，即它先是以一个被思的东西来获得确定性，进而过渡为一个主动的、去思的东西，这使得它足以以一种原初性的、可以作为诸思之基底的实体的形式而存在。即"在思的我"的实存、它的确定性与原初性才能被沉思者无可置疑地确立。Jean-Luc Marion, *Questions Cartésiennes II*, *Sur l'ego et sur Dieu*, Paris: PUF, 1996, p. 7.

表象。它指出了自我的奇妙的"为自身存在"这一面。也就是说，意识生活的存在首先意向性地与其自身相关，是先验自我的起点而非自我给予性回溯到绝对经验的奠基。①自我本身并不被否定，被否定的，是混含在其中的心理主义与经验主义内容。这是胡塞尔首先对纯化主体性提出的要求，即认识到自然主义观点的存在与不合理性：②一方面要求去除其中的心理主义因素，另一方面反对客观主义、历史主义、经验主义在自我中的影响，不再试图在无条件的世界的先行存在的背景下，寻求客观真理的合法性，并尝试把握一切理性存在者都有效的客观规律为目标；或是不再在历史与文化的语境中寻找一个暂时可以还原人的历史精神类型和世界观（不能还原为自然主义意义上的客观实体）。"因为它们都只是将观念错误解释为事实"，③在已经设定好的轨道之中去依据现成存在的材料和关系（因果律）寻求已知构成方式。无论自然科学还是人文历史，都是建基在该方式之上的产物，比如价值、效用、美丑、善恶等。主体性更加纯粹化，被胡塞尔称为先验的普遍悬置，即过滤了一切现象中的现成的存在性，并暴露出现象之所以能够存在的前提，显露出现象始终存在的并隐蔽的方式。普遍悬置并没有带来自我的空洞化，反而因触发了先验主体的资质，与意向对象之间的意向活动的丰富

---

① "我在"之笛卡尔式"绝然的"明见性及包含于其中的内容皆理解为一种绝对经验，并且是作为一种经验之整全领域。[奥地利] 路德维希·兰德格雷贝著，罗丽君译，《胡塞尔告别笛卡尔主义》，收入倪梁康主编，《面对实事本身——现象学经典文选》，上海：东方出版社 2000 年，第 523 页。
② "自然主义观点：以不同形式出现的自然主义态度，客观主义和历史主义所共有的以某种'事实'为起点的态度（唯理主义和经验主义）总是已经赋予了各自的起点——不管它是事实、实体还是感觉材料——以某种存在性，或视这存在性为理所当然的；然后，再从这已具有存在性和可理解性的基点出发去构造一个多样化的世界。"张祥龙，《从现象学到孔夫子》，第 34 页。
③ 张祥龙，《从现象学到孔夫子》，第 34 页。

内容，显示出更加丰富的生活世界出来。

　　胡塞尔抛弃二元论，通过区别意义本身和意义所指向的对象，开辟了居中的全新的意义构成领域。然而也正是因为这种居中的意义领域，需要始终面对意向对象的赋意方向而显露出意向主体的主体性，成为胡塞尔无法跨越的难题。因为在关于意向性尤其是意向性活动的研究中，胡塞尔往往偏向于充实意义与充实对象：具有意向意义的赋意行为并不能满足并赋予某个对象为意义焦点，只有进一步在直观中充实很多表达式的意向意义，才能够构成意向意义与它所意指的对象之间的同一关联，即只有充实行为才能给出被给予的对象，只有充实意义的实现，意义构成域才能够存在，知识和明证真理的源泉也才能够得以实现。①这种偏向性一方面使得意义本身容易被遮蔽，从意向意义处转向充实对象；②另一方面将意向意义推向意向主体方，意向性围绕在意向主体，无法超越出去。尽管胡塞尔尝试以"超越的对象"等同于"超越的意识"，试图说明意向主体与意向对象之间的差异是具有超越性的,③但他也始终坚持作为自我也是具有超越性的，即尽管我意识自己时将自己作为对象暂时客观化，但我因是一生物，不会在客观化中被耗尽，仍然并始终保存了作为意向主体的自由和责任。于是我们看到，尽管整个意向性活动的构造是居间的，脱离了二元论的主客关系，但又仿佛掉进了另一

---

① 张祥龙，《从现象学到孔夫子》，第21页。
② 张祥龙，《从现象学到孔夫子》，第26页。
③ "在现实被给予之物和通过对具有动机的权能性的现实化而可被经验之物之间的差异。每个对象经验都包含着超出这个经验的动机。这个差异、存在内涵部分中的突出物便是原本被经验到的对象和世界的超越。这个超越的体验的原本形态是对象经验被置于到视阈意识中。对象的超越尽管原本处于一种现实的与意识的无关性中，但这个与意识无关性仅仅是一个隐蔽的、可为动机遮盖的意识相关性（情况 situation 的、主观的显现）的反面。任何超越的存在都自身表明为显现。"［德］埃德蒙德·胡塞尔著，倪梁康译，《现象学的方法》，第34页。

种双方对峙的局面：居间性的两侧——意向主体与意向对象之中。意义领域围绕对象处，意向性围绕主体处，意向主体的主体性既反对笛卡尔式的非主客关系，亦表现出具有区别和间隔性的非非主客属性，无论是超越的对象还是超越的意识，只是在尝试弥补这种区别性，仿佛成为先验主体与对象之间的过渡，并没有带领意向性从意向主体的主体限制超越出去，这就是胡塞尔最大的矛盾所在，即使一直坚持批评笛卡尔的逻辑推论方式，到最后也没能避免使用逻辑的方式推导结果，始终无法带领纯粹化的主体性超越出去。

2. 消失的主体性

虽然纯粹化的主体性没有得到彻底的超越，但是作为居间性的意向活动所构成的意义构成域，的确打破了主客二元的局限，这就为主体性能够超越出去增加了可能性和突破点。意向性不断想驾驭对象是什么，但不是从概念、常识、感受、主观去把握和判断，是以一种直观的方式将其变成一种边缘境域，无数的意向对象，无数的境域叠加，最终构成全部的我们所能赋予意义的生活世界。这个直观就是"本质还原"①。从内在来讲，内在的形式构成不断对对象发挥作用，而非生活现象中的现成存在性的方法，"先验的还原"或"先验的、普遍的悬置"方法，将所有的自然主义兴趣都停止运作，中止任何存在态度的判断，使其"漂浮在空中"，否则被给予的视阈意识便无法进入他的视野。②如此这样理解下去，就是现象还原。排

---

① "从个别的经验中抽取，指向规定了行为以及行为中显现的存在区域的结构的本质规律，这些规律是必然有效的、普遍有效的。还原到这种规律即是——本质还原：将意向体验和其对象的事实特征还原到作为它们基础的本质规定性。"[德] 埃德蒙德·胡塞尔著，倪梁康译，《现象学的方法》，第19页。

② [德] 埃德蒙德·胡塞尔著，倪梁康译，《现象学的方法》，第27页。

除掉一切与直观体验本身的构成活动无关的存在预设的方法,[①]还原到凸显的中心和边缘之物包围着它,不判断时它即呈现,同时也被忘记。这是一种不离开经验之流而又去掉现成存在的方法,也是将主观显现和存在连贯在一起,且并非将显现还原到其本质而是还原到意向性活动之中。这是暴露出意向性活动的第一步。[②]这一步虽未涉及赋予对象意义的充实行为,但已经基本显现出"生活世界"。

"生活世界",被意识为普遍的视阈与存在的对象的统一的宇宙,我们共同属于并且生活在的这个世界。这是一种与主体间的共同生存经验不可分割的具有本源性的来源,它通过人生的原初经验而显现,先验且不可避免地存在于生活的背景中,它不会成为任何意义上的对象,也不会成为客观意义上的永恒实体,它是一个"被事先给予的世界"。[③]对于这个世界来讲,我们因共同生活于其中而属于它。于是我们可以说,人之所以成为人,能去知觉、认知、追求目的、实现价值的那一种普遍的境域存在就是生活世界——不可被判断,只通过直观而到达的一种先天性的纯意义构成领域。在人类文化生成之前,这种纯意义构成领域就已达到一种普遍的成就。当人生活于其中,生活世界就是文化本身,就是人文化成。我们的文化、政治、宗教、艺术,与我们在一起活着,生存着,于人与人之间一起存在并同时存在着,相互之间都有关系,这就是生活世界。它不同于康德的知识的世界,现象、对象的世界,只有通过批判才能够通达到道德真实的物自身世界(对于生活世界来说,第一批判与第二批判是没有意义的);更不同于笛卡尔的主客二元实体论的世界,

---

[①] 张祥龙,《从现象学到孔夫子》,第26页。
[②] 它暴露出意向性的活动,但意向活动如何构成被意向者也还需要进一步的说明。——著者注
[③] 张祥龙,《从现象学到孔夫子》,第105页。

"生活世界"比所有精神的、心理的、物质上的现成物的总和还要丰富，①它通过对象被给予而出现在背景的边缘视域中。

当我们说意向性充实部分的这一方所显现的意向对象——凸显中心时，我们也在暗指以其为中心而发散出去直到消失的始终作为背景的边缘境域，不是客观的外在的东西。边缘境域仍在意向性的范围之中，并始终不脱离意向性。这种推论看似已经将生活世界的源在性与整体的意向活动的先天性得以证明，但事实却并非如此：已经被确立先验地位并与主体贯连的生活世界的建立，最终被归为知识论的部分，因为意向性始终无法摆脱认知的主体，纯粹的意向性无法离开自我。于是，胡塞尔一开始批评的主观实体化的主体性，几经兜转，最终还是变成另一种"唯我论"。但是，即便意向主体进一步尝试瓦解生活世界的普遍合法性，生活世界也已经以境域的方式得以确立。而海德格尔，就是在认同生活世界的基础上，从中转出，试图破解胡塞尔唯我论的矛盾，彻底释放意向主体主体性的束缚，并充分展示境域的先验威力和普遍合法性。

海德格尔首先确立了一个词：Dasein，作为一种能意识到自己存在的存在，且根本上不可能离开客观世界的主体存在。简单来说，Dasein偏向于胡塞尔意向性活动的前一侧，意向意义的放大版，它总是一种在世界之前、认识之前的原初的存在，并在尔后的赋意活动即认识中，无形的归训或影响双方的关系（认识者与被认识者，决定者与被决定者），这就是人原本的生存形态，不能规定世界，亦不能被世界规定。海德格尔将Dasein作为意向性的本质，它本身就是两面性的，亦是对象，亦是主体，而非以存在者意识自己存在的

---

① 张祥龙，《从现象学到孔夫子》，第146页。

线索归顺意识主体范畴。因为意识总是对某物的意识,"对某物的意识,就是一气呵成的东西,不只是要强调意识有构成一个客观域的能力,它同时隐含了'并没有一个逻辑上的意识实体,只能在对某物的意向中构成意识本身'。"①Dasein 声称自己的存在,将意向性得到彻底的转变,从方向性的、阶段性的、区别性的意向活动转变为全方面的、一气呵成的、展开的、融合且开放的存在域发生。Dasein 就是主体,亦是对象,通过与对象纠缠而显露的主体,亦是赋予对象意义本身的主体存在,Dasein 的显露,不再使得意向主体向认知处靠拢,而是将其拓展与消融,作为彻底化意向性功能的存在意义得以确立,彻底地转变为境域。Dasein 就是境域。自此,胡塞尔的先验主体性的本质解构随着海德格尔 Dasein 的替代,转变为一种显现与自身在原发境遇中的相互引发。随着此种引发,纯粹化的主体性也就彻底消失了。

第二节 道家看待世界的方式

一、老子的"道"与"真理"

1. 神秘的大道

在西方的传统思想中,始终存在一种"寻求个别现象之间的共相"的思维惯性。这种惯性使得人们总希望去解释现象杂多背后的原理,寻求事物的本质原因,驱动事物运转的根本依据。而以上这些内容,最终都指向了同一个词语:"真理"。于是,寻求真理的道路便开展为一个抽象的、普遍化的过程(generalization)。这个过程

---

① 张祥龙,《从现象学到孔夫子》,第80页。本章第一节的理论陈述,主要依靠张祥龙的《从现象学到孔夫子》一书,此处特别加以说明。

一方面从千万种个别现象里，抽象出一个寻求真理的普遍化道路；另一方面希冀可以从真理出发，解释天下万物，这便是我们一般System所讲的"形而上学"①。"形而上学（metaphysics）"一词虽源于亚里士多德，是指传统西方哲学在存在论及知识论的层面中，去追求"存在之为存在"②的问题，即牟宗三先生所讲的"存有论的形而上学"③。"存有论的形而上学"若要追本溯源，就要首先回到古希腊哲学家赫拉克利特（Heraclitus，约公元前535年—前475年）关于"逻各斯（逻辑）"这一概念的阐释：

> 逻各斯是"言语"、"叙述"、"思想"、"理由"、"论证"、"尺度"、"标准"、"分析"，以及后来的"定义"等。④

可以看出，赫拉克利特的"逻各斯（logos）"还是一个不太确定的关于尺度的、表达的多义词。直到公元前五世纪以后，古希腊哲学逐渐从对外在自然的研究转向对思想内容、语言形式本身真假的探讨时，⑤逻各斯才在巴门尼德（Παρμενίδης ὁ Ἐλεάτης，Parmenides of Elea，约公元前515年—前5世纪中叶）的"真理之路"中略具雏形。⑥

---

① "形而上学就是要解释天下万物。"牟宗三，《中国哲学十九讲》，上海：上海古籍出版社2007年，第90页。
② Metaphysics，Meta-意思为"之后"，physics即"物理学"。物理学是研究自然现象及其规律（物理）的学问，而metaphysics则从自然现象中抽身而出，转而去追求"存在之为存在"的问题。郑开，《道家形而上学研究》，北京：宗教文化出版社2003年，第43页。
③ 牟宗三，《中国哲学十九讲》，第90页。
④ W. K. C. Guthrie, *A History of Greek Philosophy*: Volume 1, *The Earlier Presocratics and the Pythagoreans*, Cambridge University Press, 1962, p. 38.
⑤ 吕祥，《希腊哲学中的知识问题及其困境》，长沙：湖南教育出版社2016年，第24页。
⑥ 郑开，《道家形而上学研究》，第43页。

巴门尼德提出两个基于逻各斯的著名命题：
① 它是，它不能不是。
② 它不是，它必定不是。①

在命题中，"它"指研究的对象，"是"为 being，亦指起作用，兼为系词"是"和"存在"的基础。②随之，柏拉图（Πλάτεων，Plato，公元前 427 年—前 347 年）吸收巴门尼德的理论发展出 idea（eidos）。Idea 是客观的，又是"可以被思想或理解的"。③之后，亚里士多德在探究"存在之为存在"即存在本身时，以"谓词理论"分析本质（ousia），即系词"是"的名词形式"是者"，④并给出了探究 ousia 的两条标准：①逻辑的（logical，语法的）标准：是否作为其他主词的谓语；②形而上学即存在论的标准：是否呈现于（或依附于）其他主体。⑤于是，存在本身（being）成为寻求"共相"的答案，"共相"也是为得出个"是"，而这个"是"首先是能够被思想和述说的。这种依照逻辑和语言（逻辑中心主义），为寻求共相，去分析"是"而探究"存在"的哲学传统，不仅作为西方文化思维中

---

① "（D4）来吧，我告诉你（你要谛听我的话），只有哪些研究途径是可以设想的。第一条是：存在物是存在的，是不可能不存在的，这是确信的途径，因为它通向其理；另一条是：存在物是不存在的，非存在必然存在，这一条路，我告诉你，是什么都学不到的。因为你既不能认识非存在（这确乎是办不到的），也不能把它说出来。"［古希腊］巴门尼德，《著作残篇·论自然》。收入北京大学哲学系/ 外国哲学史教研室编译，《古希腊罗马哲学》，北京：商务印书馆1982 年，第 51 页。
② 王太庆，《我们如何认识西方人的"是"》，《学人》1993 年第 4 期，第 419—438 页。
③ 柏拉图的《蒂迈欧篇》28A 中的 logos 乃是与 muthos 相对的理性能力，即借于 logos，运思 nous 得以接近 eidos（真形），理解存在（onta）。陈中梅，《柏拉图诗学和艺术思想研究》，北京：商务印书馆1999 年，第 39 页，注 21。
④ "ousia 概念在柏拉图对话中已频繁出现，它是系动词'是'的名词形式，从字面上说可直接对应于英文的 being，但其含义却不是很容易表达的。一般来说，ousia 意指人们说'某物在'（it is）时所蕴含的含义。英文一般将该词译作 substance，不过早期拉丁作家（西塞罗与塞内加）将它翻译成拉丁文 essentia（本质）则应该说是更准确的，而中文以'本质'而非'实体'或'本体'来翻译会更好些。"吕祥，《希腊哲学中的知识问题及其困境》，第 106 页。
⑤ 吕祥，《希腊哲学中的知识问题及其困境》，第 106 页。

的核心内容，更成为开启物理学乃至科学等系统的有力驱动。而这一点，也正是东西方文化思维中最具不同之处。

中国哲学没有古希腊的形而上学传统，尽管中国远古语言中缺乏类似西方的"是"系词，却不意味着没有叩问形而上学层面的问题。黑格尔（Georg Wilhelm Friedrich Hegel，1770—1831）就将中国的老子及其创立的道家学说看为一种"真正的哲学"[1]，他在《哲学史讲演录》中这样写道："说到了某种普遍的东西，也有点像我们在西方哲学开始时那样的情形。"[2]当然，黑格尔对于老子的认同，是因为他认为老子提出的"道"之言语含义有形而上的意义，但这种意义"只是一种超自然的原始的理性"[3]，"与希腊人的绝对的一和近代人说绝对是最高的本质的时候一样，是没有规定性的，只是初级的哲学。"[4]中国学者当然不赞同黑格尔这种评价，但仍普遍认同"道"具有绝对理性的性质，而这种绝对理性的最终指向便是"逻各斯"。如钱锺书就认为"古希腊的'逻各斯'兼'理'与'言'两义……'道可道，非常道'中的'道'就兼有'道理'和'道白'两义。"[5]而实际上，此种理解也偏向于系词"是"了，尤其是在"理"之层面，总是显露出一个实体的"有"出来，以作为共相的存在（being）依据。对于这一点，海德格尔是持以批评态度的，海德格尔并没有强调"逻各斯"的"是"，而是强调"言"义。

之前我们说过，早在赫拉克利特对"逻各斯"的阐释中，就已

---

[1] ［德］黑格尔，贺麟著，王太庆译，《哲学史讲演录》，北京：商务印书馆1997年，卷一，第119—120页。
[2] ［德］黑格尔，贺麟著，王太庆译，《哲学史讲演录》，卷一，第127—128页。
[3] ［德］黑格尔，贺麟著，王太庆译，《哲学史讲演录》，卷一，第127页。
[4] ［德］黑格尔，贺麟著，王太庆译，《哲学史讲演录》，卷一，第129页。
[5] 钱锺书，《管锥编》，北京：三联书店2007年，第二册，第639页。

存在"语言"、"叙述"等解释,但当时我们偏向于理性精准度表达的尺度一说。海德格尔则认为,"逻各斯"的古希腊原义,首先应该是"言",即说话、说过的话。由此引申开去,才是"理"即"理性"的意思,"理"不过是"言"的引申义。将"逻各斯"说成是"理性"而不顾其"说话"的本义,是一种本末倒置、源流错位的做法。[1]其实,在这个层面上,"逻各斯"的"言"除了说话以外,还有一层更原始的意义,便是思维、思想,这也是赫拉克利特所提到的。海德格尔认为,这一点才是真正与老子的"道"切进的地方。

"道",我们知道,有一种解释是"途径",即通向某处的道路。道路不仅是一个通道,更多意味着一个开往某处的开端。所以"道"如果在逻各斯关于"思想"、"语言"的层面切进,就很有可能意味着,"道"本身这个词,便是进行思维的人所具有的语言的一个最初的词语。而这个词语,不仅仅是一个语言内容,更有可能就是语言的思想的本源方式。正是依据该方式——那种使所有那些我们由此才能思考的东西活跃起来的"途径"——也就是理性、精神、意义、逻各斯本来(亦即出于它们的本性)想说的意思。[2]即作为语言本源方式的"道",就是逻各斯作为"语言"、"思想"本来的意义所在。这个意义与后来的逻各斯作为的明显显现的"是"的逻辑推论不同,"道"更像是述说一个无法彰显的秘密。"它隐匿着思想进行的说的所有的秘密,如果我们让,并能够让这些称谓回到它们没有被说出的东西中去的话。"[3]这便是海德格尔所说的"道说"。

---

[1] 郑涌著,陈鼓应主编,《以海德格尔为参照点看老庄》,《道家文化研究》,上海:上海古籍出版社1992年,第二辑,第157页。
[2] 郑涌,《以海德格尔为参照点看老庄》,《道家文化研究》,北京:三联书店2009年,第二辑,第154页。
[3] 同上。

道说（die Sage）：道说及道说者和有待道说者……对道说本质的洞察，思想才刚刚开始了一条道路，这条道路把我们从纯粹的形而上学的表象活动中取回来，使我们进入对那种消极的暗示的关注中……思想在寻求一条小径，它就在通向源泉的途中，我们日语中表示"语言"的这个词也许是暗示着那条小径，这一点眼下看得更清楚了……①

"从纯粹的形而上学的表象活动中取回来，使我们进入对那种消极的暗示的关注中"，这是海德格尔在批评西方思哲传统的道路上非常重要的一步。因为他终于摆脱了系动词"是"的困扰，脱离了逻辑认识的对象，进入存在本身的境域之中。而只有进入存在之中，我们才能讲，"老子的'道'的世界被展开了"。

"道生一，一生二，二生三，三生万物。"②虽从字面意义上，"道"也有解释生成万物原因之趋向，但与西方思维中的共相寻求有本质的不同。牟先生认为，西方从存有论、知识论方面阐释万物生成之原因，只是论认识对象，而不是论创造对象。③而道家的道和万物的关系，就在于负责万物的存在，若笼统地说，也是创造。但是这种创造又是非常特别的，它一方面区别于上帝从无来创生万物（客观世界中）；另一方面又并非完全离开这个世界、彻底地超越地讲创造之源；另一方面也不具有《中庸》里"天地之道可一言而尽也：其为物不贰，则其生物不测"的那种积极创生万物的作用。结果，展现出来的就成为一种靠我们有限妙用的心境来收进主观的、

---

① ［德］马丁·海德格尔著，孙周兴译，《在通向语言的途中》，北京：商务印书馆2016年，第137—138页。
② 老子，《道德经》，第四十二章。朱谦之，《老子校释》，北京：中华书局2010年，第174页。
③ 牟宗三，《中国哲学十九讲》，第99页。

在具体的生活运用表现之中内在的、又同样是超越的、"不禁其性，不塞其源"①的消极但不具有明显创生意义的"不生之生"的境界形态。②牟先生为其命名为"境界形态的形而上学"③。"万物作而不辞，生而不有，为而不恃，成功不居"④，道虽以"不生之生"来玄创天地万物，从宇宙论、本体论以及修养论三个层面展现自身，⑤但对实现原理并没有特殊的决定作用（no special determination）。⑥"道，可道，非常道。"⑦可以说，"道"并非完全彰显出来宣布自己的存在，而是始终并最终保留着它的神秘性。这种神秘性与海德格尔的"隐蔽的大地"一说有呼应之处，后面章节有详述，此处先不讨论。

2. "无"、"有"与真理的两重性

> 无名，天地始。有名，万物母。常无，欲观其妙。常有，欲观其徼。同谓之玄，玄之又玄，众妙之门。⑧

神秘的大道与万物之不生之生的创造关系，也是基于"有"、"无"二者的双重性才能得以发挥与演绎。道家是通过"无"来了解、规定"道"，所以"无"是关键。⑨而"有"生于"无"，万物又生于"有"，所以"道"就同时有"无"、"有"的双重性。这种

---

① 老子著，王弼、楼宇烈注，《老子道德经注校释》，香港：中华书局2008年，第23—24页。
② 牟宗三，《中国哲学十九讲》，第99—101页。
③ "这种形而上学因为从主观上讲，不从存在上讲，所以我给它个名词叫'境界形态的形而上学'，客观地从存在讲就叫做'实有形态的形而上学'。"牟宗三，《中国哲学十九讲》，第90页。
④ 老子，《道德经》，第二章。朱谦之，《老子校释》，第10—11页。
⑤ 牟宗三，《中国哲学十九讲》，第101页。
⑥ 牟宗三，《中国哲学十九讲》，第100页。
⑦ 老子，《道德经》，第一章。朱谦之，《老子校释》，第3页。
⑧ 老子，《道德经》，第一章。朱谦之，《老子校释》，第5—7页。
⑨ 牟宗三，《中国哲学十九讲》，第90页。

"无"、"有"的双重性在东方思维中是非常自然地呈现，但却因"过于自然"，造成了对语言梳理上的发挥不足等问题。当落实于纸面之上时，又会使得原本缺乏梳理的语言成为片段的分析，而无法呈现出思维中已经显现出来的自然之境。如依照老子原文："天下万物生于有，有生于无。"若按字面阐释，"有"似乎在"无"之后，而作为本源的"道"，更加源始于"无"的一面，故一些学者在梳理时会多对"无"进行分析。如依循本体论的角度，认为老子是"以无为本的本体论，提出无的共相"①，或将"无作为本原，是万物的内在根据"②；又如依循宇宙生成论，认为"无都是空无，空者像一面镜子，镜子内空无一无，而能照出一切物象"③；再如从修养境界层面，依循以无为线索的词语（无我、无为），ⓘ得出"患因身有，身无患绝"⑤的结论等。这些虽是强调道之"无"的一面，却也因刻意追求"无"，反而使得道无法显现出其本有的圆融统一的境界形态。不仅如此，逐字逐句的文字落实，还容易将道的两面性分析为实体化的姿态。有个"有"，有个"无"，"有"与"无"均成了名词。但

---

① 朱哲，《先秦道家哲学研究》，上海：上海人民出版社 2000 年，第 49 页。
② 朱哲，《先秦道家哲学研究》，第 50 页。
③ 梁启超，《老子哲学》，《饮冰室文集》点校本，昆明：云南教育出版社 2001 年，第 3048 页。
④ "'无为'的行为方式与态度：'不言'、'不为始'、'不恃'（第二章），'不仁'（第五章），'不争'（第八、六十六、六十八章），'不有'、'不伐'、'不宰'（第十、五十一章），'不应'（第二十四章），'勿矜'、'勿伐'、'勿强'（第三十章），'不美'（第三十一章），'无欲'（第三十七章），'不德'（第三十八章），'不行'、'不见'、'不为'（第四十七章），'不武'、'不怒'、'不与'（第六十八章），'无行'、'无臂'、'无兵'（第六十五章），'不责于人'（第七十九章）。"朱哲，《先秦道家哲学研究》，第 80 页。"'无为'出现十二次……'无为'本身还是一种行为，功用。"而这种行为、功用是"有无相生，难易相成……"在揭示现实的相对醒后，并接受此一现实，且又说"是以圣人处无为之事"（第二章），它思索着如何超越现实世界里的常识性之世俗对立。[日] 金谷治著，陈鼓应主编，《"无"的思想之展开》，《道家文化研究》，上海：上海古籍出版社 1992 年，第一辑，第 93 页。
⑤ 马一浮，《老子注》，《马一浮集》，杭州：浙江古籍出版社，浙江教育出版社 1996 年，第一册，第 781 页。

实际上从整体来看，道家中的"有"、"无"并非实体名词，而是境界名词，是道的两种表现，亦不可单独分析之。① "无"本身先应该被当作动词，具有否定的意味，否定而正面显示一个境界出来，这个境界用名词表示就是"无"。"无"不是实体化的存有论所讲的没有东西，而是在实践上，否定依待、虚伪、造作、外在、形式的东西，而返显出一个无为的境界来，这被牟先生称为"实践的存有论（Practical metaphysics）"。在此语境中，"无"所表现出来的境界就是虚一静，就是使我们的心灵不粘着固定于任何一个特定的方向上。② 相应地，"有"则意味着心灵已有波动而起了"观念"。"观念"的产生并不意味着非要有一个明确的对象，更多时候是没有对象而突然由根源上创发出来一个观念，这就是创造，也叫做"心灵的徼向性"。不是徼向任何对象，而是根据这个徼向性来创造对象，这个"徼向性"才是道的"有"的一面。③ "常无欲以观其妙，常有欲以观其徼"，心境不单单要处在无的状态中以观道德妙，也要常常处在有的状态中，以观道德徼向性。④ 凡徼向性都有一个特定的方向，若停在这个徼向上，有就脱离了无。有不应该脱离无，它发自无的无限妙用，发出来又化掉而回到无，总是个圆圈在转。故有而不有即无，无而不无即有。⑤ 这是对道中"无"、"有"面的阐释，在此关系中，道之"无"、"有"与天地万物的关系也就逐渐了然了。"道生一、一生二、二生三、三生万物，"⑥ "三"那个部分就是"有"的

---

① "无性有性是道的双重性，有无合一为玄就是具体的道，才能恢复道的创造性。"牟宗三，《中国哲学十九讲》，第95—96页。
② 牟宗三，《中国哲学十九讲》，第90页。
③ 牟宗三，《中国哲学十九讲》，第94页。
④ 牟宗三，《中国哲学十九讲》，第93页。
⑤ 牟宗三，《中国哲学十九讲》，第95页。
⑥ 老子，《道德经》，第四十二章。朱谦之，《老子校释》，第174页。

那一面，而"一"、"二"两部分仍旧是道的"无"。"一"本身就是"无"，它显露出来之后开始变成"二"，所以"二"是在"无"、"有"之间。"无名天地之始"，从天地万物的开始说，是始于无。"无"和天地万物的关系，关联着万物是向后反的，反求其本。"有名万物之母"，"有"关联着万物是向前看，就把天地散开了。牟先生从本体论、宇宙论、人生修养论的三个角度，不仅为我们圆融地阐释了道的双重性，更将道以境域式的方式呈现出来。在这个层面上，我们就会发现道的"有"、"无"的双重性在某些层面上，与海德格尔的真理的两重性有一定的呼应，并因为这种呼应关系，使得对"道"的梳理更加清晰化。

我们之前说，"真理"是存有论形上学最终指向的词语。而海德格尔认为，"真理"并非表达命题"正确性"的事实或是知识。因为"正确性"建立在某种确定性上，而确定性只是真理的一种变形，一种表象的正确性，并非真理的本质。我们不需为了去寻求真理，而实现将其置入前提之中。而是要明白，真理的本质也许并不是明确的显现，或者说根本就不能像系动词"是"一样明白地存在于我们面前。真理的本质，其所在的背景，更像是道家的"有"、"无"双重性一样，始终处于一种运动的境域式的状态。在这种状态中，"真理"以原初的呈现、存在者的无蔽状态得以显现。[1]这是什么意思呢？海德格尔认为，存在者本身实际上是"遮蔽"的，"遮蔽"是存在者的属性。因为"遮蔽"本身的作用，存在者不能够作为存在者本身，即不能够以原初的本然样貌呈现，而这个本然样貌的呈现过程，就是真理的显现过程。存在者所具有的遮蔽属性，只有在存在

---

[1] 参见 [德] 马丁·海德格尔著，孙周兴译，《林中路》，第35页。

者间的敞开的领域——"无蔽"展开的领域中，才能得到抑制或解除。海德格尔称之为"一种好似'无'的澄明在焉，围绕着一切存在者，惟当存在者进入和出离这种澄明的光亮之际，存在者才能作为存在者而存在"①。

"遮蔽"与"无蔽"，这一组关系从字面看是相对抗的。然而我们知道，"遮蔽"是存在者的属性，这就意味着在存在者之间的澄明领域中，也包含了"遮蔽"。即当存在者进入澄明之时，也就意味着遮蔽的发生；当我们谈论遮蔽时，就是在谈论存在者。②但是我们往往不会注意到这一点的发生，因为"遮蔽"并不会堂而皇之说明自己的身份，而是会以两种形式隐藏自己。"拒绝的遮蔽"与"伪装的遮蔽"。前者意味着，当我们确定他是存在者，存在者就拒绝我们。但这个拒绝不是彻底的拒绝，而有可能是澄明的开端。即当我们被告知存在者不是我们所知的存在者时，澄明反而会为我们去显现存在者的真正本质；后者意味着存在者不显现自身，而是他物，其往往就在光亮的敞开领域之中误导我们。

我们看到，无论是"拒绝的遮蔽"还是"伪装的遮蔽"，它们发生之时都包含或伴随着"澄明"的展开即"无蔽"的发生。所以海德格尔说，"澄明"正是由于存在者本身所具有的双重遮蔽属性，才发生出来。"澄明"的发生就意味着与"遮蔽"的对抗，即否定"遮蔽"，才能得以贯彻真理的"无蔽"。即，"这种以双重遮蔽方式的否定属于作为无蔽的真理之本质。"③又因，遮蔽本来是存在者的固有属性，而遮蔽的否定即存在者的否定；澄明因双重遮蔽而生发，遮

---

① [德]马丁·海德格尔著，孙周兴译，《林中路》，第36—37页。
② 参见[德]马丁·海德格尔著，孙周兴译，《林中路》，第37页。
③ [德]马丁·海德格尔著，孙周兴译，《林中路》，第38页。

蔽的否定即澄明生发基底的否定；真理是存在者进入澄明的无蔽状态，双重遮蔽的否定即真理的否定——非真理，即当双重否定发生时，真理就作为它本身而成其本质。于是，我们最终得出的结论是："真理的本质是非真理，……真理也总是其对立面。"①

海德格尔这种对真理的阐述，很接近古希腊的一种说法："真理是一种涌现（φύσις）"②，即一种显露出来的澄明的部分。显露出来，使人能够了解，这就变成真理的一面的相。这一面的相也不是单独显露出来的，而是依附于一个类似范围的背景之中，就好似山林中的空地一样，我们看不清的山林部分就是真理的非真理，而看得清的部分也是依托在看不清的背景之中。这种两面性始终存在于真理所显露的过程里面，且两者彼此相是。这一点就如我们之前所说，与道的"有"、"无"有切近之处。

"迎不见其首，随不见其后。"③道的"有"、"无"二性相依互存，"不见"意味着"道"的不可显现的隐蔽的属性，而这句话本身能够落实出来，又显露出道之"有"的一面，即可述说，可体会。但是，这种体会也只能从我们修养无为之中去体现道的"无"性，因为过多的语言梳理就像双重遮蔽一样会令人受到误导，反而成为我们接近"道"或"真理"的阻碍。

二、庄子的成心世界：人的沉沦与遗忘

一块石头，一棵树木，它仍旧是大地的一部分。道家不从特殊的

---

① [德] 马丁·海德格尔著，孙周兴译，《林中路》，第 38 页。
② φύσις 往往被翻译成"自然"，但与我们今天还称之为"自然"的过程并不相同，φύσις 是存在自身，正是凭借它，存在者才成为可被观察到的以及一直可被观察到的东西。[德] 马丁·海德格尔著，王庆节译，《形而上学导论》，北京：商务印书馆 2015 年，第 16—17 页。
③ 老子，《道德经》，第十四章。朱谦之，《老子校释》，第 55 页。

对象中分析世界，更多的是通过修养的开展，从世界里面感受世界存在的样子，"看见"我们这个世界的一种存在。相较于老子对"道"的描述，庄子更多地分析主体（自我）一方，讲述作为主体的人，如何因怀揣对比是非的成心，而无尽地沉沦在现实生活之中。而这一点，与海德格尔"fallenness"中所描述人类与其真实存在之间的差距有呼应之处，二者共同表达了对这个世界的态度：道不远人，是人将其遗忘。人因遗忘而沉沦，因沉沦而远离真理与存在的本源。

1. 从主体到成心

在传统的诠释中，庄子的成心多被解释为带有主观色彩的意识、价值判断及成见，[1]因为是非判断导致人失落于现实生活之中，而失去了人的本来面目。这种思路的方向没有问题，但此方式容易停滞在主观的层面无法继续进行下去。毕竟价值判断、是非标准一类的解释在一定程度上，会给人暗示无标准、无可定向的主观倾向。故此，我们可否换另一种方向思考"成心"呢？不从否定成心，破除成心的角度寻求人的本来面目，而是从人的本来面目的逐渐缺失，定位到成心的位置。这样一来，对于成心的阐释必然不会像传统解释那般先入为主，也不会因蒙受太多的主观色彩而缺失应有的内容。那么，首先我们要解释的是，何为"人的本来面目"？

我们知道，中国哲学与"寻求本体与现象之关系为第一问题"、"寻求外部本体"、"阐释外部现象"的西方哲学不同，更多意在"祛除自身习气"、"对治内部的现象"，以便"发露本来面目"去了解宇宙实相的一种与之呼应的本体与功夫的关系问题。[2]这是一种向内的

---

[1] 曹础基，《庄子浅注》，北京：中华书局2007年，第17页。
[2] "西洋哲学自希腊泰利士以来，便以在现象以外探求本体为任务，西洋哲学家总是相信现象的意义不限于现象，另外有赋予现象的意义的本体。"唐君毅，《中西哲学思想之比较论文集》，台北：台湾学生书局1988年，第58—61页。

途径,意味着本体不能被一般人见到,是因为自身习气的障碍(而非外在现象的遮蔽)。这些障碍只有通过自身的修养才能被清除,从而逐渐恢复至人的本来面目,即真实的主体(subjectivity)。

主体(subjectivity)的概念由存在主义提出,日本人将其译为"主体性",这个词语来源自存在主义哲学。存在主义哲学家们认为西方主流哲学极易忽视"人类存有"与"非人类存有"之间的极大分别(二者在西哲中常被统称为"一般存有物"(beings-in-general),故强调 subjectivity 的重要,希望通过主体位格的参与,认识人类存在层面的真理。因为人只有始于自己的位格存有,才能从自我认识扩展到其他一般存有。于此概念,唐君毅、牟宗三、徐复观等新儒家学者们直接以"主体"称之。他们认为在中国哲学中,真实的主体一共有三个表现:

道家尤其是庄子中所表现的"艺术主体"①;

儒家的"道德主体"②;

佛家的"佛性主体"(涅槃或成佛)③。

这三种主体都是追问终极主体性的一种模式,人的本来面目的一个面向,真实的我的一种形态。但是,不见得每个人都能够拨云见日,了解"真实的我",一般人所知道的,并且肯定存在的关于我的内容,是"自我"(自我即 ego)。

休谟(David Hume,1711—1776)在《人性论》中这样理解"自我":"自我是像经验、意识、思维、信念、情绪、意向、感觉这样的心的属性的主体或所有者。它是思考和发起活动并对自己的活

---

① 徐复观,《中国艺术精神》,第 75—81 页。
② 牟宗三,《中国哲学的重点何以落在主体性与道德性》,《中国哲学的特质》,上海:上海古籍出版社 1997 年,第 9—14 页。
③ 牟宗三,《佛性与般若》,台北:台湾学生书局 1984 年,第 820—821 页。

动负有责任的人类主体。它是第一人称代词所指的对象。它有时被用作个人的同义语。"①可见,"自我"的范围远远大于"主体",同时也扩展到异于主体的其他层面,如生理层面、心理层面、逻辑层面、人生哲学层面等。这些层面综合起来,在一定程度上也覆盖了成心的所有领域,因为毕竟,成心还是由人发出的,在自我各个层面内容的解释中,已能够比较全面地对比出成心的位置。

"生理自我"与"心理自我"

在一般的理解中,人要存在于这个世界上,首先要面对的便是生命的物质性。人总得需要一个体魄,这个体魄就是"生理自我"。"生理自我"是生物层次的自我,身体的各个部分,细胞、神经、内脏、骨骼、肌肉等结构成为一个生理肌体,为了生存相互之间协调运作。②若协调的关系失去平稳的维生状态,就会使人在生理层面产生紧张或痛苦的感受,从而涌现出一种为能重构生理肌体稳定性的需求,③这种需求的表现是一系列向外的求生操作,其中最直接且最有效益的操作被我们称为人的本能活动,即生理肌体中提升出来的一些直接的反应机制。④比如身体缺水会感觉口渴,我们就要寻求外界的水源来补给身体。寻找水源便是人的本能活动,而直接激发它出现的是我们口渴的感受,即一种生理层面的不平衡感。当这种不平衡感逐渐强烈,就可能发展为紧张乃至痛苦。所以说,生理层面的痛苦和紧张是为平衡肌体协调关系而表现出来的一种可以激发"求生需求"的表现。紧张和痛苦的感觉越强烈,求生的需求也就越

---

① [英]休谟著,石碧球译,《人性论》,北京:九州出版社2007年,第281—294页。
② 陶国璋,《哲学的陌生感》,香港:汇智出版有限公司2015年,第53页。
③ 陶国璋,《哲学的陌生感》,第55页。
④ 同上。

明显，这是纯粹的生理层面的需求，也是人在世界上生存的最基本的需求。

但我们都知道，人的所需所求，一般都不会满足在维持生命体征的阶段，人们所追求的往往是一种满足感。[1]因为随着记忆累积，我们逐渐明白，要使得身体不痛苦，就要尽力避免之，并且要去尽量寻求最大化的舒适感，使我们得到一种拥有感的满足。当我们去寻求这种满足感时，就超越了生理自我的范围，链接到了心理自我的层面。对于心理自我的解读，最典型的，当属弗洛伊德（Sigmund Freud，1856—1939）对人格三个层次的结构剖示："原我（id）"、"自我（ego）"和"超我（superego）"。弗洛伊德认为，"自我（ego）"一方面受到"原我"，人格中最原始力量（求生机制，佛氏偏重于性冲动）的驱动；一方面因为"超我"，社会道德的自我投射（自出生后受到的教育及社会价值观的影响）的引导和规范，逐渐形成的一种"求乐避苦"的轨迹和目的，其背后的驱使力，就是性冲动。[2]这种驱使力一方面为了求生，另一方面为延续下一代，成为自我心理因素的动因，亦是我们对自我要求的根据。也就是说，当我们从心理层面发出疑问："人的行为与动机之间究竟有什么关系"时，答案往往被生理肌体所捆绑。因为"心理学的自我，基本上是从生理机制层面提升上来的。""心理学的人格理论，是透过生理肌体的求生肌体、转化需求、冲动层面，进而将此原始生命的驱

---

[1] 陶国璋，《哲学的陌生感》，第 55—57 页。
[2] 继弗洛伊德之后，荣格、马思劳、皮亚杰等在其基础上又相继发展出自己的理论系统。这些理论家虽然大多并不赞同弗洛伊德所提出的"性冲动是人格发展的原始驱使力"一观点，但是他们也都认为，只有从人格理论、性格研究分析开展，才能回答关于自我的基本问题。——著者注

使力看作人格倾向的内容。"①所以说，心理自我虽然与生理自我的内容不同（如加入了心理分析、人格分析等），但最终还是诉诸原始生命的驱使力。从这一点来讲，"心理自我"与"生理自我"可谓一脉相承。那么"成心"的位置是否在此两者之中？

"成心"所带来的痛苦，不同于生理自我层面纯粹的痛感，更多带有一种经验的对比在其中。比如在身体健康时，我们一般不会对身体有过多的关注，一旦生病、咳嗽、发烧，就会感觉身体有很多的不适，这种不适就是相对于身体健康时的感觉产生的。与此同时，不适感伴随着渴望感，即希望身体能够恢复健康的"无觉"的状态。这种渴望感与"求生需求"还不太相同，因为很多时候，生理层面的痛苦其实并未真切地发生，渴望感也会因为"比较"、"对比"的态度而产生。比如看到他人生病时，会关注自己的身体状况；空气污染指数超标，会买口罩防尘。产生于"对比"、"比较"的渴望感，在得到满足的时候，就会产生一种满足感。②

> 劳神明为一而不知其同也，谓之朝三。何谓朝三？狙公赋茅，曰："朝三而暮四"，众狙皆怒。曰："然则朝四而暮三"，众狙皆悦。③

众狙恶"朝三暮四"，是"对比"着"朝四暮三"而恶；众狙喜"朝四暮三"，是"比较"着"朝三暮四"而喜。正是因为"对比"、

---

① 陶国璋，《哲学的陌生感》，第63页。
② 不同于生理自我层面最大化的舒适感所带来的满足感。——著者注
③ 庄子，《庄子内篇·齐物论》。郭庆藩撰，王孝鱼点校，《庄子集释》，北京：中华书局 2004年，上册，第76页。

"比较",渴望感油然而生,满足感也因此获得。同样,满足感所带来的是进一步的巩固与强化"对比"与"比较",因为满足感为自我带来确定的"喜爱"、"偏爱"与"偏向"的判断,给我们在经验上留下一种印记:获得这些"喜爱"和"偏爱",就会产生更多的满足感。遭遇"不喜爱"、"不偏向"的,就很可能产生痛苦和紧张。于是,在"对比"、"比较"日积月累的经验中,我们逐渐形成自己的判断标准,喜恶,爱憎,这就是成心分化。在成心的分化中,满足的定义永远都是通过比较其他的不幸而来的某一种幸运。痛苦也是一样,更多来自一种经验上的对比。这种比较和对比,并非来自生理自我的层面,同样地,其虽是心理层面的活动,但并非心理自我的内容。

形式自我

关于成心的内容,一般来说分为两部分。一部分是"心理情执"、情绪。"夫随其成心而师之,谁独且无师乎?"[1] "非彼无我,非我无所取。"[2]生命一旦坎陷于俗情世间,执一家之偏见,即有了成心,喜恶。无此执情则不显成心,无成心亦无对显出种种情意的执着;另一部分是"分化二元性"。"未成乎心而有是非,是今日适越而昔至也。"[3]有"非"才有"是",肯定一方对立着否定其他。成心与是非是互倚互持的关系,二者充分且必要,是等价关系。[4]可以

---

[1] "夫心之足以制一身之用者,谓之成心。人自师其成心,则人各自有师,故付之而自当,疏夫域情滞着,执一家之偏见者,谓之成心。夫随顺封执之心,师之以为准的,世皆如此,故谁独无师乎。"郭象注,郭庆藩撰,王孝鱼点校,《庄子集释》,上册,第67页。
[2] 庄子,《庄子内篇·齐物论》。郭庆藩撰,王孝鱼点校,《庄子集释》,上册,第61页。
[3] "是非者,人我相接而成者也。而必其心先有一是非之准,而后以为是而是之,以为非而非之。人之心万应焉而无穷,则是非亦为无穷。是非因人心而生,物论之所以不齐也。"陆德明《经典释文》引冢世父语,郭庆藩撰,王孝鱼点校,《庄子集释》,上册,第67页。
[4] 牟宗三讲述,陶国璋整理,《庄子齐物论义理演析》,台北:书林出版有限公司1999年,第46页。

说，成心这两个部分的内容已经进入"形式自我"的层面中，具体来讲，链接到形式自我的两个部分："逻辑我"与"自反性自我"。

在中国文化的传统里，逻辑推论的发展远不及西方成熟——亚里士多德三段论的传统逻辑、罗素的符号逻辑、康德的先验逻辑和关于范畴表的超越逻辑。西方人更加习惯并倾向从"形式（form）"及"内容（matter）"去分析事物，form 即事物的内在结构，内在结构必须通过理性的方式把握，这样就进入了逻辑推论当中。"形式自我（formal self）"就是在纯粹的形式中的不带任何经验观念的自我。当"形式自我"依循某种逻辑结构受到推理和推论，且这个推论活动本身内在于人的心灵时，就是"逻辑我"。由于逻辑本就是纯理在其自身中的展示，故"逻辑我"也被称为"纯理自己"[1]。庄子提出"成心"的"心理情执"与"分化二元性"后，直接跨越到如何超越二元性的模式，这个模式就已经是"逻辑我"的内容，即"纯理自己"的步骤。具体来说，此步骤有二。

步骤一，从世俗中不得见真宰者，抛出对经验世界的批评。"若有真宰，而特不得其眹。可行己信，而又不见其形，有情而无形。"[2]心理情执、是非曲直均来自俗世牵绊，但庄子云，真宰可窥见而不可掌握，在已发动的情态中，但无法见得真宰的形体，只有经无为的实践达到至人、神人的境界才能体会真宰的实在性。[3]"百骸、九窍、六藏，赅而存焉，吾谁与为亲？汝皆悦之乎？共有私焉？如是皆有为臣妾乎？其臣妾不足以相治乎？其递相为君臣乎？其有真君存焉？如求得其情与不得，无益损乎其真。"我们不能在经验中

---

[1] 牟宗三，《理则学》，南京：正中书局1971年，第300页。
[2] 庄子，《庄子内篇·齐物论》。郭庆藩撰，王孝鱼点校，《庄子集释》，上册，第61页。
[3] 牟宗三讲述，陶国璋整理，《庄子齐物论义理演析》，第34—36页。

的我，形体躯干生命中求得真宰，即真的存在，也不能在求它情状的时候对它有所增益。经验世界的互倚对立求不出知识范围外的真宰。①

步骤二，从是非处切进逻辑我，又同时批评对偶性原则的论述方法。"物无非彼，物无非是。自彼则不见，自知则知之。故曰彼出于是，是亦因彼。"②是非二元，肯定否定，理性表现其自身的两向，人类认知的基础。肯定否定对矩式的关系，称之为"对偶性原则"。③其中，肯定是认识心灵中最原基性的动作，当其着落于一对象时，就形成判断（Judgment），得出结果。因为这个结果是认知心灵从浑然无知中出发，给出方向并停留在某一阶段而产生，故其蕴含着一个对自我的限制，限定自己为自己，排拒一切的非自己。④即肯定着自己时必然否定着非自己，肯定正蕴含否定，否定中蕴含肯定。此即"肯否互倚相即"，与对偶性原则中的"肯否互倚而不相即"不同。这种论述方法承衔了批评经验世界的态度，转入逻辑推论里，但又同时批评了一般的有机论与实在论，进而进入一种独特的非实在论的义理逻辑中。

如果说，情执和是非的突破是庄子进入"纯理自己"的步骤，那么超越二元性，破除成心，即是从揭示"自反性自我"的呈现开始。

当能够思维的主体自我不向外投注，转而返回发现自我的存在时，思维就会将思考自己划分为主、客对立，我随即被分化呈现为两极：发出思维自己思维活动的"主体我（I-subject）"，以及作为思维之于对象的"客体我（I-object）"，此二者共同作为对偶的自我的

---

① 牟宗三讲述，陶国璋整理，《庄子齐物论义理演析》，第37页。
② 庄子，《庄子内篇·齐物论》。郭庆藩撰，王孝鱼点校，《庄子集释》，上册，第71页。
③ 牟宗三，《认识心之判断》，台北：台湾学生书局1990年，第158—161页。
④ 牟宗三讲述，陶国璋整理，《庄子齐物论义理演析》，第72—73页。

自反性，被称为"自反性自我"。自反性自我的逻辑推论已不再是数理逻辑世界的问题，而是超出了传统的形式逻辑，进入了存在论之中，即"进入了生命之中"。①这种转化在知识论中也有体现，如费希特（Johann Gottlieb Fichte, 1762—1814）便认为，亚里士多德的同一律中（A＝A）在数理世界中是成立的，但是在真实世界中，自我思考自我时，A＝A就有了两个层面的含义。第一种为表象在意识中通过主体自我设立自我；第二种为二者自身等同，但不是直接的等同，而是需要经历了一周节才能使得自身同一，这是比较吊诡的。②西班牙画家委拉斯凯兹（Velazquez, 1599—1660）有一幅名为

---

① "意识，作为自我意识，在这里就拥有双重的对象：一个是直接的感觉和知觉的对象，这对象从自我意识看来，带有否定的特性的标志，另一个就是一是自身，它之所以是一个真实的本质，首先就只在于有第一个对象和它对立……但是对自我意识是否定的东西的那个对象就它那一方面说来，在它本身或者对于我们而言同样是返回到它自身，正如就另一方面说来，意识是返回到它自身一样。通过这种返回到自身，对象就成为生命。"［德］黑格尔著，贺麟、王玖兴译，《精神现象学》，北京：商务印书馆1983年，第117页。
② 费希特关于自我意识的知识论的三条原理：自我设定自身、自我设定非我、自我和非我统一。"自我设定自身"是与逻辑同一律A＝A相对应的原则。同一律A＝A的确定性在自我之中，是有自我设定的。自我之所以能够确定不疑地设定同一律，那是因为在自我之中，必定有某种绝对统一的东西。这就是自我＝自我的绝对同一。"自我＝自我"不是分析命题，它的意义是：自我是纯粹的主体，纯粹的行动，它没有、也不需要任何不同于自身的一句。换言之，自我是自身的依据，自我设定自身。费希特在这里强调，纯粹的自我是行动，不是实体，一切都由自我意识的活动而发生，都只能作为自我已意识的表象而存在。"自我设定非我"与矛盾律A≠～A相对应。矛盾律的依据在于，自我无条件地设定非我作为对立面。当自我意识以自身为物件时，它既是主体，又是物件，但这不是外来的物件，而是自我为自己设定的物件。同样，那些看起来是外物的对象也是自我为自己设定的表象，是自我意识的内容。物件只有作为自我的对立面才是无条件的，他们是自我设定的。至于自我为什么要设定非我作为自身的对立面，费希特回答说，自我是绝对自由的活动，它一定不会囿于自身，只有设定非我，自我才能在所有关于世界和他人的经验中展开自身。就是说，自我为了完全地设定自身，就必须设定非我。"自我设定非我"是"自我设定自身"这第一原则的延伸。"自我与非我的统一"与排中律A或～A相对应。排中律的依据是自我≠非我，自我总是与非我并存：只要设定自我，也就设定了非我；但非我不仅仅是自我的对立面，而且也是自我的展开，由此非我也在自我之中。于是，就有这样合法的等式：自我＝非我；非我＝自我。排中律的依据不是非此即彼，而是亦此亦彼。但这个亦此亦彼必须经历一周节，才能自身同一。［德］约翰·哥特利勃·费希特著，王玖兴译，《全部知识学的基础》，北京：商务印书馆1986年，第41—257页。

《宫娥》的作品，可以对这个吊诡的地方加以阐释。

《宫娥》局部　现藏于马德里普拉多博物馆

作品是对公主闺房中场景的描绘：奴仆围绕着公主，画家在一旁作画，画中远处有块镜，映出了国王与王后。这个场景的安排很是特别，因为画家肯定不是以画面中画家的视点来描绘作品的，除非面对一面大的镜子来描绘镜中的场景，但是这样就不可能在画面中间的镜子中出现国王与王后，所以，画家并不是以画面中画家的视点来创作。若要使得自己作为一个完整的内容出现在画面中的，画家只能以国王和王后的视点来作画，在这个视点中，也好像一个镜面反射的倒影，这是画家对自我意识出现了一个 self-reflection。这就是吊诡之处：我在认识自己的时候是认识不到的，只能够通过反射作用，以王后的视点，才能看到这个画的现象。也就是说，当我们想要思考自己的时候，就是在试图在一个空间里设置个视点来审视自己。但是在画中，我的视点消失了，这就让我们意识到，"主体我"与"客体我"是互相对应的。我们在经验世界中所认为的自我实际都是"客体我",自我如何,身份如何,如何被人认识自我等等。但是自我必定不只是 I-object,当我们意识到"主体我"时,"主体我"就变成了一个对象,这就是自我对自我的意识。在费希特的构想中,只有人能讲我存在,并且能够抽象为一个符号层次。所以说同一律的两个 A 其实等同于一个互换,既是分化又是同一。自我亦是如此,本身就是一个 identity,并非一个实体(substance)等同,而是一个活动(activity),一个分化活动(activity of demarcation)。当此活动发生前,自我就对世界有所意识,"自反性自我"发生后,又有了对自我的意识,于是分化随之产生。接踵而至的就是"比较""对立""偏执",直至"成心"的发生。所以我们返回来讲,既然"自反性自我"的发生成为"成心"发展的基础,那么首先揭示"自反性自我"就为破除"成心"的第一步。接下来要去完成的,就是离开"自反性自我"的框架,使得思维回到它本身处在的一个 negation 的状态。就是好像禅宗里所讲的,我存在就在刹那之间,放下外物间的对立,便立即顿悟了。[①]这个契机,就是画中所提示的自我本身的隐蔽性。如果没有了解这个契机,自我就是在营营役役人生中的偏执和执着。回到一开始讲的中国哲学里面恢复人的本来面目,寻找真我,就是这个自我的隐蔽性问题。"主体我"是永远隐而不显的,就像《易经》中的"退藏于密"[②],永远是一个神秘的状态。所以讲如何破除"成心",就是在讨论一个关于我在修行中如何归返本心的问题,而这个问题,一定是从揭示"自反性自我"的呈现开始的。

---

① 在西方的知识论系统中,"顿悟"纯粹指一种抽象的方式,即费希特、黑格尔等人所成就的德国观念论(german idealism)的最高峰。——著者注
② 《易经·系辞》。黄寿祺、张善文译注,《周易译注》,上海:上海古籍出版社 2007 年,第 392 页。

生命主体

"主体我"即便再隐而不显,也是有所表现的,因为它毕竟有生命。尼采(Friedrich Wilhelm Nietzsche,1844—1900)在生命问题的处理上比较独特,他既没有继续追寻黑格尔或笛卡尔的哲学思考方式,也没有直接走进心理学中,而是纯粹地来看生命本身——一种具有历程性的生命的冲动。尼采在《查拉图斯特拉如是说》一书中将这种历程性标识为三个阶段:面对生命中的压力,坚毅沉默忍辱负重最艰辛最容易迷失的骆驼;面对生命中的挑战和束缚,自我肯定勇敢威猛试图挣脱一切捆绑的,欲建立自我标准的狮子;重新融入、返回生命中的一切,对生命重新肯定的和平幸福欢愉的婴孩。[①]我们可以看出,尼采这种分析生命的哲学方法,没有套用黑格尔或笛卡尔式的逻辑方式,而是有一种情识(emotional)的成分在其中。

黑格尔在分析生命时,从纯粹的意识活动里面剖析出了自我的两重性:being in itself 与 being for itself,后者永远对立着自己,并且永远有一个对象影响它而产生活动。生命一旦有所活动,就说明它存在了。存在就是一个出发点,代表着它离开了自己寂静的状态并表现出来。所以我们可以说,生命本身从存在起的那一刻,就是一个分化的活动,离开寂静状态的表现就是分化、成心。这与道家所讲的"化除成心,归于正道"相呼应。但对于尼采来说,"成心"的批评意味就少了很多。在尼采的生命哲学中,生命本身就很有意义。牟先生也因受到尼采的影响这样描述生命:"生命就好似个树干,生命里面的生活就是生命里面的姿彩,就好像树干上的枝叶与花朵,没有生活的生命就是光秃秃的树干,就成了独体,光秃、孤

---

① [德] 尼采著,钱春绮译,《查拉图斯特拉如是说》,北京:三联书店 2007 年,第 21—23 页。

独。所以人必须要有经历,必须要有姿彩。"①在种种经历和姿彩中,我们赞赏他人,同情他人,关爱他人,经营自我,寻找认同,价值索求……这些都是生活有多多少少成心内容的表现,包括同情、理解与关爱他人。我们不能将所有关爱他人的行为,都建立在有价值判断和对比对照的基础上,②但可以确定的是,关爱、理解、同情,都意味着生命永远处在一种对世界的关怀里面,包括对感情的关怀,对事物好奇的关怀等。在这种关怀中,对于生命的判断反而显得不再那么重要,没有"破除成心才能见真我"那样确然。然而此时的不确然,又恰恰打开了另一种生命境界。"叶子找到阳光,一定根在深处。认识生命幽暗的地方,才能明白何为光明。"③无论黑暗还是光明,都是生命存在的一个面向,也是生命形态和姿彩的尽情展现。生命不为了什么,其本身的存在就有着"花烂映发"的境界。④在这种境界中,直下鉴赏生命自身,"唯显逸气而无所成"⑤。故无论生命的精彩处,或是悲凉相,都是生命存在过程的一种显露,成心也是如此,其本身就是对世界有所关怀的方式,在这个方式中,对世界有所判断,以显露出主体性。

2. 被遗忘的存在

伴随着主体性的显露,人就有了自我与其他的分别,紧接着主客对立的关系便建立起来。当主客关系成立时,人也就不再能够把

---

① 牟宗三,《寂寞中的独体》,北京:新星出版社2005年,第99页。
② "无思也,无为也,寂然不动感而遂通天下之故是也。"《易经·正义》。黄寿祺、张善文译注,《周易译注》,第390页。
③ "它越是想往高处和亮处升上去,它的根就越发强有力地拼命伸向地里,伸向下面,伸进黑暗里,伸进深处——伸进罪恶。"[德]尼采著,钱春绮译,《查拉图斯特拉如是说》,第41页。
④ "由五质五德之内着而形为仪态、容止与声音、貌色。五质五德是内心的仪态,仪容声色是外形的姿态。一是皆才性之发露,品鉴之所及。故此姿态或形相即形成一人之格调,而此亦可说皆是才性主体之质花烂映发。"牟宗三,《才性与玄理》,第53页。
⑤ 牟宗三,《才性与玄理》,第80页。

握存在之为存在的本来面目。这是海德格尔在《世界图像的时代》中提出的观点：

> 一旦人已经把他的生命当做主体带到了关系中心的优先地位上，世界如何决定性地成了图像。这意味着：惟就存在者被包含和吸纳入这种生命之中而言，亦即，惟就存在者被体验（er-lebt）和成为体验（er-lebnis）而言，存在者才被看作存在着的。①

"'图像'（Bild）一词意味着：表象着的制造之构图。"②制造是人为的，试图为一切存在者给予尺度与准绳。然而当一切被赋予可计算的标准时，存在者之存在的本质就永远隐藏在标准之后，可计算反而成为不可计算，成为一种不可见的阴影。"当人成为主体而世界成为图像之际，这种阴影就总是笼罩着万物"③，它从四面八方涌现出来，却始终不可知。但是这种不可知也不是绝对性的，人如果想知道那种不可计算之物，想将其保留在真理之中，"惟有在创造性的追问和那种出自真正的沉思的力量的构形中"④。海德格尔早期用一个词来描述这样的人：Dasein。Dasein 的提出，就表明主客关系已经结束，主体性就此消失。人不是作为主体出现，而是"站出到"一个存在论的境域中，出现在世界中。这种出现，伴随着自身与其他相互缠结的关联也展现出来，本身就具有透光性和光明性。⑤在光

---

① ［德］马丁·海德格尔著，孙周兴译，《林中路》，第88页。
② 同上。
③ ［德］马丁·海德格尔著，孙周兴译，《林中路》，第89页。
④ ［德］马丁·海德格尔著，孙周兴译，《林中路》，第90页。
⑤ 张祥龙，《从现象学到孔夫子》，第85页。

明性中，它凭借和通过它的存在而被揭示给它自身。沉思使得人一方面归属于存在，另一方面又成为一个旁观者；一方面能够意识到自己存在的存在，另一方面又从一种对境域式的相互缠结的关系而得到其自身关联的描述。Dasein与存在之间是一种相互作用的彼此循环的关系，这在存在论中被称为"解释学的循环"。它有两层意思：唯有人才能理解、去发问这个世界的存在；人发问的时候刚巧就是发问他自己，这是一个伴随发问与回应自己的过程。所以人理解这个世界，就是投射出内在对世界的观感，一种世界观。Dasein说，人对自己的认识就是一个循环。解释学的循环并非逻辑的循环，在这种循环中，人对世界理解的方式不再是概念式的，如用具不再以一种待审查的现成状态，作为是否有用的对象被审核，而是转换为"应手状态"成为一种Dasein与世界相互缠结的"域"。在这种"域"中，用具作为用具本身在一种充满了境域式的悟性中被揭示出来。所以，海德格尔用的Dasein，是以一种不仅是"此"，也不仅是"彼"的两者（它与世界）相互缠绕而构成的一个根本性的（时机化）境域，伴随着这种境域，一种解蔽状态的存在空间被呈现出来。①

张祥龙将Dasein翻译为"缘在"，——对应Dasein之"相互缠结"（中道）②、"站出来（缘起、开启）"、有限（缘分）、境域的（拓扑非线性的）、时间的（恰逢其时）等意。③并希望以"缘"一字

---

① "这个Dasein本来具有的存在空间乃是一种解蔽状态。这里仍然存在着相互缠结的结构。'解蔽'意味着'解（打开）'与'蔽（遮盖）'的相互需求和纠缠。这个存在者在它最切己的存在中携带着这个解除遮蔽的特性。"张祥龙，《从现象学到孔夫子》，第84页。
② 众因缘生法，我说即是空［无］；亦为是假名，亦是中道义。正因为因缘就是根本的相互缠结而非任何有定性的存在者，此"因缘法"或"缘起（pratityasamutpada）"本"空（sunyata）"。但此"空（madhyama）"并非实在之空或有定性之空。所以，它必化为世间之名相。在这个含义上，它也就是中道。此中道并非形式上的"取其中"，而是根本意义上的在相互缠结之中。张祥龙，《从现象学到孔夫子》，第95页。
③ 张祥龙，《从现象学到孔夫子》，第89—100页。

义，通过中观、华严、天台各宗的阐扬，助其阐释根本意义上的全息之义以及认知上"同体透彻"和"光明"之意。①在光明中 Dasein 被照亮，它本身就是光明透入的开口处，同时也是它自己打开了这个见光之地。就好像在茂密障蔽的丛林中突然打开了一片舒朗的空地。这种林中空地讲法，后来被海德格尔用于描述真理的情形。因为他发现，从 Dasein 特殊的身份去理解存在并一直分析下去后，真理逐渐有了一种全新的诠释：真理不再是人对世界的理解，而是人对这个世界的存在显露出来的一个状况。所以，真理就成为事物原初的自我表现出来的样态。如何理解这个样态呢？就好像丛林中的空地：大地（隐匿的庞然大物）好似整体的森林，真理就是人切入森林里面的过程，呈现出来的样子就好像森林里面出现了一片空地，一小片的显露出来。当这片空地显露出来时，其实表达了两个方面：显露的一面与隐蔽的另一面。显露出来的便是世界，隐蔽的地方是大地。②由于林中空地，隐蔽的大地与显露的世界便都呈现了出来。但是，如果我们不继续开辟林中空地，这一切就又会被庞大且隐匿的森林重新吞噬，就好像海德格尔所说的："阴影笼罩着万物"③，从四面八方涌现出来，却终不可知。但对于 Dasein 来说，往往无法理解这些全部的阴影涌现，因为"人总是沉沦在现实世界里面，遗忘了我们存在的本源"④。

---

① 张祥龙，《从现象学到孔夫子》，第 92—94 页。
② 海德格尔认为，作品的作品存在是真理发生方式之一，大地一味通过世界而凸显，世界一味建基于大地。大地与世界是争执的实践过程，在此其中，存在者的无蔽状态——真理被争得了。[德] 马丁·海德格尔著，孙周兴译，《林中路》，第 64 页。
③ [德] 马丁·海德格尔著，孙周兴译，《林中路》，第 89 页。
④ "对存在者本身发问的本质来源以及与之相关的形而上学的本质，都依然还晦暗不明。"[德] 马丁·海德格尔著，王庆节译，《形而上学导论》，第 22 页。在海德格尔看来，主客分别为传统的西方形上学史就是一部"遗忘存在"的历史。"遗忘"即是一种"遮蔽"。——著者注

海德格尔在《存在与时间》中多用到一些诸如"沉沦"、"好奇"、"旋涡"等区别于传统形上学概念的词语，看起来也更加具有主体性，甚至有时会让人觉得有过多的主观判断在其中。但事实上，海德格尔在对于 Dasein 的沉沦并没有标准的定夺：沉沦不是人的黑夜，更多的是一种生存于现世的具体表现，海德格尔称其为"生存论的具体情况"，即在日常存在的一种基本方式。[1]当 Dasein 开启这种方式时，就意味着他已经消散在常人之中，为常人所宰治。在这种状态中，Dasein 往往表现出几点特性：人云亦云，鹦鹉学舌般的方式传达自身，此之谓"闲言"。此处与庄子云"大知闲闲，小知间间；大言炎炎，小言詹詹"颇有呼应。言谈并非涉及真理，只是茶余饭后的闲聊。尽情以自己的主观臆断拼凑拼比，宛如高谈阔论间明白真相。但所讲出来的内容，永远都不会回溯到所谈内容的根基，不会与存在本身、敞开领域相关，因为其本身就是一种封闭。[2]放纵自己对世界的好奇心。好奇是一种在经验世界促进认识活动的驱动力，这种驱动力不是为了去切进事物内部，[3]只是停留在一种知识阶段，即有所知。庄子云"道述将为天下裂"，[4]知识异化，概念丛生，有概念即有我，即有我与他人。知识的捕捉不仅区别事物，更使人与人之间对立。这种对立也不会因为好奇的继续行动而有所修正，只会在相互对立的关系中越走越远。因为好奇并不逗留在操劳所及的周围世界之中和涣散在新的可能性之中。[5]好奇仅仅停留于此，只

---

[1] [德]马丁·海德格尔著，陈嘉映、王庆节译，《存在与时间》，北京：三联书店1987年，第217—218页。
[2] [德]马丁·海德格尔著，陈嘉映、王庆节译，《存在与时间》，第169页。
[3] [德]马丁·海德格尔著，陈嘉映、王庆节译，《存在与时间》，第210页。
[4] 庄子，《庄子杂篇·天下》。郭庆藩撰，王孝鱼点校，《庄子集释》，北京：中华书局2004年，下册，第1064页。
[5] [德]马丁·海德格尔著，陈嘉映、王庆节译，《存在与时间》，第210页。

是不断累积和叠加。这些累积和叠加通过知觉形成概念后，逐步成为知识、想法，一种确定性的描述。随着确定性建立，在确定性以外的其他也随之建立。"我"与"非我"的区别便是如此而来，这就是我们常常讲的主客对立的问题。人以此思维方式逐渐开展出整个知识系统，在这个过程中，也就慢慢"遗忘了存在本身"。对于世界的判断模棱两可的态度。因为闲言繁杂和好奇的止步，人们无法切进真理，固然无法对于世界有所肯定的判断，因为毕竟，他们所判断的依据只是限于茶余饭后的谈资和知识层面的好奇了解。海德格尔认为这种状态在处于共处状态的公众之间的表现尤其明显。相互谈论、窥测、猜测、偷听，人与人之间永远在一种紧张的状态，在相互赞成的面具下唱的是相互反对的戏。①这种两可的表里不一的情态，正印证庄子所言："其寐也魂交，其觉也形开，与接为构，日以心斗。"人我对立，生命破裂，总是提防算计他人，越是不能准确判断越是怀揣一颗惴惴空空的心，所以总处在一种观望的立场之中。越是身处此地，愈是离存在者，即真理愈远。Dasein 本是进入光明领域的启发者，却因为太容易消散于共处之中，从自身脱落，沉沦于世俗世界里。这种叙述方式使得 Dasein 容易被冠上主体色彩，无法开出境域的意味。所以，海德格尔在后期学说中的策略有所调整，为更让世界呈现为境域，主体性被有意放下。具体说来，就是有意放下 Dasein 与世界牵连的关系中 Dasein 以自我为中心的那部分，让人觉得自己最重要的那部分（第一章1—3），从而使得主体彻底消融，取消主客关系，消融对比，以此进入一种敞开的呈现光明的真理的领域之中。

---

① ［德］马丁·海德格尔著，陈嘉映、王庆节译，《存在与时间》，第212页。

与海德格尔不同，庄子还是坚持某种主体性，因为成心毕竟还是因为主体而生发。这种生发是因为人总是怀有一种对比。当生命落在对比下面时，成心便出现了。所以，庄子非常强调主体的转化：具有成心的主体转化成为圣人、神人。转化就是消融，要达到这个目的，主体需要对自我做很多功夫："心斋"、"遗物以观物"，心灵须放下外在事物才能够消融成心。之前所讲的人要恢复"本来面目"，这个本来面目不是一个完美的系统，而是一个个可能出现各种状况的个体的组成。这些个体并不完全是人的善的、文明的一面。其中还包括很多诸如"人的冲动"、"人的贪婪"容易让人沉沦下去的本能的东西。但是这种讲法不是庄子的重点，庄子是从人的本体论上分析，提出是人的成心将整体圆融的混沌世界分化成为种种，并在逐步分化的过程中，我们慢慢地失去了我们的本来面目。"无为"，"虚静"，就是我们要从修养中寻回、回复自己的本来面目。所以才有"天地与我并生，万物与我唯一"，其中所指，就是化掉一，化掉对比，消除成心。否则，我们只能永远困在自己建立起来的沉沦下来的世界之中。对于这个世界，海德格尔与庄子都有共同的体会：无论是生命之于无根基的日常生活中的一种跌落的生存状态；还是对比生命的显露；再或是一味地追求知识上的满足；人总是容易掉进遗忘道的存在，遗忘存在的本源之中。正所谓，道不远人，是人将其遗忘。

第二章　物性与齐物

作为庄子逍遥境界的典型模板,"庄周梦蝶"的"物化"常被人念诵,理解的面向比较简单,或"忘我忘物",或"物我合一"。此种简单的分析,容易阻碍我们继续思考的可能性:一方面,纯粹将"物我两忘"作为一种个人经验阐述之;另一方面,将"物"作为西方哲学的传统中,组成这个世界的项目的外在于我的"对象"。此传统自胡塞尔现象学开始打破,到海德格尔时,"物"已作为一种"境域"出现,并且是"切进存在者之存在"的唯一途径。在道家这里,达至逍遥境界的庄子的"物化",也切进此种"存在者之存在"。"庄周梦蝶"是《齐物论》的结尾,只有"齐物"才能"物化"。海德格尔的"物的存在",只有显露"物性"才能把握。那么"齐物"与"物性"的关系是什么呢?

第一节　物 的 历 史

能够意识到"区别于自身的外物的存在",似乎是人类自降生起就开启的本能的思维方式。然而,意识并非"判断"。萨满教的思维方式,就停留在能够意识到外物但又几乎不产生"判断"的原始状态。其更多是一种"变形式"宇宙观的态度,①以巫术的方式,将其所定义的自然和超自然的环境的现象规定为巫术式变形的结果。宇宙在萨满教的传统中是围绕中央之柱(世界之轴)进行运转的多层结构,每一层有个别的神灵式的统治和超自然式的居民。人在其中并不特殊,与其他生命体(萨满教没有"无生物"的概念,万物都具有生命或灵魂属性)一同被神灵控制,也可以通过牺牲或供奉来操控神灵。人与动物质量亦相等,具有相同等级的能力,且能力有时又能相互转换,甚至可以互相转形。②在这种连续性的宇宙观之中,③人与区别于人之外物的界限就比较模糊,形态不同的万物层叠相环,很难形成建基在主客区分之上的传统意义上的判断——"为做出决定的证据之评估"的"客观化"判断。④所以我们讲,萨满教认识外物,但非判断外物。这种不判断并非不去判断,更多是无法判断,人与自然的关系还是停留在原始的层面之中。只有关系发生变化,思维才会慢慢进入一个对世界有所判断,并且逐步开始通过自身去把握外物的阶段。在这里,我们称该阶段为"物的历史"。

一、被掩埋的物——从古希腊到古罗马

关于物的历史,我们可以追溯至古希腊。最初思考这些问题的哲人,一开始就对"物"本身发出疑问,认为"物"之于我们的存在和表现,基建在一定的结构组合或是其他我们未能直接发觉的东

---

① Weston La Barre, "Hallucinogens and the schamanic origins of religions", in *Flesh of the Gods*, Peter T. Furst, ed., New York: Praeger, 1972, pp. 261-278, p. 153.
② Peter T. Furst, "Shamanistic survivals in Mesoamerican religion", *Actas del XLI Congress International de Americanistas: Vol III*, Mexico: Comision de Publicacion de las Actas y Memorias, 1976, pp. 149-157.
③ Claude Levi-Strauss, *The Savage Mind*, Hertfordshire: The Garden City Press ltd, 1966, pp. 138-200.
④ Dermot Moran and Joseph Cohen, *The Husserl Dictionary*, NY: Continuum international Publishing Group, 2012, p. 173.

西上。对于这个东西来讲,"万物都由它构成,最初由它产生,最后又复归于它。"①这就是亚里士多德在《形而上学》一书中反复阐释的"本原"。②在处理物的"本原"问题时,古希腊大多数哲学家认为某些物质即万物唯一的"本原"③。比如米利都派哲学家泰勒斯（Θαλῆς, Thalês, Thales, 约公元前 624 年—前 546 年）认为水是"本原",所以地浮在水上。④阿那克西美尼（Anaximenes, 约公元前 570 年—前 526 年）和第欧根尼（Διογνη, Diogenēs, 约公元前 412 年—前 323 年）认为空气在水之先,并且是一切物的最单纯的"始基"。⑤赫拉克利特认为火不但是万物的"本原",更是它们的终结,⑥因为万物是相同的,既不是神也非人创造,它过去、现在和将来永远是一团永恒的"活火",按一定尺度燃烧,一定尺度熄灭。⑦在赫拉克利特看来,寻找万物的"本原"或是"始基"是徒劳的,这个世界根本不存在"本原"的问题。泰勒斯继承人阿那克西曼德（Ἀναξίμανδρος, Anaximander, 约公元前 610 年—前 545 年）认为,

---

① ［古希腊］亚里士多德著,吴寿彭译,《形而上学》,北京：商务印书馆 1996 年,第 36 页。
② 同上。
③ "本原（arche）的含义有：（一）起点,如一条路、一条线的点；（二）开头,如学习从头开始；（三）首要部分,如房子的地基、人的心和脑；（四）缘由,如事物生成的来源,打架的缘由；（五）为首,如城邦中国王或僭主是首脑,技艺中师傅为首脑；（六）起源或本原,万物所从出而又复归于它的形式、目的等叫本原。原因（cause）：原因的主要含义就是质料因、形式因、动力因。此外,日常说话有几种用法,如同一事物可以有几种原因,还有互为原因（如健康与锻炼）。元素：指事物内部不可再分的基本成分,如字母是语言的元素；或者是分下去仍然是同样成分的东西,如水的部分还是水。此外,有人把种属称作元素,因为它是多中之一,是最普遍的。"［古希腊］亚里士多德著,吴寿彭译,《形而上学》,第 56 页。亚里士多德所谓大多数只把物质性的东西当做万物"唯一"本原,是相对于他的"四因"而言的,在他看来,万物的本源,即本原不是"唯一"的,而应该是四个,即质料因、动力因、形式因和目的因。宋洁人,《亚里士多德与古希腊早期自然哲学》,北京：人民出版社 1995 年,第 231 页。
④ ［古希腊］亚里士多德著,吴寿彭译,《形而上学》,第 210 页。
⑤ ［古希腊］亚里士多德著,吴寿彭译,《形而上学》,第 211 页。
⑥ Mary Margaret McCabe, *Platonic Conversation*, NY: Oxford University Press, 2015, pp. 59-60.
⑦ Mary Margaret McCabe, *Platonic Conversation*, pp. 59-60.

一切存在物的实体和元素不应该限定于水、空气或任何其他东西，"始基"应是无限的，可变换的。但可变的只是部分，对于全体来说，则常住不变。这是另一种不同的本体，可以从这个本体中产生一切的天，以及其中所包含的一切世界。恩培多克勒（Empedocles，约公元前495—前435年）认为"本原"是四种元素，水、气、火、土。阿那克萨戈拉学派的人们则认为，水、气、火、土是由"种子"集合而成的复合物。①关于对"种子"的讨论，有解释为"不可见的同类部分"②，或解释为自身异质"构成本体的聚合物"③，它们内部包含无数成分，并不是一种自身同质的质点。留基伯（Λεύκιππος，Leucippus 或 Leukippos，约公元前500年—前440年）和德谟克利特（Δημόκριτος，约公元前460年—前370年）认为，万物的不同来自原子间的差别，原子在形状上彼此不同，但性质是相同的。④

随着理论的逐步发展，对于"物"的阐释也逐渐进入更加形而上的层面。⑤比如毕达哥拉斯学派认为，万物是由于"模仿"数而存在。⑥爱利亚学派的色诺芬尼（Ξενοφάνης ὁ Κολοφώνιος，Xenophánes，约公元前570年—前480年或前470年，或公元前565年—前473年）认为万物就是"一"。⑦不同于选取自然界中的一个元素作为万物

---

① [古希腊] 亚里士多德著，徐开来译，《物理学：论生成和消灭》，台北：慧明出版社2002年，第314页。
② [古希腊] 亚里士多德著，林长杰译，《论天》，台北：慧明出版社2002年，第302页。
③ [德] 尼采著，周国平译，《希腊悲剧时代的哲学》，北京：商务印书馆1994年，第88—92页。
④ 这里原子指最基本不可分的东西。[古希腊] 亚里士多德著，徐开来译，《物理学：论生成和消灭》，第315页。
⑤ 北京大学哲学系/外国哲学史教研室编译，《哲学》，第50—52页。
⑥ [古希腊] 亚里士多德著，吴寿彭译，《形而上学》，第212—213页。
⑦ 宋洁人，《亚里士多德与古希腊早期自然哲学》，第326页。"一：由于同一属性而为一；由于本性而为一，如身体各个部分组成一体，一条线不管怎么曲仍然是一条线，捆成一束也叫一；一般说自然而生的比人为组成的一更具有本性。质料相同、同一种属、定义相同等等都是出于本性而为一。数的起点；同'多'相对而言的一。"[古希腊] 亚里士多德著，吴寿彭译，《形而上学》，第83页。《希腊名著精要》，第349页。

"本原"的存在,色诺芬尼的"一"更倾向于是"神",是整体的不变的宇宙。在色诺芬尼提出万物为"一",将物、一、宇宙、神一体之后,巴门尼德便从讨论"本原"的问题转入对真理的路径的分析——不生不灭、永恒的"存在",则为"非存在"。① 叶秀山认为,巴门尼德所讲的"存在"实际就是事物的本质,"非存在"则是事物的现象。②

当物的"本原"问题进入形而上学层面,关乎"物"本身的讨论也逐渐进入哲人的思考范围。"物是什么"在柏拉图那里首先给出了一个具有哲学意味的答案:物便是"呈现"。③

在柏拉图看来,世界是二分的,分别为"可知世界"与"可感世界"。在"可知世界"中有四种东西,且彼此独立地、永恒地、客观地存在着:理念;Demiurge,也被称为创造者、神与父亲;空间,母亲即容器;混沌的物质。"可感世界"即人类的生活世界。同时柏拉图认为,"可感世界"正是因为"可知世界"的存在才能得以创造,创造的进路便是依循 demiurge、创造者、父亲,理念,凭借处于永恒运动中的物质与同样是永恒的空间结合,才能创造出这个"可感世界"来。④ 神似乎成为物质的整理者,而物质一方面被认作永恒的、独立的、为神发现的一团混沌;⑤ 另一方面为"可感世界"的人类生活中所"显现"出来的各种存在者。柏拉图认为的"显现"

---

① [古希腊] 巴门尼德著,《著作残篇·论自然》。收入北京大学哲学系/外国哲学史教研室编译,《古希腊罗马哲学》,第 51 页。
② 叶秀山,《前苏格拉底哲学研究》,北京:人民出版社 1982 年,第 145 页。
③ 关于两个世界对立的为前提的中期理论著述,可以参考柏拉图的著作:《雯多篇》、《国家篇》及《蒂迈欧篇》。——著者注
④ 范明生,《柏拉图哲学述评》,上海:上海人民出版社 1984 年,第 344 页。
⑤ [德] 黑格尔著,贺麟、王太庆译,《哲学史讲演录》,北京:商务印书馆 1997 年,卷二,第 225—226 页。

或"在场",是"物"在经验世界中呈现的过程。

> 柏拉图把一切在场者经验为置造之物件了……若不说"物件",我们可更准确地说:"站出者"(Herstand)。在站出者(Her-Stand)的全部本质中,起支配作用的是一种双重的站立(Her-Stehen):一方面,是"源。出于……"意义上的站出,无论这是一种自行生产还是一种被置造;另一方面,站出的意思是被生产者站出来而站入已然在场的东西的无蔽状态之中。①

"站出"是一个过程,物作为"站出者"是过程的结果。在柏拉图的认识中,"物"本身就是一个流动的显现的过程。该过程引导并暗示了"可知世界"永恒的存在,而对该存在讨论路径的思路也可以一直追溯至早期哲人对于物的"本原"的讨论。因为对于希腊人而言,"物"也好,我们的现实世界也好,其实从来都没被确定过,它们始终是被质疑的存在,只是以某一种人类可以接受的方式,被显现在我们面前。

海德格尔认为,由于罗马人采纳了晚期的希腊哲学,"物件"的含义发生了很大变化。从字面上分析,②指涉"物件"的文字从"站出者(herstand)"意义上的在场者,转变为 res——经验世界中实在的能看见的东西。这种东西或在人的言谈中,或以某种方式与人相关涉。比如事情、争执、事件、关涉者等。这种相关涉者、相关涉

---

① [德]马丁·海德格尔著,孙周兴译,《演讲与论文集》,第175页。
② 关于"物件"词源学的分析,海德格尔也指出:"我们的思想不乞灵于词源学,相反,词源学始终不得不去思索这些词语作为话语未经展开地指称的东西的本质实情。"[德]马丁·海德格尔著,孙周兴译,《演讲与论文集》,第182页。

的东西是 res 的实在，一种真实性的存在（realitas）。①可以说，罗马人以一种原始的经验方式，体会到的 res（即关涉）独特的实在性，并以这种实在性完全替代了古希腊人对物和世界的质疑，确立为一种实在的现世精神。

在这种现世精神中，物质成为永恒的存在。②它是确然的又是确定的。任何物都不会从无中被创造或者生成。③因为任何物的出现，一定是靠自己独有的"力"。这个"力"来自这一东西自己的质料，自己的原初物体所寄托的，一个类似"种子"的东西。④必是有这样一个"种子"作为产生的契机，必是有一个"显露在适当的时候"⑤作为产生的时机，亦必是有"来到这个光之岸的东西"作为产生的结果时，物才能够存在。我们能看到，古罗马人虽吸收了晚期古希腊哲学的部分内容，比如利用"呈现"、"显现"一词表述物的存在和生成，但实际只是停留在经验的层面上处理和分析，并无太多思考物的本质。如古罗马哲学家卢克莱修（Titus Lucretius Carus，约公元前 99 年—前 55 年）在《原子的特性》中分析物：

> 物体可以分两种，一种是事物的始基，一种是始基结合而成的东西。
>
> ……哪里是虚空，哪里就没有物体，而物体所在的地方，也都完全不存在着虚空。所以原始物体是坚实而不带半点虚空，

---

① ［德］马丁·海德格尔著，孙周兴译，《演讲与论文集》，第 183 页。
② ［古罗马］卢克莱修著，方书春译，《物性论》，北京：商务印书馆 1982 年，第 9 页。
③ 同上。
④ ［古罗马］卢克莱修著，方书春译，《物性论》，第 10 页。
⑤ "如果不是因为新的创新，只有显露在适当的时刻已到。"［古罗马］卢克莱修著，方书春译，《物性论》，第 10 页。

在虚空四周就必定全是坚实的物质。物体必定是坚实的才能包含虚空。

……每样东西的末日到来的时候，必定分解为这种原初物体……原初物体有坚实的单一性。

……如果自然，那万物的创造者，是惯于强使一切都分解为最小的部分，那它就会不能用它们为原料，再把任何东西产生出来。①

很明显这种思路吸收了古希腊时期的原子论，将经验层面的内容扩大至对于整个世界的理解中：

凡先前从大地来的，同样又归于大地，而先前从以太的海岸被遣送下来的。

……在世界的永恒的始基里面。

……只有我们这个大地和天曾被创造出来，而如此众多的那些物质物体，在这个世界外边却不能完成别的作业；特别是因为我们这个世界也是由自然这样制成的。②

大地、天空乃至世界，都是无限的原子在无限的空间里面相遇而被创造出来的。这个创造来自世界永恒的"始基"，即物的永恒性。除我们的世界以外，还有许多别的世界。因为从理论上讲，既然有无限的原子在无限的空间里面相遇，就会时时有产生其他世界的机会。但即便产生其他世界，也只是形式或是物的样貌和组合相

---

① ［古罗马］卢克莱修著，方书春译，《物性论》，第26—34页。
② ［古罗马］卢克莱修著，方书春译，《物性论》，第119—122页。

互差异，本质仍旧是由"种子"产生的物所构成的"原子世界"。

在这种观念中，"物"愈加指向为世界的某一实体的部分，甚至"在社会意识中是孤立的，并被视为一个自在的经济实体"①。并因此被给予各种分类的标签和规定：神法物/人法物，②公有/私有物、可/不可替代物、消耗/非消耗物，可/不可分物，主/从物，不动物/可动物等。③对"物的最基本划分（summa division rerum）"成为古罗马社会的基石。古罗马的法律机制、经济制度，基本围绕该划分而得以建立，可以说，物关联着全部的现实生活及权利分配。

从古希腊人思考世界"本原"的凭借，转为世界永恒的"始基"。"物"在罗马人眼中仿佛只关乎人的存在，④因为世界只是对于我们而言的世界，物只面对我们的物。这意味着，物于此时就开始与人相对应，被人拥有，供人使用，作为权利的象征列入法律，最终表现为：与人相分离。虽然古罗马哲学中并无明确记录人、物之间"分开"、"对应"等词语，但已经暗示了一条线索：物不同于人。之后笛卡尔将 res 转变为广延性（extension），物具有 res，心可以思想（thinking），但心中无空间，无广延性，故心物属性不同而分开之。⑤从这个层面上理解，与佛家所讲的色法层面有相通之处。色即

---

① [古罗马]彼得罗·彭梵得著，黄风译，《罗马法教科书》，北京：中国政法大学出版社 1996 年，第 185 页。
② "盖尤斯在《法学阶梯》第二卷中将物主要分为两类：神法物（res divini iuris）、人法物（res humani iuris）。比如神用物（res sacrae）和安魂物（res religiosae）是神法物。"[意]桑德罗·斯契巴尼选编，范怀俊译，《物与物权》，北京：中国政法大学出版社 1999 年，第 1 页。即使关乎神，物也只是呈现其效用，古罗马确实已经缺失对物之本质的反思。——著者注
③ [古罗马]彼得罗·彭梵得著，黄风译，《罗马法教科书》，第 185—193 页。
④ "res 只关涉到人的事情，才能产生 resadver-sae 和 ressecundae 这样的词语合成；前者是指对人不利的事情，后者是指对人有利的事情。虽然各种词典正确地把 resadver-sae 译为厄运，把 ressecundae 译为好运；但词典极少能表达人们经过深思而说出的这些词语的意思。"[德]马丁·海德格尔著，孙周兴译，《演讲与论文集》，第 182 页。
⑤ [法]笛卡尔著，庞景仁译，《第一哲学沉思录集》，第 74—75 页。

万物变化层面,即具体在时空中显露出来的东西。由此我们可以判定,罗马人所认识的物已经成为一个"对象",区别于人且只有并只能面对人时,才能发生作用的东西。可以说,这种对物的看法深刻地影响了整个西方对于世界的看法,仅从词源上就能看出明显线索:英语 thing 保留了 res 丰富的命名力,①而古德语词语中的 thing 和 dinc 直接翻译自罗马词语 res。②物作为确然的、相对并外在于人的实存的概念,深深地烙印在整个西方哲思系统中,逐步产生心物二元、主客对立等分类方式。因为物已然确定下来,那么整个世界就需要在被确定之物上继续开拓。这种开拓究竟是已经澄明了物之为何,还是掩盖了物的真相?千年如驹,当我们回头来看物究竟为何时,也许就能够体会海德格尔所说,在"罗马人眼中,物作为在场者的本质,终究还是被埋没了"③。

二、对象的物——从中世纪到近代科学

至中世纪时,人们印象中关于物的描述总是与上帝有关。这种相关性在神学层面往往体现在两个方面:"上帝创造万物"与"上帝显迹为'物化'(reification)的礼物"。④我们可以看到,其中有一个

---

① "英语 thing 保留 res 丰富的命名力——'他知道他的事情(he knows his things)',意思就是,他知道他的'事情(Sachen)',知道与他相关涉的事情;英语中讲的'他知道如何处理事情(he knows how to handle things)',意思就是,他知道必须如何应付事情,也即应付各个具体事情的症结所在;'那是一件大事(that's a great thing)',意思就是,那真是一件伟大的(美好的、巨大的、壮丽的)事情,亦即一件出于自身、与人相关涉的事情。"[德]马丁·海德格尔著,孙周兴译,《演讲与论文集》,第 183 页。
② "Thing——聚集,而且是为商讨一件所谈论的事情、一种争执的聚集。thing 和 dinc 就成了表示事情(Angelegenheit)的名称;它们表示人们以某种方式予以关心、与人相关涉的一切东西,因而也是处于言谈中的一切东西。"[德]马丁·海德格尔著,孙周兴译,《演讲与论文集》,第 182 页。
③ [德]马丁·海德格尔著,孙周兴译,《演讲与论文集》,第 184 页。
④ 辅仁神学著作编译会,《神学词语汇编》,台北:辅仁神学著作编译会 2005 年,第 1024 页。

很明显的思路转变：物不再是罗马时期的永恒之物，它成为一种被动的被创造的"对象"。这个转变过程在文字上的体现，即 res 变为拉丁文中的 ens，但并非 res 指涉的所有的物都能被归属到 ens 的内容中。只有部分 res 所指涉之物可以称为 ens，也只有 ens 才是受造物，是一种"成为"或"形成"，是"自立存在者"或是"自立体"。①这些"自立者"与"自立体"，首先需要自立于自己的存在，并真正适宜于存在，而不是因为物借着"自立之物"而存在或称为某物。比如白色称为物，是因为主体借着白色而成为白色。那些非自立体存在的依附体、形式和其他类似之物，都比较适合称为"共同存在之物（conceatum）"，而非"受造之物"，亦非 ens（物）。②可见，物之为物，首先一定是因为受造于上帝，因为上帝创造万物。这是最终答案，因为上帝是绝对不可被动摇或被质疑的。

之前我们分析过（第一章第一节），上帝（God，神、天主）③作为绝对的第一因，作为至高无上的存在，是万物的绝对创造者。祂

---

① "它们或是单纯的自立体，例如分离的（没有质料或物质的）实体（substantia separata）；或是组合的自立体，例如物质实体（substantia materialis）。"［意］圣多玛斯·阿奎那著，周克勤等译，《神学大全》，高雄：碧岳学社联合出版 2008 年，卷二，第 18 页。
② ［意］圣多玛斯·阿奎那著，周克勤等译，《神学大全》，卷二，第 18 页。如果按照亚里士多德所说，原本应该称依附体为"属于物者（entis）"，而不是应该称之为"物（ens）"。——著者注
③ "God：从信仰而言，天主，上帝、至高无上的神是每一个人生命的寄托，及无上关注的对象，也是信仰生活意义的来源和人们的希望。天主是言语的基本，即如果没有天主/上帝，人的言语最后都是空的、无意义的。人类哲学主流传统以不同的哲学概念及范畴，如绝对的存有、绝对的物、绝对的第一因、宇宙的主宰、一切历史过程的目标、最高的价值等，以类比方式描绘天主/上帝无限的奥迹。天主/上帝是爱的事件、永远存在的、生命的道、万物的创造者、与我们同在的、在我们内的、在我们前面的、三位一体的奥迹。"辅仁神学著作编译会，《神学词语汇编》，第 433 页。"God：神、上主、天主、上帝、天；在从仰信仰中，Deus 指无限美善的造物主和宇宙的主宰，他是自由的、全能的、仁慈的，永恒的、正义的、神圣的、荣耀的、忠信的，不可见的、智慧的、无所不在的……世人都应该信从他、敬拜他、依你他，好能与他合而为一，得享永生。"富立柏编，《汉语神学术语录》，北京：宗教文化出版社 2007 年，第 53 页。

是永远更伟大的神,永远超越有限存有物的理解,任何类比的思想都不能够完全描述上帝,[1]并且不能以任何方式怀疑上帝的存在。神学家在证明这个问题时进行了大量的逻辑论证。圣多玛斯·阿奎那在其著作《神学大全》第一卷中论述"天主的存在是自明的"[2]、"天主的存在可以被证明"[3]、"天主是存在的"[4]等一系列命题,就是为诠释为何上帝是不可被质疑的。一旦确定了绝对权威的上帝的地位,就可以通过比照这个高高在上的地位,对其他进行规范。首先

---

[1] "God:永远更大的神(上主永远超越有限存有物的理解;任何类比思想都不能完全恰当地描述上主)。参见《若望一书》1 Jn 3:20:Maior est Deus corde nostro. 上主比我们的心还大。"富立柏编,《汉语神学术语录》,第54页。

[2] "天主存在是自明的,因为:为我们来说,我们自然而知的事物,就是自明的,如第一或者基本原理(proma principia)。大马士革的若望在自己的著作卷首所说:'对天主存在的认识,是每个人自然或生而就有的。'(《论正统信仰》卷一第一章)所以,'天主存在'是自明的。此外,所谓自明的事物,就是那些只要知道了词义,立刻就知道的事物……'天主'这个名称一旦被了解,天主就立刻存在于思想中,因此亦存在于现实中或实际存在,所以'天主存在'是自明的。此外,有真理或真理存在是自明的。天主就是真理本身,依《若望福音》第十四章6节所说:'我是道理、真理,和生命。'所以,'天主存在'是自明的。"〔意〕圣多玛斯·阿奎那著,周克勤等译,《神学大全》,高雄:碧岳学社联合出版2008年,卷一,第21—23页。

[3] "天主存在可以被证明,两种证明:借由原因(到效果),称为'知其所以然(propter quid)'的证明;此种证明是借由或以绝对的(或本身)在先者为出发点。另一种是借由效果(到原因),称为'知其然(quia)'的证明:此种证明是借由或以(相对地)针对我们而言的先者为出发点;因为既然有些效果比其原因为我们更为明显,我们于是就由效果出发去寻求对原因的认识。从任何一个效果出发,都可证明其固有原因之存在(只要这原因之效果为我们更为明显)。因为,既然每一效果都依赖其原因,那么,如效果存在,原因必然先已存在。是以,'天主存在',对我们虽不是自明的,但可以借由我们所知道的'祂的效果来加以证明'。"〔意〕圣多玛斯·阿奎那著,周克勤等译,《神学大全》,卷一,第26页。

[4] "天主是存在的,由五路来证明:'动或变动'(motus)方面进行。凡是动者又是推动者,必定被他物所动或推动,如果推动者也被推动,那么他本身也必定是被另一物所推动;另一物亦复如此。此必终结到第一个推动者,而他不为其他任何东西所推动,这就是天主。由成因(causa efficiens)方面进行。一物总有其原因,反复推之至第一因,这第一因就是天主。由可能存在物和必然存在物为出发点,推出天主是必然存在的物,其存在必然性之原因不是来自别处,而且他是其他物之存在必然性的原因,大家都称说这一物就是天主。取自在万物中所发现的等级秩序,有一物是所有(存在)物之存在、善以及一切完美的原因,这就是我们所说的天主。是根据万物之治理。必然有一个智力者,自然界的万物,都是在他的安排或治理下,趋向自己的目的。这就是我们所说的天主。"〔意〕圣多玛斯·阿奎那著,周克勤等译,《神学大全》,卷一,第28—30页。

被规范的就是 ens（物）。比如论证"天主不是形体或是形体物"①时，阿奎那认为第一个存有或存在物（ens）必须是处于现实中（in actu），决不能处于潜能中（in potentia）。因为现实是先于潜能的，唯有借助已经存在于现实中的物，潜能才能被引入现实。论证"天主内无形式与质料的结合"②时，阿奎那认为质料与形式组成的物，其"完美"和"善"皆来自"形式"，且是"分有的善"。再如论证"天主是永恒"时，比照物"不同于天主，不是自己的存在"，故物不是永恒的等。③就连最后论证万物的目的时，也都与上帝息息相关："每一造物都愿意获得自己的完美，这完美是天主的完美与美善的肖像，所以，天主的美善是万物的目的。"④

于是，当神学家们逐渐根据上帝的模型规定出物的面貌时，他们需要面对的问题就是：受造物是如何受造的，即形体物如何从"潜能"到达"现实"。这个过程被神学家们解释为："无中生

---

① "天主不是形体或是形体物：天主是不变的，不会被推动的，第一个推动者，明显地天主不是形体或形体物。第一个存有或存在物（ens）必须是处于现实中（in actu），决不能处于潜能中（in potentia）。虽然，针对同一个由潜能进入现实的个别物来说，在时间上潜能先于现实；但全面或绝对地来说，现实是先于潜能的，任何潜能中的物，唯有借助已经存在于现实中的物，才能被引入现实。而天主是第一个存在物，所以，在天主内有任何处于潜能中者，那是不可能的。但凡是形体都是处于潜能中的，因为凡是连续体（contunuum），就因其连续性，都可做无限制的区分，所以，天主不可能是形体。天主是所有（存在）物中之最高贵的。而一个形体物却不可能是一切物中最高贵的。因为一个形体物或是有生命的，或是无生命的。形体物之生活或有生命，是依赖形体本身以外的另一物，天主不依赖任何物，天主不可能是形体。"［意］圣多玛斯·阿奎那著，周克勤等译，《神学大全》，卷一，第34页。

② "天主内无形式与质料的结合：质料是处于潜能中者，而天主确实纯粹的或全面的现实，没有任何潜能。凡是有质料和形式组合而成的物，其完美和善皆来自形式；是以，这个组合物之为善，必然是分有的善，这是由于其质料分有形式。而第一个善及至善者，即天主，并不是分有的善，因为基于本质的善先于分有的善。所以，天主不可能是由质料和形式组合而成的。"［意］圣多玛斯·阿奎那著，周克勤等译，《神学大全》，卷一，第36—37页。

③ 寒谷松神父主编，杨牧谷编译，《种子新约神学词典》，香港：种子出版社1983年，第111—113页。

④ ［意］圣多玛斯·阿奎那著，周克勤等译，《神学大全》，卷二，第11—14页。

有"的创造,①有以下几点说明:

无论是有形或无形,全部物或有的源出,都是从无"物"或"有"起,而无物或无有就是无。②

创造中并无变化,一物同时是在受造之中和已被造成。③

创造只就关系方面,置某物于受造者之内。④

创造是整个天主圣三所共有的。⑤

天主位格的出发是创造的理。⑥

---

① [意] 圣多玛斯·阿奎那著,周克勤等译,《神学大全》,卷二,第11—14页。"从无变有(creatio ex nihilo) 一语最早见于玛喀比二书 7:8,那里强调神是'从无有中创造万物(epoiesen)'。"寒谷松神父主编,杨牧谷编译,《种子新约神学词典》,第220页。
② [意] 圣多玛斯·阿奎那著,周克勤等译,《神学大全》,卷二,第11页。
③ "创造不是变化或变动,除非是按照(人的)理解方式,变化只是原因对效果和效果对原因的关系,变化只是其引申的后果而已。只有那些没有变化而被形成之物,同时又是在被形成之中,又是已被形成;或不是变化或无论这种形成是变化或变动的终点,例如:光照(因为一物同时是在被光照中和已被光照);或不是变化或变动的终点,例如:心中的言语,同时是在被形成中和已被形成。在这些物中,那被形成者,已经存在;几时说它尚在形成中,是为表示它乃有它物而存在,以及先前并不存在。因此,创造既是没有变化的,所以,一物同时是在受造之中和已被造成。" [意] 圣多玛斯·阿奎那著,周克勤等译,《神学大全》,卷二,第15页。
④ "创造只就关系方面,置某物于受造者之内。因为那受造的,并不是借变动或变化而才形成。因为凡借变动或变化而形成的,都是由先已存在之物而形成,一些物的特殊或个别的产生才有这情况。可是那出自普遍原因,即那出自天主的全部存在(之物)的产生,却不可能有泽中情况,因此,天主之借创造而产生万物,其间没有变动或变化。可是从主动与被动中除去了变动或变化就只不过仍然存有关系而已。因此,在受造物内的创造,势必只不过是与造物主的某种关系,有如与自己存在之原理或根源的关系;如同在带有变动或变化的被动内,含有与变动或变化之原理或根源的关系一样。" [意] 圣多玛斯·阿奎那著,周克勤等译,《神学大全》,卷二,第16页。
⑤ "创造原本是产生或引进万物的有或存在。由于一切主动者都产生相似自己之物,可以从行动的效果来研究行动的原理或源头。如火生火。所以创造之归于天主,是按照祂的存在或有,亦即祂的本体,而天主的本体是天主三位所共有的。因此,创造并不是专属于天主的某一位,而是整个天主圣三所共有的。" [意] 圣多玛斯·阿奎那著,周克勤等译,《神学大全》,卷二,第24页。
⑥ "天主按照其出发的理,针对万物的创造也有因果关系。天主借着自己的理智与意志而为万物的原因,如同工匠是手工艺品的原因一样。可是工匠确实借着理智与孕育的话或构想,和意志对相关之物的爱而创作。因此,天主圣父爷是借着自己的话或圣言——亦即自己的圣子,和自己的爱——亦即圣神,创造了受造物。准此,天主位格的出发,是产生受造物的理,因为谓格的触发包括本体属性或特征,即知识和意志。" [意] 圣多玛斯·阿奎那著,周克勤等译,《神学大全》,卷二,第24页。

创造先于自然的工作。①

这种从无到有的创造不仅是万物的起源，也是神可"物化"的渠道，即物相关于神的第二个方面："上帝显迹为'物化'（reification）的礼物"。这一点我们可以通过语义学梳理其脉络：古希腊文 ποιέω 本意为"做、干（do）"，其引申 ποίημα（poiēma）为"做成的，工作，创造"②。在希伯来文中，'āśâh 主要是有关神创造的工作，而《创世记》中有一个专门的词 bārā，用来指耶和华从无到有的创造行为，七十士译本则把《创世记》中及赛 41—45 的 bārā 都译作 poieō。③也就是说，上帝不仅是万物的创造者，祂也在历史进程中得以显现，显现的结果被称之为"神迹"或是"奥迹"。比如耶和华行神迹（出 15：11；书 3：5；诗 72、71）定日子（使 118、117：24），行大事（伯 5：9）使祂话语得成就（耶 1：12cf. JB）。除此之外，神的物化也被隐藏在人的创造活动中。古希腊文 Τεχνών（tektōn）意为"建造者"，与其引申词语 Τεχνίτης（technitēs）：艺匠，在圣经中经常表现出与神的工作相关。在《旧约》中，犹太人对工作出色的人尤为尊重，有时认为他们的工艺是神的灵所赐。④《新约》中，Tektōn 为拿撒勒人对耶稣的称谓："木匠"（可

---

① "物体或形体物的自然形式（forma naturalis）并不是自立存在的，而只是一物借以存在的因素。由于形成与受成，原本只适用于自立存在的物，是一同或一起受成。可是凡真正由自然主动者或成因所形成的，都是由质料或物质所形成的组合物（compositum）因此，在自然的工作中，并未参与创造；却肯定在自然的工作前，已先有了创造。"［意］圣多玛斯•阿奎那著，周克勤等译，《神学大全》，卷二，第 29 页。
② 寒谷松神父主编，杨牧谷编译，《种子新约神学词典》，第 220 页。
③ "一般说，bārā 跟 'āśâh 是不能混淆的，前者指从无变有的创造，后者指从原料来制造。"同上。
④ 寒谷松神父主编，杨牧谷编译，《种子新约神学词典》，第 252 页。

6：3)或"木匠的儿子"(太 13：55)，但也可解作石匠，泥水匠，或铁匠；又或者可以说约瑟与耶稣都是建造者（他们的技能就包括木匠和泥水匠)。① 而 Technitēs 在徒 19：24 与启 18：22 中就艺匠的一般之意义用；但在来 11：10 则用在神身上："祂是那位建造天上之城的，也是万众圣徒所盼望的城。"② 可见人的创造与建造能力也是受于上帝之恩，反之，神的能力在人的创造力中得以"物化"显现。

故关于中世纪时期物与神的关系，我们可得出：物被神创造，是上帝所作的，被动的东西，它建立在犹太基督教传统中的自虚无而生的神之"创造"的逻辑中，③ 成为一种被置造者和被表象者意义上的在场者。④ 世间万物，千秋繁华，各物都彰显出上帝的某一种善，并以之为目的存在于世间。各种善不同，各被造物就不同，它们因上帝而呈现，因上帝全善而存在，因上帝圣言得以区分。就如《创世记》第一章 3—4 节所说："天主说：有光，就有了光。就将光与黑暗分开。"神学始终想透过对物的把握，指向并通往上帝，并肯定人能够透过理性、抽象与推理，认出物的本质（realism)。但他们经常忽略一个重要的部分，即：这种物始终是一个对象物，指人的语言、思想中的基本名词，人借着五官接触的事物。⑤ 只要是对象物，就是关于人的经验领域中的概念，而这个概念永远无法突破并达至那个永恒的存在者的世界。这一点康德进行了详细的论证，他

---

① 寒谷松神父主编，杨牧谷编译，《种子新约神学词典》，第 252 页。
② 寒谷松神父主编，杨牧谷编译，《种子新约神学词典》，第 253 页。
③ 张光直，《连续与破裂——一个文明起源新说的草稿》，《中国青铜时代卷》，台北：联经出版事业股份有限公司 1999 年，卷二，第 132 页。
④ ［德］马丁·海德格尔著，孙周兴译，《演讲与论文集》，第 184 页。
⑤ 辅仁神学著作编译会，《神学词语汇编》，第 1024 页。

认为我们所能够了解的物仅仅是以知识的方式把握的对象，至于物的本质，就是神学与传统知识论中所讲的物的实体，ding-an-Sich,①thing-in-jtself（"物自身"，物之真象），②实际已经是一种"自在之物"（das Ding an sich），它不是一个物件，人无法依靠感官去认识，它亦不能对应着人类而显现出来。

当神学逐渐退去，科学逐步兴起，人们对物的看法也发生了很大的改变，主要有以下几个重要标志：物是实在的；物背后总有一种架构与成分（原子，电子），可以被组合也可以被分解。物因其效用而被重视。物可以被控制。物成为一种依照一定规律，被构成的、实在的、可被控制的效用体，这些效用体又按照一定规律或者原则构成了我们存在的世界，这就是科学论中关于物的逻辑。在这个逻辑里，物是并仅仅只是"对象"，它甚至都丧失了通向超越领域的潜在能力，只是沦为科学论的控制对象。

海德格尔非常反对此种观点，在《艺术作品的本源》、《世界图像的时代》、《物》等文章中多次批评并指出：科学只是控制论，并非真理的原始发生,③科学并不能完全指向"澄明"④的世界。当我们以科学的视角去发现问题时，就会寻得很多规律，以此规律进行实践操作并达到预期效果之后，就会认为自己已经把握了真理。但实际我们把握到的并非真理，只是在效用方面得到结果的规律，比如家用电器的功能就是程序目标特定的作用的实现。若以规律的方式

---

① 赵中辉编译，《英美神学名词词典》，台北：基督教改革宗翻译社1990年，第227页。辅仁神学著作编译会，《神学词语汇编》，第285页。
② 辅仁神学著作编译会，《神学词语汇编》，第1024页。"Ding（德）物，事物，转thing，Ding-an-Sith（德）转thing in itself."辅仁神学著作编译会，《神学词语汇编》，第285页。
③ ［德］马丁·海德格尔著，孙周兴译，《林中路》，第49页。
④ "澄明"：海德格尔的词汇，与"遮蔽"相为对应，意指真理相关的敞开领域的样态。——著者注。可参考［德］马丁·海德格尔著，孙周兴译，《林中路》，第35—38页。

逐渐控制我们的生活世界，物就会成为对应于我的某种工具，成为仅仅因其效用、功能为存在目的的纯粹器物。我们的世界就成为一种被纯粹器物组成的、"集置（Ge-stell）"[①]化了的、被技术所掌控的世界。河流（water）成为水利（water-power），雷电成为电力，磁场成为磁力，科学成为支配物的一切力量。[②]这种力量被海德格尔称为"扩建"，是真理发生之后的，对已敞开领域的扩建，这种扩建不断地用梳理等方式变成一种形式，越来越离开我们的生活世界。

"壶是一物，这既不是在罗马人讲的 res 的意义上说的，也不是在中世纪人们所表象的 ells 的意义上说的，更不是在现代人所表象的对象意义上说的。壶是一物，因为它物化。"[③]从海德格尔对物的分析来看，物非对比显现，非一般意义上的器具，亦非物理世界所讲的原子、电子，更非广延性含义，而首先应该是一种"聚集"[④]。这种聚集不是科学那种集置，而更像是一个境域，每个东西就是个境域。当我们说"东西"时，就是指空间中的个体，比如石头就是一个东西，但若我们不从对象里面讲，东西就是一个存在，这里面就是一个境域，而境域之中又包含好多东西。所以，世界应该从物所显露出来的境域来讲，不应从特殊的对象里面去看。无论是一个石头、一块树木，它始终是大地的部分，我们始终是从世界里面去感受世界存在的样态。因为本身就在世界里面，所以不会故意提起

---

① "集置"：后期海德格尔思想的一个基本词语，在日常德语中有框架（gestell）一词，海德格尔把技术的本质思为集置，意指技术通过各种摆置活动，如表象、制造、订造、伪造等，对人类产生一种不无神秘的控制和支配力量。参见［德］马丁·海德格尔著，孙周兴译，《林中路》，第 47 页。
② ［德］马丁·海德格尔著，孙周兴译，《林中路》，第 51 页。
③ ［德］马丁·海德格尔著，孙周兴译，《林中路》，第 49 页。
④ "Thing 的古老用法中得来的一个含义要素，也即'聚集（versammeln）'，倒是道出了我们前面所思的壶的本质。"［德］马丁·海德格尔著，孙周兴译，《演讲与论文集》，第 182 页。

主体，自然也就无对象分别。物不是对象，物好像一种中介，由大地物质造成，承载人的美酒，给予、倾倒，使人们一起饮宴交流。在这个过程中，酒就成为馈赠。那么对于一个民族来说，那壶酒就是一个象征。如此理解，物已然不再是物品的效用的对象的物，而是人在生活里面交往的东西。这个东西即"物化"。

"物化之际，物居留统一的四方，即大地与天空，诸神与终有一死者，让它们居留于在它们的从自身而来统一的四重整体的纯一性中。"[1] "物化"即"物的本质"，即天地人神四元一体的统一循环的关系。海德格尔如此道物，已与道家"澄怀味象，遗物以观物"的境界有切近处，但这种要求还原到某种意义上如物自身的物，还是有些偏向于知识论层面。这么说并不是站在东方的角度批评西方，而是帮助我们理解其中的差别，同时可以通过这些差别之处更好整体地理解海德格尔与道家的内容。

三、物的"因缘性"与物的三层含义：道家之庄子的"物"

1. 物的"因缘性"

自胡塞尔开始，寻求事物的"本质"不再是为获得等级成分（种、属、类）及形式范畴，抽象化、普遍化外在对象，而是转化为可以通过直观获得的一种面向事实本身的"境域还原"。海德格尔在胡塞尔的基础上，进一步解说了境域还原的具体过程。这个过程类似于道家提出的如何接近"道"，即"修养"或"体道"的过程。在道家的说法里，"体道"似乎是不可言说的。"道可道，非常道。"似乎愈去深究，愈偏向主体的修养层面，就愈加成为一种"不可言说"

---

[1] ［德］马丁·海德格尔著，孙周兴译，《物》，《演讲与论文集》，第187页。

的体会。那么，是否真的"不可言说"呢？

对于这个道家没有阐释清楚的问题，海德格尔进行了一定的修补与完善。完善工作的关键部分就在于，海德格尔将现象学的"实事本身"理解为"存在者之存在"，即"物的自在存在"。

> 物本身就是物的"自在"（Ansich）。海德格尔还经常使用"自持"（Insichruhen）一词来描写物的自在性质。所谓物的"自持"，是说物具有一种"内在安宁"，具有一种"安于自身"、"守住自己"的倾向。这就表明了我们接近物的困难。自在自持的物难以接近，因为物自身是"幽闭的"……海德格尔认为只有艺术作品才能揭示物的这种"阴沉"、这种"自在自持"。这种"阴沉"是指向虚无幽暗之境的。也许从事艺术创作的人们才最有可能体会到物的这种阴森森的境界。①

海德格尔为何认为只有艺术作品可以揭示物的自在，可以恢复"惊奇的关照和事物最初在场的完整性"？为了回答这个问题，海德格尔运用了一系列的论证。首先，他先从一般用具（器具）的本质的分析开始，发现器具的"有用性"并非其本质，只有"可靠性"的存在才是器具成为器具的根据，而这个可靠性是在我们去使用某器具之前就已经存在的，它的基础，就是作为"境域"的"世界"。在这里孙周兴认为，海德格尔做了一个跳跃，这个跳跃用逻辑式的

---

① 孙周兴，《我们如何接近事物?》。本文系作者 1998 年 12 月 28 日晚在中国美术学院油画系（杭州）作的报告，1999 年 1 月 22 日在南京大学哲学系重作一次（内容有扩充）。发表时作了删节。孙周兴，《一种非对象性的思与言是如何可能的？——海德格尔现象学的一条路线》，倪梁康主编，《中国现象学与哲学评论：现象学与语言》，上海：上海译文出版社 2006 年，第三辑，第 34 页。

语言并不容易描述，但用东方境界化的叙述就可以很容易解决。这个跳跃就是用具的"因缘性"。

> 世上任何用具都不是孤立的，而总是"相互指引"的，总是有"因缘"的。如锤子与锤打有缘，锤打又与修固有缘，修固又与房屋有缘，房屋又是为我们人的某种存在可能性的缘故而存在的。这种看不见的"因缘联系"实际上就构成我们生活的"境域"。用具是在作为"因缘联系"的世界境域中与我们照面的。因此，我们对用具的"信赖"的依据并不在器物本身，而是在作为"境域"的世界。世界境域为事物备好了这样一种使用方面的可靠性，使我们能够信赖之，能够在与事物的交道中自由地活动。①

"因缘性"或"因缘联系"中最主要的是对"缘"的解释。张祥龙在《从现象学到孔夫子》中分析了"缘"的多种释义：边缘、攀缘、凭借（缘木求鱼）、因由、机会、边缘（包含有限）、围绕等，并在《佛经》特别是《大乘中观经》的翻译中提到"缘起性空"的实在观。张祥龙认为，因"缘"有"发生"和生成之意，"缘"本身就包含了"相互缠结"的结构。且"'缘'从根本上就不是线性和可概念化的，而是际域的、拓扑的、原本空阔的和具有一个'世间'或'存在论的空间'的"。②于是物的"因缘性"就是表明一种态度，即任何用具都不是独立的，总是在一个因缘联系的世界境域中与我们相关联，这个相关联

---

① 孙周兴，《我们如何接近事物?》。孙周兴，《一种非对象性的思与言是如何可能的?——海德格尔现象学的一条路线》，倪梁康主编，《中国现象学与哲学评论：现象学与语言》，第三辑，第37页。
② 张祥龙，《从现象学到孔夫子》，第95—98页。

的事实就是可靠性的基础,亦是器具的器具存在根据。

> 三十辐共一毂,当其无有,车之用。埏埴以为器,当其无有,器之用。凿户牖以为室,当其无有,室之用。有之以为利,无之以为用。①

"利"为"功用"、"定用",即心境定在一处,不能用于别处,即为"定用"。"用"名之曰"妙用"。凡"妙用"都是无限的,心不定在一处,无定所。②当我们说心定在一处时,就是说已经由于心灵的许多因素而无法接近事物本身。这些因素,就是牟先生说的"心灵已被黏着在一个方向上"。有了特定的方向,就有了价值判断、是非分辨,对器具也就有了"有用"、"无用"的区分。这种分别的结果,就是远离物的"因缘性",远离"道"的境界。

"黏着的心向"并非只是因为"有"。道之两面性"有"与"无",与之相对的是天地万物。"有无虽两头属,但不是外来的,而是发自无限的心境,所以直接的意思是'无'与'有'在一边而与物相对。"③牟先生所说的"在一边而与物相对",即海德格尔始终批评将事物确立为"对象"的思维方式。所以说,老子从否定的态度中,提示"区别"、"定用"、"分化"会远离物的"因缘性",远离"道";海德格尔则从正面回答——我们可以通过艺术作品便能够接近"真理的本质"——因为艺术的本质就是存在者之真理自行置入作品中,当我们通过艺术作品表达用具,通过文字描写建筑,物的

---

① 老子,《道德经》,十一章。朱谦之,《老子校释》,第43—45页。
② 牟宗三,《中国哲学十九讲》,第91页。
③ 牟宗三,《中国哲学十九讲》,第95—96页。

"因缘性"就被开启出来。而这个开启也不是能够落实下来的、可被丈量的对象,是一种隐约在遮蔽之中显露出来的澄明,亦是一种在"无"、"有"不断旋转中所呈现出来的境界。

2. 物的三层含义

自物的"因缘性"的问题展开之际,我们就不能再忽视庄子文中具体对应的"物"的含义。因为毕竟庄子的"物化"和"齐物"依托于全文背景,而文中各"物"又串联其中,构成为整体的内容。

欧崇敬博士曾对《庄子·内篇》中各物的名做过统计,如《逍遥游》中"鱼、鸟、鲲、鹏"等动物名十八种,"大椿、榆、蓬蒿"等植物名等十一种,"海、天、地、云"等自然物名三十六种;《齐物论》中如"鼠、鹿、蛇、蝴蝶"等动物名十八种,"木、林、竹"等植物名八种,"气、日、月、尘埃"等自然物名二十三种;《养生主》中动植物名只有"桑林"、"牛"以及"土、地、天、火"自然物名四种;《人间世》包含动植物名"散木、柏桑、凤"等五种,自然物名"泽、石、气、天"四种;《德充符》中只有植物名"松、柏"及自然物名"天、地、水"三种;《大宗师》有动物名"鸡、虫"等七种,自然物名"星、川"等十四种;《应帝王》中有动物名"马、牛、虎、豹"等十四种,自然物名"海、河、穴"等九种。[1]如此庞杂的各类物汇总在一起,作为庄子对物描述的代称而作用在文中各处,看似是通畅的。但是实际上,这种分类方式并不太合理,因为庄子对"物"这一字的理解,本来就是前后不一,并分为几个部分。这些相互对照的名词代称,只是作为阐释不同物的内容而出现在文中。所以,想要对庄子文中的"物"多作了解,首先需要从

---

[1] 欧崇敬,《庄子与解构主义》,台北:秀威资讯科技股份有限公司 2010 年,第 13—15 页。

"对物的理解的分类"去着手分析。

效用之物

> 大瓠……盛水浆,其坚不能自举也。剖之以为瓢,则瓠落无所容……樗,其大本拥肿而不中绳墨,其小枝卷曲而不中规矩。立之涂,匠者不顾……①

在一般人的认识中,物之为物,首先是被人使用、效用可以得到发挥的,存在于外在世界且相对于人的内容而存在的东西。人使其效用得以发挥,是因为人处于某一立场中,对该物的内容持以判断和预设,并在预设中对其施展行动以达到目的。中空的葫芦可以用来盛水、置物,坚韧的树干可以用来建屋、搭桥,这都是人的判断。当这一判断形成时,意味着人的心思已经停留在某一阶段并对某一方向加以执着。当此执着生成时,物就成为有方所、有限定的"效用之物"。②人也因执着一方向,产生区别是非的对偶性判断。是非争辩,成心执着;私意造作、益生厚生;心狂行妄,逐物不返;斫朴入华,心为物役。"效用之物"一方面由成心造就,一方面驱逐着人迷失在成心之中,相互缠绕且纠葛的关系,逐渐叠加成为我们约定俗成的"一般世界"。"道行之而成,物谓之而然。"③道路是人

---

① 庄子,《庄子内篇·逍遥游》。郭庆藩撰,王孝鱼点校,《庄子集释》,北京:中华书局 2004 年,上册,第 45 页。
② "'有之以为利,无之以为用',定用为利,妙用为用。利(定用)是有方所有限定的用;用(妙用)是无限定无方所的用。通过无限妙用来了解虚一而静的心情。"牟宗三,《中国哲学十九讲》,第 89 页。
③ 庄子,《庄子内篇·齐物论》。郭庆藩撰,王孝鱼点校,《庄子集释》,上册,第 75 页。

走出来的，事物的名字也是约定俗成的。这个约定俗成的世界，就是庄子在整体文字所给出的一个背景烘托，即一般的外在世界，亦即"经验世界"。在"经验世界"为背景的前提下，物作为相对于人的外物，在世俗约定中出现。当"效用之物"不能满足其预设目的时，如葫芦不坚不能盛水，剖开太浅不能置物；臃肿的树干不能用绳墨取直，弯曲的树枝不能用圆规角尺取材，"效用之物"便失去了合法性，成为没有人使用的废弃，其作为物的使命也即结束了。①

海德格尔在总结以往"物"的概念时，提到过"物是具有形式的质料"及"唯有有用性，可以成为'形式'与'质料'的规定性。"②这种观点非常符合"效用之物"的逻辑——"有效性"即"有用性"——作为"形式"与"质料"的规定性出现在可用之物中，这种物被称为"器具"。唯有服从"有用性"，并因"有用性"而出现的存在者，才可以成为"器具"。器具在使用时，其有用性的程度会被逐渐减损直至消磨殆尽。这与庄子文中"曲干不能绳墨取直"同出一辙，都是将物作为具有效用、功能的，对应人的某种工具、器物。

反效用之物

我们可以说随着"效用之物"的"有用性"逐渐被减损，作为器具的使命也就逐渐结束。但我们不能说这些结束了有效性的物"不存在了"。因为事实是，即使扫把不再能够清理垃圾，车不能再行驶运输，它们都还是存在地、确实地出现在我们眼前。这就是说，

---

① 此处的"效用之物"非庄子的本意，而是在庄子文中的其他人对物的理解之意。——著者注
② 参见 [德] 马丁·海德格尔著，孙周兴译，《林中路》，第12页。

被减损的部分只是器具的某些部分，并非全部，更非本质。海德格尔认为，逐渐被损减的"有用性"，实际是存在于器具本质中的一种丰富性中，即"可靠性"。当"可靠性"被消磨完毕时，器具就进入一种纯然的器具状态，即没有效用的物。如果面对没有可以展现其功能的物时，物作为物的合法性又是什么呢？这里又要提到海德格尔的著名的壶的例子。他认为作为一个器皿的壶，其效用是将其他东西纳于自身，这个容纳的能力本身就是壶可以作为物而自持的东西。一旦物可以自持，它就已经区别于"一个对应我们的物件（gegenstand）"，不只是一个效用之物了。即便从表象上来说，我们依然可以认为它是由"形式"与"质料"的结合，由一种置造"（herstellen）"产生的，但使壶具有容纳作用的，绝对不是表象的烧制的壶器的泥土，而是壶的"虚空"。"虚空（die Leere）"才是使得器皿具有容纳作用的东西。我们也可以称之"壶的虚空"，"壶的无（dieses Nichts）"。壶的这种无，乃是壶作为容纳的器皿之所是。①

　　同样是否定"效用之物"的说法，海德格尔是从科学态度的"显有"转向器皿容纳的"虚无"，转向"虚空"中去分析；庄子则是在实际行动中改变对物的方式和态度，表现出多层次的实践论意味。我们先来分析第一个层次："反效用之物"。"反效用之物"提出是庄子顺遂"效用之物"的逻辑，继而从另一角度对"效用之物"的突破。

　　　　庄子曰："夫子固拙于用大矣，宋人有善为不龟手之药者，世世以洴澼絖为事。客闻之，请买其方百金。聚族而谋曰：'我

---

① ［德］马丁·海德格尔著，孙周兴译，《演讲与论文集》，第178页。

世世为洴澼絖，不过数金；今一朝而鬻技百金，请与之。'客得之，以说吴王。越有难，吴王使之将，冬与越人水战，大败越人，裂地而封之。能不龟手一也，或以封，或不免于洴澼絖，则所用之异也。今子有五石之瓠，何不虑以为大樽而浮乎江湖？而忧其瓠落无所容，则夫子犹有蓬之心也夫！"①

宋人药为吴王胜战关键，大瓠做舟可遨游江湖。就是说明，惠子与宋人一样，声称这些东西没什么用，实际上是因为不识其可用之用。庄子一方面批评他们因为世俗牵绊，约定俗成，心思逐渐单一。视药物只为治病、瓠只能盛物，不再见其更大用途。另一方面，庄子其实是从"效用之物"的逻辑出发，批评逻辑存在自身的矛盾性和局限性。这是从批评的角度说的，还有一种比较顺遂的讲法，是另外一种对"效用之物"的延伸出开启突破的窗口。

"臣之所好者道也，进乎技矣。始臣之解牛之时，所见无非牛者。三年之后，未尝见全牛者也。方今之时，臣以神遇而不以目视，官知止而神欲行。依乎天理，批大郤、导大窾因其固然，技经肯綮之未尝为碍，而况大軱乎！良庖岁更刀，割矣；族庖月更刀，折矣；今臣之刀十九年矣，所解数千牛矣，而刀刃若新发于硎。彼节者有闲，而刀刃者无厚；以无厚入有闲，恢恢乎其于游刃必有余地矣。是以十九年而刀刃若新发于硎。虽然，每至于族，吾见其难为，怵然为戒，视为止、行为迟。动刀甚微，謋然以解，牛不知其死也，如土委地。提刀而立，

---

① 庄子，《庄子内篇·逍遥游》。郭庆藩撰，王孝鱼点校，《庄子集释》，上册，第42页。

为之四顾，为之踌躇满志，善刀而藏之。"①

　　人对于"效用之物"，会多关注其用途。此用途得以实现，还需加以手段或方式实施，此手段或方式则称为"技"。技愈纯熟，物用愈显；技愈拙劣，物用愈隐。依"效用之物"逻辑，技乃效用生发渠道，故对物言，人所执着于"技"即可，然庄子不以为然。一屠牛人，对牛屠之即可，但其言屠宰技艺并不为其所求，所好之道，屠牛也需"直寄道理于技尔"②，即有道的体会和领悟，才能做到解牛刀刃游刃于皮肉骨节之间隙。如此对物的方法，显然已经超出了"效用之物"的层面。而这种分析的方式，相比前一种批评的态度来说，很明显是比较顺遂地接应下来。③只是从"技"处直接入"道"的层面，直接突破了"效用之物"的局限，甚至可以说已经进入庄子所说的"终成一物"的层面。因为在庖丁看来，牛已不仅仅是一个对应于我的外物，物之于我的界限开始模糊，因领悟道，而冲破阻碍，通过"心知神明"与自然形体生命的两不相碍，互补折损，使得"心知神明"在身躯生命之中处处运行。④屠牛三载，竟不见全牛。所见即为解之经络巡行，理之显现。

终成一物

　　庄子之物种种，禽鸟野兽，杂虫草木，属各分类。看似虽为个

---

① 庄子，《庄子内篇·养生主》。郭庆藩撰，王孝鱼点校，《庄子集释》，北京：中华书局2004年，上册，第125页。
② 郭象注，郭庆藩撰，王孝鱼点校，《庄子集释》，上册，第125页。
③ 此处以"反效用之物"解读庖丁解牛，重点并不是为庄子解说其原义，而是希望以此反效用之物能够承上"效用之物"去理解，开启一方便法门一步步加以引导读者，并以此进入庄子之本意："终成一物"的层面。——著者注
④ 梁瑞明，《庄子调适生命之学——〈庄子〉释义》，香港：志莲净苑2008年，第85页。

别物,却往往以其代指,同求一共通之处(此共通处非西方的普遍化逻辑)。

> 野马也,尘埃也,生物之以息相吹也。天之苍苍,其正色邪?其远而无所至极邪?其视下也,亦若是则已矣。①

天地之间生物相更,气息相动,相与之通即为天地苍茫正色。天地如其所是于大鹏飞翔、尘埃浮游中显现,而此显现之正色,亦为各物之性。由此可知,此"正色"即为"万物之性"。而得此物性方式,既非"效用之物"的功用目的所获得,亦非"反效用之物"的变通所汲取,而是以一种纯然的方式得以切进,庄子称这种方式为"游"。庄子内篇第一篇《逍遥游》便在写这个"游"字。

> 若夫乘天地之正,而御六气之辩,以游无穷者,彼且恶乎待哉!故曰:至人无己,神人无功,圣人无名。②

此"游"应是切近物之物性的道路,然其多言游之状态,如何才能够逍遥地游,却是在第二篇《齐物论》中言明。

"理无分别,而物有是非。"③《齐物论》非齐整不同之物,使为相同,而是取消各物作为区别于人之外物的背景。这个背景所以形成,是因为人因成心遗忘了存在的本源,以是非、肯否、对错的对

---

① 庄子,《庄子内篇·逍遥游》。郭庆藩撰,王孝鱼点校,《庄子集释》,上册,第5页。
② 庄子,《庄子内篇·逍遥游》。郭庆藩撰,王孝鱼点校,《庄子集释》,上册,第19—20页。
③ 郭象注,郭庆藩撰,王孝鱼点校,《庄子集释》,上册,第92页。

偶关系视一切物，物因此也限定于二元分化的逻辑之中。物成为外物，成为相对于人以功用目的为存在的"效用之物"。即使是"反效用之物"，也是在效用的认识心的逻辑中。有认识心，就有彼此之间的对立与矛盾。物仍然是外在的东西，作为主体对这个世界的观感出现。圣人平实自处，不以滑疑为好。只有再次翻转出认识心的逻辑，彻底将我们对这个世界的判断消融，冲破对偶性原则的稳定性，一起在辩证中化除，成就物的平平如相，现实万物性之正色，得之"以明"，才能进入"游"的状态。

然"故分也者，有不分也。辩也者，有不辩也。"①为翻转出外物逻辑，而故意为之，仍是被其困束。成心是分辨，分辨出分辨也是一种分辨。所以既然明白分化的本源，就应了解"分而不分"，"辩而不辩"，"不分"、"不辩"才是高一序的消融。②故此时再看大瓠，无盛水之世俗效用，亦不是以游荡江湖为目的而剖之，而是不再分辨以外物视之，人游天地间，向往自然之。瓠之中即有天地，游荡江湖不为目的，是自然的显露。

> 天地一指也，万物一马也。③

天地也就是一个指头那样，万物也就是一匹马那样，也根本无所谓天地，无所谓万物，一切分辨都是虚假。④物类无别，则物成与毁，亦无别。

---

① 庄子，《庄子内篇·齐物论》。郭庆藩撰，王孝鱼点校，《庄子集释》，上册，第89页。
② 牟宗三讲述，陶国璋整理，《庄子齐物论义理演析》，第161页。
③ 庄子，《庄子内篇·齐物论》。郭庆藩撰，王孝鱼点校，《庄子集释》，上册，第72页。
④ 牟宗三讲述，陶国璋整理，《庄子齐物论义理演析》，第88页。

> 其分也，成也；其成也，毁也；凡物无成与毁，复通为一。唯达者知通为一，为是不用而寓诸庸。①
>
> 有以为未始有物者，至矣！尽矣！不加以加矣！②

"忘天地，遗万物，外不察乎宇宙，内不觉其一身，故能旷然无累，与物俱往，而无所不应也。世所有法，悉皆非有，唯物与我，内外咸空，四句皆非，荡然虚静，理尽于此，不复可加。"③万物之性相通，天地苍茫相显，外物背景消融，物之为物，不再被认识，不再被启动，此之谓"有以为未始有物"。

海德格尔从"虚空"和"容纳"处进入物，又从"虚空"和"容纳"处成就物。物之物性于天地人神四元在虚空中圆舞而显，并且在此中，作为终有一死的人才能栖居着通达作为世界的世界，唯从世界中结合自身者，"终成一物"。此"终成一物"的存有论意味，与庄子"未始之物"呼应，"未始有物"终显圆满物之物性，"未始之物"即是"终成一物"。使得它们相通的，即是万物之性，亦即物的本质。故，庄子对物的最后一种理解，便是显露物性的"未始之物"与"终成一物"。

"效用之物"，"反效用之物"与"终成一物"。庄子的物始终是在存有论领域的讨论，讨论的基点也是建立在具体的个别的物之上。所以我们说，庄子的物是分别的、存有论的。以此背景分析"齐物"，才是正确的方向。

---

① 庄子，《庄子内篇·齐物论》。郭庆藩撰，王孝鱼点校，《庄子集释》，上册，第75页。
② 庄子，《庄子内篇·齐物论》。郭庆藩撰，王孝鱼点校，《庄子集释》，上册，第80页。
③ 成玄英疏，郭庆藩撰，王孝鱼点校，《庄子集释》，上册，第81页。

第二节 "天"、"地"、"人"、"神"

如果我们尝试去比较庄子之"物"和海德格尔的"物"时，并不是说此"物"等同于彼"物"。它们之间的相同与区分，主要归于以下几点：

第一，在进入"物"的分析时，庄子从"效用之物"开始，海德格尔从"器具"着手，都是从外在于我的、物我分化的"外物"为背景，从"效用性"、"使用性"去理解物的一个层面。但是，庄子讲述的是存有论层面的具体之物，而海德格尔则是从西方传统形上学中寻找"器具"之物的线索。所以，虽然二者在讨论层面相呼应，但各自分析的出发点并不相同。

第二，在通过"反效用之物"批评"效用之物"后达至"终成一物"时，庄子是以破除"成心"为契机，取消外物背景；海德格尔的方法则更直接且复杂：他首先对外物（作为对象的物）作为独立之物的"自立"产生怀疑，根据这种质疑，逐渐剥离开物的"有用性"，进入一种虚空式的分析中。很明显，庄子与海德格尔的分析进路并不相同，但最终在对"终成一物"的理解上，庄子的"齐物"与海德格尔的"物化"在同一个层次，可以相互呼应。

为说明物的自立，海德格尔特别以"壶"举例。壶能够被摆到我们面前，并不是因为它被置造出来，相反，壶必须被置造出来，是因为它是这种器皿。壶之所以为壶的因素并不是依制造产生，泥土和水混合以高温烧制产生的器型只是置造出了它的外观，其"中空"或"虚空"的容纳作用才是壶之所以为壶的根据。① 置造者如陶

---

① ［德］马丁·海德格尔著，孙周兴译，《演讲与论文集》，第177页。

匠，也是把握了这种"虚空"并为了塑造这种"虚空"，才通过陶土将其塑成形体。当形体完成时，壶所具有的"虚空"就增添了一种具有容纳作用的预期，同时"容纳"也是通过"倾注"并"保持"这些东西才起作用。而"容纳"本身的目的又是为了"馈赠"，即从"容纳"之中斟出某些东西给他人，这个"馈赠"才是"虚空"的真正本质。故"容纳"一方面需要"虚空"才能容纳，另一方面容纳的目的——"馈赠"又是"虚空"的本质。所以海德格尔说，"虚空"的双重"容纳（承受和保持）"在于"倾倒（倾注与斟出）"①，"虚空"的真正本质在于"馈赠"。作为倾倒，容纳成其自身，作为馈赠，容纳成其本质，作为壶，"容纳"成其为壶的根据。那么，无论是倾注还是斟出，"容纳"之中都会有某种东西，这些东西聚集在"容纳"之中，作为"集合"称为馈赠的全部本质，海德格尔称之为"赠品"。于是，物的物性根据，从虚空的容纳作用翻转为容纳其中的赠品，而赠品的依据，其由来和去向，被海德格尔以一种更加诗意化的阐释所理解："天"、"地"、"人"、"神"的四元回环。倾注入壶的赠品是因为天空、大地联姻所产出的泉水，与种子、雨露、土壤产生的果实之融积，作为馈赠，从壶中斟出的赠品，是为了敬神或给人以清洁或饮用。故在壶的壶性中，总是栖留着"天空"、"大地"和作为"终有一死者"的人与"永恒的神"。海德格尔称为四方（Vier），它们是共属一体，本就统一。"它们先于一切在场者而出现，已经被卷入一个唯一的四重整体中了。"②壶的本质就在于，将这四方整体融入自身，入于此一当下栖留之物，成一境界，而这一

---

① ［德］马丁·海德格尔著，孙周兴译，《演讲与论文集》，第179页。
② ［德］马丁·海德格尔著，孙周兴译，《演讲与论文集》，第181页。

境界,即"物性",即"物物化"。[1]它是居留统一的四方,大地与天空,诸神与终有一死者,让他们居留在统一的整体的纯一性。[2]所以"物化"是个动词,好像圆舞曲那样围着四元跳舞、回环。四方合一,物化之际。

一、"天长"与"地久"

壶中倾注的馈赠可以是酒水,也可以是食物。可以是天上降下的甘霖,降落到地面,在山间汇聚为泉;也可以是土壤中的种子,接受雨露的滋润生长出瓜果;还可以是瓜果与泉水酿制成的美酒。天空、大地都在这馈赠之中不断彰显与隐没,在这个过程中,壶之壶性即显现出来。所以海德格尔说,在壶的本质中,总是栖留着"天空"和"大地"。[3]海德格尔对天地的讲法是顺应着以壶为器物的例子承接下来,是一种境域式的讲法,非常形象。但是也容易被理解为大自然式的天空和大地。实际上,除了对自然的隐喻以外,海德格尔对于"天空"和"大地"还有一部分潜伏的含义:"大地"是隐蔽的,"天空"是"大地"某种意义上的展示。

大地承载万物。人类、动物、草木、建筑,均伫立于大地之上,它们从大地升起,阳光照耀在突起于地面的种种物上,一切向我们涌来。暴风骤雨扫荡一切,归息一切,一切又隐没于大地,从我们眼前消失。当我们企图揭示大地的样貌,用一贯使用的方式,以"形式"、"质料"的手段分析看似"大地"的组成,它的土壤、岩

---

[1] [德]马丁·海德格尔著,孙周兴译,《演讲与论文集》,第181页。
[2] "为达者知通为一,通而为一的一,天地与我并生万物与我为一,既有一一也,且得为言夫?这段里面很重要,我们如果用语言去表达合一的时候,已经不是合一了,而成为一种对比,就是一。"牟宗三讲述,陶国璋整理,《庄子齐物论义理析》,第131—132页。
[3] [德]马丁·海德格尔著,孙周兴译,《演讲与论文集》,第185—186页。

石、地质结构等,大地就以飞一般的速度逃离我们,让我们永远也看不到它真正的样貌。所以我们说,大地是隐蔽的,它不能被彰显,只能是承受,只能是承载万物。物生长于大地而得到彰显,《易经》讲"厚德载物",其中所指为八卦中的"坤"卦,即"大地"。"大地"是隐蔽的,但并不是讲"大地"对应着锁闭。海德格尔认为,大地是作为自行锁闭者开展出来的。①虽然本质是锁闭的,但开展出来以后还是可以得以显现,或展现。而这个显现的过程和结果,就是那群星闪耀、光芒万丈的"天空"。

海德格尔在《荷尔德林的大地和天空》一文中有这样的描述:

> 大地之为大地,仅仅是作为天空的大地,而天空之为天空,只是由于天空高屋建瓴地对大地产生作用。天空的种种显现,从至高的闪电,直到"其他形式",在这封信的前几个句子中已经提到了。②闪电与目光乃是同一个词……大地和天空以及在神圣者中遮蔽着的诸神,所有这一切,对于诗人寂静而欢乐的音调来说,都是在源始地涌现出来的自然整体中当前化的。自然在一种特殊的光中对诗人显现出来。③

我们讲"天空"和"大地",并不意味着它们是并列的关系。海德格尔有一句话,"天空与大地的联姻"。"大地"是作为"天空"的

---

① [德]马丁·海德格尔著,孙周兴译,《林中路》,第26页。
② "荷尔德林写给柏林多夫的信。原版有两版,分别为海林格拉特版,第五卷第二版,第327页以下;斯图加特版,第六卷,第240号;第六卷,第1086页以下。"[德]马丁·海德格尔著,孙周兴译,《荷尔德林诗的阐释》,北京:商务印书馆2015年,第188页。
③ [德]马丁·海德格尔著,孙周兴译,《荷尔德林诗的阐释》,第193—194页。

"大地",而"天空"是由于对"大地"产生作用才成为的"天空"。"天空"是有人参与在其中。"闪电与目光是同一个词",人们伫立于大地遥望天空,对大自然的光景产生了美感的想法。群星闪耀璀璨,季节周而复始,光明与黑暗,暴雨与闪电。一切都从原始的自行锁闭中涌现出来,"天空"为"大地"从"大地"中抓出来一个世界。就像"天空"不是对应着锁闭一样,世界也不是对应锁闭的澄明,而是"所有决断与之相顺应的基本指引的道路的澄明"[1]。在这种澄明中,一切都涌现并"当前化"了,比如始终隐蔽的"大地",比如正在彰显的"天空",比如物之"物性"。泉乃"天空"与"大地"的联姻,倾注于壶,馈赠于人,人饮泉凝望天空,思天地之馈赠,正是壶之物性彰显。故庄子曰"乘天地之正"[2]即此意。天地以万物为体,而万物以自然为正。大鹏高翔为自然所能,非其所为。不为而自能,所以为正也。[3]自己能够显露自己,即为自能,即为正,即物之为物的根据,物之物性,物作为物的存在的自己呈现而出。故"乘天地之正者,即顺万物之性也"[4]。壶呈现出壶的馈赠,天地呈现于此,此呈现就是"自然"之正的呈现。"人法地,地法天,天法道,道法自然。"[5]人要效法大地般厚德载物,理解与体验大地本身具有锁闭性质的境域;大地得以涌现,所涌现出的一切都受到天的影响;天效法大道,道本身效法自然。对道的描述,老子又云:"有物混成,先天地生……吾不知其名,字之曰道,吾强为之名曰大,

---

[1] "任何决断都是以某个没有掌握的、遮蔽的、迷乱的东西为基础的;否则它就决不是决断。"[德]马丁·海德格尔著,孙周兴译,《林中路》,第39页。
[2] 庄子,《庄子内篇·逍遥游》。郭庆藩撰,王孝鱼点校,《庄子集释》,上册,第19页。
[3] 郭象注,郭庆藩撰,王孝鱼点校,《庄子集释》,上册,第23页。
[4] 同上。
[5] 老子,《道德经》,第二十五章。朱谦之,《老子校释》,第103页。

大曰逝，逝曰远，远曰反。"①道为大道，大道消逝，无边无际，无处不在，无远不至，穿行于古往今来、八荒六合，之后返回根本。老子这种消融的说法，一方面肯定了宇宙变化，生而不有，为而不恃的态度，另一方面也使得"道"很容易正面体现为伟大的形上的本体论。对于世界有本体的理解，道家是比较微妙的。牟宗三先生认为，老子讲道有三重理解：宇宙论层面，"道生一，一生二，二生三，三生万物，"是变化显现的过程；本体论层面，"道可道，非常道，"是对道本身的形容；修养论层面，无为、虚静、心斋、坐忘。同样，对道的体会也有三层：宇宙深化式的体会、本体的体会以及从世界内在虚灵而静的心情中去体会。在牟先生看来，道的这三个层面，既不是断层的分隔，亦非强调某一个层面而忽略其他，而是圆融统一的。若想达到这个圆融统一，一定是有一种"完全区别于追求现象背后共相的"态度贯穿其中，这种态度就是"不生之生，生而不有，为而不持"②。这是与西方《创世记》不同的宇宙论（世界是以我创作的、居功的），一种"中观式"的、"反者道之动"式消融说法。故，"道"即使讲求本体体会，也不是可以道的"道"，不是一个存在。若真要说其作为本体是一存在，也是以不存在的方式显露出来的存在。如此来说，"地法天，天法道"，就意味着"天"、"地"已不仅仅为自然之物象了。

老子讲物象有四种："大道"之无物之象；"天地"、"天下"之大物、神器之物象；自然万物之"夫物芸芸"般物象；"器物"之人

---

① 朱谦之原文版本为："吾不知其名，字之曰道，吾强为之名曰□。□□曰逝，逝曰远，远曰反。"本文采纳谦之所按之："碑本'吾强为之名曰'字下，有'大'字"及"碑本'逝'字上有'大曰'二字"。故取文字为："吾不知其名，字之曰道，吾强为之名曰大，大曰逝，逝曰远，远曰反。"老子，《道德经》，第二十五章。朱谦之，《老子校释》，第101—102页。
② 牟宗三，《中国哲学十九讲》，第100—102页。

造物象。①作为法道之天地,已然不是"夫物芸芸"的自然万物,是大物、神器。然此大物毕竟也具有物象,此之为其非自生。"天长地久。天地所以能长久者,以其不自生,故能长久。"②天地本不自生,非为天地不能自己声称自己,而是说天地本不能自我彰显。地法天,天法道,法为效法。天地效法道,道本无象,然作为"大物"、"神物",天地因效法彰显出来,就有了物象。大道"曰逝"、"曰远",则漫天漫地,无边无际;大道"曰反"、"曰环",则至微巨细,转圜周密,天地依循因之,则所现物象既"长"且"久"。③"长"者,乃空间处或持续蔓延,或钻营巨细;"久"者,乃时间处反动归与,无穷无尽。故,天乃长,地为久。

隐蔽的"大地"与展示的"天空"的关系,就是自行锁闭者进入澄明领域的过程,二者总是处在一种相对且争执的关系中。④道家天地之说,若以厚德载物与行健自强相对,虽也有天地对应之意,但"天"、"地"同效法"道"与"自然","天"、"地"间的关系更多是一种顺应的衔接。天长地久,上承道之自我隐蔽,下启万物性之根据,不仅对应了海德格尔自我锁闭者开展出的大地,更是为其以"天"、"地"为壶物性依据做出呼应。故,天长地久,地久天长矣。

二、会死的人

"创生性不明显,可谓消极的创生……我无为,万物自化之。"⑤

---

① 王庆节,《道之为物:海德格尔的"四方域"物论与老子的自然物论》,《中国学术》2003年第3期,第42页。
② 老子,《道德经》,第七章。朱谦之,《老子校释》,第29页。
③ 王庆节,《道之为物:海德格尔的"四方域"物论与老子的自然物论》,《中国学术》2003年第3期。
④ 虽有四方圆舞的说法,但是在对真理的显现处,天空与大地更多具有一种争执的亲密感,此处在后章艺术作品处详述。——著者注
⑤ 牟宗三,《智的直觉与中国哲学》,台北:台湾商务印书馆2006年,第208页。

牟先生认为道家尤其庄子是"消极"的。其实，相较于佛家的彻底放下自我似的消极，庄子的"消极"更多是要求放下执我的目的，是为了"逍遥"。

"日出而作，日入而息，逍遥于天地之间，而心意自得。"[①]既然是关乎"逍遥"，就不能离开"人"。在海德格尔对壶的分析里，"人"倾注食物和酒水入于壶内，"人"倾倒其出于壶给他人。"人"这个角色，不仅作为"天空"显现"大地"的纽带，更是继"大地"、"天空"联姻后进一步圆满赠品的枢纽。这里要注意的是，海德格尔将周旋于天地间的"人"，与他自己一直以来秉持的 Dasein 不同。Dasein 是从解释学循环的角度提出，表明主客关系已经结束，主体性就此消失。人不是作为主体出现，是"站出到"一个现象学式的存在论的境域中，出现在这个世界的方式来阐释。这里有几点要注意。

首先，人不是单数的人，或者单独的人。王庆节指出，Dasein 一词中有较强的个体地位，而海德格尔在谈到天地人神中的人时，大多是在复数情形下使用。[②]复数就意味着人被赋予了一种整体的命运的降临，命运使得人类的历史性和民族性得以开展，并赋予到一种见证性的过程之中。这种证明的过程被海德格尔称为"人"与"大地"关系的亲密性。"人"能够成为"人"，恰恰就在于能够见证他之所是的那个东西，人能够成其他之所是，也恰恰在于他对本己此在的见证。这种见证不是一种对人无关痛痒的表达，而是参与构成"人"之此在。"人"所见证的自己与"大地"归属关系，就是在

---

① 庄子，《庄子杂篇·让王》。郭庆藩撰，王孝鱼点校，《庄子集释》，北京：中华书局 2004 年，下册，第 957 页。
② 王庆节，《道之为物：海德格尔的"四方域"物论与老子的自然物论》，《中国学术》2003 年第 3 期。

"人"作为继承者和学习者并相互冲突、又相互结合时所产生的东西。这个东西是一种"亲密性",更是"人"存在的见证。由于"人"与"大地"本真的亲密性的关系,"创造了一个世界和世界的升起,毁灭了一个世界和世界的没落。"[1]在创造与毁灭中作为历史发生出来,使得历史成为可能,使得"人"成为他所是的那个东西。

其次,"人"也不只是一种打开世界的方式,而是有血有肉的"终有一死"的人(die Sterblichen)。"终有一死者"是诗人荷尔德林(Friedrich Hölderlin,1770—1843)的用词:

> ……
> 天神之力并非万能
> 正是终有一死者更早达乎深渊
> 于是转变与之相伴
> 时代久远矣,而真实自行发生。[2]

"人"之降生起,就开始奔赴"死亡(heisst)"。"死亡"不是消失或毁灭,死亡之为死亡,是在于死亡成就死亡,能承担死之为死,只有人。动物只能说是终止(verendet)。[3]

死亡不是事件,[4]死亡是奔向死亡的存在,[5]死亡也非仅仅是向死的存在,死亡是存在的庇所,是无的圣殿。[6]海德格尔对死亡的理解

---

[1] [德] 马丁·海德格尔著,孙周兴译,《荷尔德林诗的阐释》,第38页。
[2] [德] 荷尔德林,《回忆》。收入[德] 马丁·海德格尔著,孙周兴译,《林中路》,第258页。
[3] [德] 马丁·海德格尔著,孙周兴译,《演讲与论文集》,第187页。
[4] [德] 马丁·海德格尔著,陈嘉映、王庆节译,《存在与时间》,第303页。
[5] [德] 马丁·海德格尔著,陈嘉映、王庆节译,《存在与时间》,第305页。
[6] [德] 马丁·海德格尔著,孙周兴译,《演讲与论文集》,第187页。

也经历了一些变化。从早期批评生理上的破坏、亡故来定义死亡一词开始，海德格尔就认为，死并不是一个事件，死是作为此在（Dasein）借以向其死亡存在的存在方式的名称，死比亡故更基本，更原始，①所以死亡本身成为肌体亡故的前提和根源，人非只有亡故时才会去死，死亡本身也不会因为亡故层面的结束而结束。呼吸终止了，心跳停止了，大脑无活动了，血液凝结了，身体冰冷了。这些都是生理层面的结束，而这些结束的这些样式中没有一种可以恰当地标画作为此在（Dasein）之终结的死亡。因为"死亡所意指的结束，不是此在的终极的存在（Being at an end），是这个存在者的向终结的存在（Being towards the end）"。②终结即向终结的存在，死亡即向死亡的存在，反之亦然。就像一个无限循环的符号，不是将人送回到起点，是启示死亡并非终点。这种向死的存在既是作为个别东西的存在（als einzelnes），又是最"本己（eigenste）"以及"无所关联（unbezueglich）"的可能性，同时还是"无可逾越（unueberholbar）"的。③所以王庆节认为，死亡虽非终点，但这些词语的表达，仍旧能够使人感受到海德格尔所认为的一种无法逃脱命运的悲凉、孤独且惧怕的态度在向死的存在中。在其23年后关于"物"的演讲中，作为"终有一死"的人的"向死而在"的道路不再

---

① "此在作为被抛在世的存在向来已经委托给了它的死。作为向其死亡的存在者，此在实际上死着，并且只要它没有到达亡故之际就始终死着。此在实际上死着，这同时就是说，它在其向死存在之中总已经这样那样作出了决断。日常沉沦着在死之前闪避是一种非本真的向死存在。但非本真状态以本真状态的可能性为根据。非本真状态标识出了这样一种存在方式：此在可能错置自身于其中而且通常也已经错置自身于其中了，但此在并非必然地与始终地必须错置自身于其中。因为此在生存着，所以它向来就从它自己所是的和所领会的某种可能性方面来把自己规定为如它所是的那样的存在者。"[德]马丁·海德格尔著，陈嘉映、王庆节译，《存在与时间》，第310—311页。
② [德]马丁·海德格尔著，陈嘉映、王庆节译，《存在与时间》，第310页。
③ 王庆节，《道之为物：海德格尔的"四方域"物论与老子的自然物论》，《中国学术》2003年第3期。

具有极强存在主义色调的"孤独性"和"无所关联性"。相反,"会死者(终有一死的人)"毋宁说是在"四方域"的四方镜像嵌合的"圆舞"欢欣中"柔和地""轻巧地"成其"向死而在"。①

在海德格尔的后期理论中,人作为见证过程,作为历史中的人类,在大地之上,天空之下,诸神面前,前赴后继不断死去。人不是孤独的,总是在天空大帝诸神面前显露并隐没。其中存在一个朝向且互相的关系,这个关系的一头是终有一死的人,另一头是被王庆节称之为的"他者",即不会死的诸神(die unsterblichen Goetter)。②在海德格尔思考二者的关系时,人也从一个体的 Dasein 转变为承载全部人类历史性命运的"会死者",全部人类的命运对应着诸神,作为四方之一方圆舞并呈现其中。死亡不再是人类孤独的命运,死亡不仅是向死的存在,更是"无"的庇所。人类以向死的存在圆舞世间,不断生成隐没,回归于大地,展露于天空,对应于诸神。"无"的一面就是存在的居所,对应于之前所讲道家的"无",就是大道隐蔽的一面,一种好似"无"的澄明在焉。故死亡本身就在圆舞之中成为存在的家。家在呼唤会死者返乡,而故乡,就像海德格尔在《荷尔德林诗的阐释》中说的那样:"故乡最本己的东西,已然是一种天命遣送的命运,或者像我们时下所说的,就是历史。"③仍然是无法逃避命运的死亡,此时已不再让人孤独和无可奈何,而是伴随着轻快的脚步,迎接故乡最本己的东西,找回最亲切熟悉的感觉,

---

① 王庆节,《道之为物:海德格尔的"四方域"物论与老子的自然物论》,《中国学术》2003 年第 3 期。
② 王庆节根据海德格尔 1966—1967 年冬季,在弗赖堡大学合开关于赫拉克利特著作残篇的带有私人性质的研讨班上所解释和讨论的内容,整理认为"'不会死者'说的是诸神,'会死者'说的是人类"。王庆节,《道之为物:海德格尔的"四方域"物论与老子的自然物论》,《中国学术》2003 年第 3 期。
③ [德]马丁·海德格尔著,孙周兴译,《荷尔德林诗的阐释》,第 11 页。

这个过程，自然也就"柔和地"，"轻巧地"，"向死而在"了。这种态度与庄子鼓盆而歌有近似之处：

> 庄子妻死，惠子吊之，庄子则方箕踞鼓盆而歌。
> 惠子曰："与人居，长子老身，死不哭亦足矣，又鼓盆而歌，不亦甚乎！"
> 庄子曰："不然。是其始死也，我独何能无概然！察其始而本无生；非徒无生也而本无形，非徒无形也而本无气。杂乎芒芴之间，变而有气，气变而有形，形变而有生。今又变而之死，是相与为春秋冬夏四时行也。人且偃然寝于巨室，而我嗷嗷然随而哭之，自以为不通乎命，故止也。"[1]

庄子妻死，庄子认为死亡乃顺应有无相生，如四季之更，不应以人之俗情悲泣之，否则不通乎命。这里的"通乎命"就是指生命本身的存在。一则哭之丧之，有人心分别，欢喜好恶，便是将成心加入生命中，使生命坎陷于俗世；二则在态度上拒绝死亡和消逝，本身就是在否认生命本身的存在，求生反而不及顺应死亡得以拥有真生命。所以"死亡是向死的存在"，与"生命是顺应死亡的生命"本就是一对解释学的循环。

另外，庄子鼓盆而歌是因为他关心的并非"死亡令生命终结这一事实"，而是一种无关乎死亡本身的"转化"——转化至生命如何通向"道"的本源的问题。我们知道，"道"不是能够被简单把握的对象，它是修养境界的一种显露，而这种显露总是关乎着始终奔赴

---

[1] 庄子,《庄子外篇·至乐》。郭庆藩撰，王孝鱼点校,《庄子集释》，北京：中华书局2004年，中册，第613—614页。

死亡的人。"终有一死者"总要死亡，他向着死亡前行，在赴死的过程中。死亡无论是海德格尔还是庄子看来，都是一个从有转到无的枢纽，通过此枢纽，会使人顺应大道，转向"无"的圣殿。然而我们也都明白，只有活着的人才能理解"无"，只有死去的人才能进入"无"。"无"对于奔向死亡的人是一种境界的显露，而对于已从枢纽处转化的人来讲（死去的人），"无"已成其本质。故，"无"才是人作为"终有一死者"的本质，也正因为人，"无"之大道境界才能被显现出来。

  若夫乘天地之正，而御六气之辩，以游无穷者，彼且恶乎待哉！故曰：至人无己，神人无功，圣人无名。①
  有以为未始有物者，至矣！尽矣！不加以加矣！②

郭象注庄："阴阳风雨天玄地黄为六气，御六气之辩，应万物之性，顺天地之正，游变化之涂。"③此游非主体在游，是人在游。故人是通向"无"的关键。人之顺物而至，而为"无己"，顺而不助为"无功"，顺性以名为"无名"。④"无己"、"无功"、"无名"时，就已进入"无"之大道境界。故可以"忘天地，遗万物。外不察乎宇宙，内不觉其一身，旷然无累，与物俱往，而无所不应也"⑤。"无"之大道中，人无己物亦无己，然人物俱往，此俱往即为境域式的翻

---

① 庄子，《庄子内篇·逍遥游》。郭庆藩撰，王孝鱼点校，《庄子集释》，上册，第19—20页。
② 庄子，《庄子内篇·齐物论》。郭庆藩撰，王孝鱼点校，《庄子集释》，上册，第80页。
③ 郭象注，郭庆藩撰，王孝鱼点校，《庄子集释》，上册，第23页。
④ "无己：顺物而至。夫物未尝有谢于自然者，而必欣赖于针石，故理至则迹灭亦。今顺而不助，与至理为一，故无功。圣人，物得性之名耳，未足以名其所以得也。"郭象注，郭庆藩撰，王孝鱼点校，《庄子集释》，上册，第25页。
⑤ 郭象注，郭庆藩撰，王孝鱼点校，《庄子集释》，上册，第81页。

转和打开：物作为物的存在呈现而出，人作为"终有一死者"栖居着通达物的存在，而呈现出作为世界的世界，并从世界中，结合自身，终成一物。但是道家虽强调人可通向大道，以游之方式切进物性，并没有确定只有或者仅仅只有人才能够如此。

另一方面，按照海德格尔的讲法，正是因为人的有限性，人所有经历的过程里面，即其存在于这个世界之时，世界中的物就不完全只是一个用具了，而是能够成为人透过物与天地万物同体的本源的一个地方。但是同样的，就像庄子一样，海德格尔不但没有得出"只有人才能令物化显现"的结论，也没有过多强调人。如虽然只有人才能死亡，但是死亡作为无的圣殿多是强调对于人本身的存在而言，并非言明能够直接通向物性；再如海德格尔虽也曾暗示"天空"是因为人的参与才能从"大地"中抓出的一个世界，但毕竟人作为四方之一并列在天地人神中，会死者是相应于永恒者即诸神的，人有可能不是唯一能够切入物之物性的载体。相比较之，虽然道家也没有明确只有人才能通向道的境界，但文言之中，总与人保持有一种更多的密切关系。

三、永恒的神

美酒食物倾注于壶内，倒出于壶外，给予会死的人，祭祀给不会死的神。人同神的区别似乎围绕着"是否能够死亡"这个问题。王庆节就认为，在海德格尔的四元说中，"会死者"说法的提出，意味着一个绝对的他者，即亲在存在的绝对界限之外的，或者说亲在真理之外的他者得以出现。这个他者就是"神"，"诸神"，"不会死者"。[①] 人

[①] 王庆节，《道之为物：海德格尔的"四方域"物论与老子的自然物论》，《中国学术》2003 年第 3 期。

神虽没有因死亡而处在同一层面以对立，但一个绝对的他者更多意味着一个超然的实体的存在。而这个超然实体，在荷尔德林的带有隐喻性的诗意语言中，[①]也确实多了很多主体性的意味：

> 这天穹之物仿佛乐于恩赐生命，
> 创造欢乐，与我们一道，常常精通尺度，
> 体察生灵，踌躇又关怀，神
> 把完好纯正的幸福赋予城市和家园，
> 以绵绵柔雨开启田地旷野，送来笼罩的云朵，
> 还有你们，最亲爱的风；还有你们，温柔的春天，
> 又用舒缓的手使悲哀者重获快乐，
> 当他更新季节，这位造物主，
> 焕发又激动着垂暮之人的寂静心灵，
> 深入那幽深之处，开启和照亮心灵，
> 如他所爱，现在又有一种生命重新开始，
> 明媚鲜艳，一如往常，当待神灵到来，
> 而喜悦的勇气重又鼓翼展翅。[②]

造物主，舒缓的手，他的所爱。荷尔德林笔下的神，如"诸神"、"女神"、"众神"等，都容易使读者以为，其所指涉的是某一个或者某一类永恒存在并无所不能的力量，或者使人崇拜的对象。但实际上，海德格尔在阐释荷尔德林的诗时所讲的神，尤其天地人

[①] 海德格尔的四元论中的"神"这个词，是从荷尔德林的诗篇中所来的。——著者注
[②] ［德］荷尔德林，《返乡——致亲人》。收入［德］马丁·海德格尔著，孙周兴译，《荷尔德林诗的阐释》，第10页。

神的神时,并不是在讲宗教。这个神,既不是希腊的诸神,也不是基督教里唯一的神,这个神根本就不是一个对象。那是什么呢?其实,这里有一个关于"神"、"神性"、"神圣者"的翻译问题。我们翻译过来的"神",在德语中亦有"神性(Gottheit)"的意思。"神性"并非一般理解中,多表示某一神或某一类神所持有的秉性,而是一种通向"永恒"、"壮美"、"壮观"的暗示。"诸神"是"神性"的暗示,这里面有些康德的想法,就是"崇高感",崇高而伟大。①后来黑格尔按照康德的意思引申:一个平静的大湖,它深不见底,表现好像有种永恒的感觉。②好似当我们看到无垠的沙漠,大海,"无穷"、"无尽"、"无限"。对于传统的西方人来讲,"无限"、"永恒",都是神的特殊的属性。所以,相对于有限的人,诸神便成为这种不朽者,也同时成为海德格尔对于那永恒的追求以及不可言说的存在的一个关键性的转折。

> 黑暗乃是黑夜,黑夜乃是对白昼的安宁预感。
> 但现在正破晓!我期候着,看到了
> 神圣者到来,神圣者就是我的词语
> ……
> 我们把你命名,受神圣迫使
> 重新把你命名为自然!就像婴孩出自沐浴
> 从你那里升起一切神性造物。③

---

① 朱志荣,《康德美学思想研究》,台湾:秀威资讯科技股份有限公司 2011 年,第 137 页。
② 薛华,《黑格尔对历史终点的理解》,北京:中国社会科学出版社 1983 年,第 117 页。
③ [德] 荷尔德林,《如当节日的时候……》。收入 [德] 马丁·海德格尔著,孙周兴译,《荷尔德林诗的阐释》,第 55 页。

"神圣者"、"神圣性"（das Heilige），相较容易产生模糊意义的"神性"，海德格尔认为荷尔德林所采用的这两个词，更加切进那造一切物的力量。所以海德格尔说，"神圣者之为神圣的，并非因为它是神性的；相反的，神之所以是神性的，因为它的方式是'神圣的'。"①其中已经对"神"、"神性"、"神圣的"、"神圣者"等词语的意义范围有了明确的解释："神"能具有"神性"，有永恒伟大等情绪的暗示，是因为其方式即所表达出来的形式是"神圣的"。"神圣的"不是"神"所具有的内在属性，是"神圣者"显露而出并能够以某一种方式赋予"神"所显现的方式。对于"神圣者"来说，"神性"不是其本质要求，永恒伟大的内容也并非"神圣者"的本质属性。所以我们可以这么理解，"神圣者"是超越并且可以裁定"诸神"的存在，以来决定祂们是谁，祂们是否存在，祂们如何及何时存在。那么，"神圣者"为何呢？它如何及何以裁定"诸神"呢？

"神圣者就是自然之本质。自然作为破晓者揭示着它在苏醒中的本质。"②自然，natura，希腊文 $\varphi\acute{\upsilon}\sigma\eta\varsigma$，意指生长。海德格尔指出，此生长不是增加，变量，是出现和涌现。"是自行开启，有所出现同时又回到出现过程中，并因此在一向赋予某个在场者以在场的那个东西中自行锁闭……进入敞开域中的涌现，进入那种澄明之照亮，入于这种澄明，根本上某物才显现出来，才展示在其轮廓中，才以外观显示其身，并因此才能做此物和彼物而在场。涌现着向自身的返回，它指说的是在如此这般成其本质的作为敞开域的涌现中逗留的东西的在场。"③万物在自然中涌现且生长，在敞开领域中逗留并在

---

① ［德］马丁·海德格尔著，孙周兴译，《荷尔德林诗的阐释》，第68页。
② 同上。
③ ［德］马丁·海德格尔著，孙周兴译，《荷尔德林诗的阐释》，第64页。

场，说的都是一种显现的过程。既有显现，必然就有隐藏的积累。海德格尔认为，荷尔德林就是将自然的不可昭然而出的隐蔽性，诗意地表达为"黑暗"。在"黑暗"中有一种蠢蠢欲动且充满预感的"安宁"，"安宁"孕育着能够突破黑暗的黎明瞬间，即"破晓"。"破晓"正是使得万物从此安宁中现身的澄明的照亮，破晓亦如呼声，呼声以诗意的命名方式，召唤到来者，并揭示出被命名者的本质。在这种本质中，澄明本身亦被照亮，亦被命名。在这个过程中，自然已是显现出生长并涌现的一面，黑暗随之隐匿。故此时，荷尔德林便不再对"自然"一词满意，因为更加原初性的"道说"已经开启。随着"道说"的开启，"自然"开始苏醒，并将自己的本质揭示为"神圣者"。①故我们讲"神圣者"乃为自然的本质，是说只有自然的苏醒一面得以彰显，才是"神圣者"开启之时。而"自然"又为何呢？庄子言大鹏而上九万里，乘大瓠游于江海，其中都暗含了自然的线索。而此"自然"是否为彼"自然"呢？

四季更替，星辰江海，山川云月，花鸟鱼虫，无时无刻不在生长消亡，所以海德格尔说，自然"无所不在，令人惊叹"地"培育"。②因"自然"，在一切现实之物终在场着。但是，我们可以说山川草木花鸟鱼虫都在自然中，并不能讲所有这些物的总和就是"自然"。"自然之当前现身的整全性并不是指对现实事物的数量上完全的囊括，是指自然对现实事物的贯通方式。"③然而，现实事物如何又能全然贯通起来呢？仅从相互对立的现象分析，水火不容，动物相食，从表面的关系上看，现实事物按其特性而言似乎是对立的排

---

① [德] 马丁·海德格尔著，孙周兴译，《荷尔德林诗的阐释》，第65—67页。
② [德] 马丁·海德格尔著，孙周兴译，《荷尔德林诗的阐释》，第59页。
③ [德] 马丁·海德格尔著，孙周兴译，《荷尔德林诗的阐释》，第60页。

斥的，而自然，就是将这最深刻的对立相互贯通与互相包容。"自然之无所不在保持着至高的天空和至深的深渊的相互最极端的对立……同时，对立被无所不在的自然挪置它们共属一体的统一体之中，这个统一体并非使难以驾驭之物消解于呆板无力的平衡，而是把它置回到那种宁静之中。"①置回宁静之中的对立，并不能得以平复或是消融，而是保持了对立物那种尖锐的对立性，并使得对立性进入其他者的状态中的这种极端方式，于是，在物物对立的纠缠与宁静中，自然得以将万物贯通之，并将其带入敞开领域之中现其自身，应和着自然的苏醒，开启了"神圣者"的使命。而"神圣者"的到来，也确定了自然与诸神的关系。"自然绝不是高于这些诸神而成为诸神之上的某个特殊的现实领域。自然是超越这些诸神。"②因为当自然苏醒，一切现实事物都嵌合到它们的本质形态中时。不朽者与会死者也是一样，是自然与现实相关所呈现的某一种方式。如果说自然提供敞开域，一切物在其关照中才能一一呈现并且相关联，那么这种关联一定是一种被促成的关联，关联之间是间接的。不朽者与会死者，天地一切万物，都是链接于此种间接性的关联，故此种种都只是"间接者"。只有敞开域，直接关照于物，使物显现，才是"直接者"，即直接使"间接者"在其本质中成为可能。所以我们可以说，孕育敞开域的"自然"就是"直接促成一切物成为间接性者"的直接者，是"法则"。更可以说，没有任何一个间接者，无论它是神还是人，能够直接地到达"直接者"。③所以荷尔德林说，"自然是比季节更古老并且超越诸神"。④

---

① ［德］马丁·海德格尔著，孙周兴译，《荷尔德林诗的阐释》，第60页。
② ［德］马丁·海德格尔著，孙周兴译，《荷尔德林诗的阐释》，第67页。
③ ［德］马丁·海德格尔著，孙周兴译，《荷尔德林诗的阐释》，第70—72页。
④ ［德］马丁·海德格尔著，孙周兴译，《荷尔德林诗的阐释》，第68页。

既然一切"间接者"都无法到达"直接者",我们为什么还要说诸神的伟大和神性的光辉?那是因为作为不朽者的诸神是最切近"神圣者"的存在。一方面,万物在敞开领域中贯通起来并无所不及地显现于一切范围。上达代表了光之父和激活一切的明亮的大气之父的"天穹(Ather)",下至意味着"大地母亲"所孕育的锁闭一切者的"深渊(Abground)"。"天穹"和"深渊",既命名着现实的极端区域,也命名着至高的"神性",[①]即永恒、崇高、伟大等情绪。在这种情绪中,诸神的神性被点燃并借助于诸间接者的暗示得以显露。故诸神具有的"神性",因切进"神圣者"的存在而显露,但"神圣者"的存在并不因"神性"而确立。另一方面,作为最切近"神圣者"的诸神,自愿担当起超越于自身的"神圣者",并将"神圣者"带入一种尖锐的状态,指派给人,对人有所馈赠。比如在诗人的心灵中投下点燃的"闪电",画家心中的灵感,音乐家头脑中的旋律。[②]这些馈赠使得人获得了解神性的能力,并在了解中将所感知之物取名为"美"。

故神之于人的永恒性,乃是因为自然之"神圣者"的开启为肇始而苏醒。作为自然,究其根基处,充满着神圣的神性。人列位于四元之中,也是居于自然开启之领域,与诸神一起仰望自然。而这种情绪,与庄子也竟然是不谋而合了。

> 北冥有鱼,其名为鲲。鲲之大,不知其几千里也;化而为鸟,其名为鹏。鹏之背,不知几千里也;怒而飞,其翼若垂天之云。是鸟也,海运则将徙于南冥。南冥者,天池也。齐谐者,

---
① [德]马丁·海德格尔著,孙周兴译,《荷尔德林诗的阐释》,第69页。
② [德]马丁·海德格尔著,孙周兴译,《荷尔德林诗的阐释》,第79页。

志怪者也。谐之言曰："鹏之徙于南冥也，水击三千里，抟扶摇而上者九万里，去以六月息者也。"野马也，尘埃也，生物之以息相吹也。天之苍苍，其正色邪？其远而无所至极邪？其视下也，亦若是则已矣……①

惠子谓庄子曰："魏王贻我以大瓠之种，我树之成，而实五石。以盛水浆，其坚不能自举也。剖之以为瓢，则瓠落无所容。非不呺然大也，吾为其无用而掊之。"庄子曰："夫子固拙于用大矣，宋人有善为不龟手之药者，世世以洴澼絖为事。客闻之，请买其方百金。聚族而谋曰：'我世世为洴澼絖，不过数金；今一朝而鬻技百金，请与之。'客得之，以说吴王。越有难，吴王使之将，冬与越人水战，大败越人，裂地而封之。能不龟手一也，或以封，或不免于洴澼絖，则所用之异也。今子有五石之瓠，何不虑以为大樽而浮乎江湖？而忧其瓠落无所容，则夫子犹有蓬之心也夫！"②

大鹏扶摇而上九万里而不知归，乘虚空大瓠浮于江湖而忘世间。庄子的逍遥境界，就是禀呈一种人游天地间，向往自然之的态度，舍离一切人间世的判断与利害预期，飘然行于自然之间，而自然也就赋予了人可以脱离以是非判断为基点的成心的契机。如同海德格尔所说："神圣者把一切经验置于其惯常之外。"③在自然之澄明的照耀下，物物显现，相互之间以一种本源的生长的涌现线索相关联。线索的生发没有依循人类经验或是惯常的一般生活，更多是以一种

---

① 庄子，《庄子内篇·逍遥游》。郭庆藩撰，王孝鱼点校，《庄子集释》，上册，第2—5页。
② 庄子，《庄子内篇·逍遥游》。郭庆藩撰，王孝鱼点校，《庄子集释》，上册，第42页。
③ ［德］马丁·海德格尔著，孙周兴译，《荷尔德林诗的阐释》，第73页。

物的境域化的方式展现而出。比如大鹏扶摇，大瓠浮游，其间就多了许多带有诗意的混沌意味的意境。而"混沌就是神圣者本身"①。神圣者显露出混沌的黎明，以间接性的相互关联的物的姿态撑开来，不论大鹏还是大瓠，都展现出四元天地人神混居其中的纯一性，并作为保持、承受双重容纳的倾注的集合，作为馈赠与赠品显现出来。这种显现即庄子的逍遥境界，也即海德格尔所说的"物物化"。

第三节 "物物化"与"物化"

海德格尔关于物之本质、物性及物化的分析，与道家有一定呼应。比如老子著名的四大说（道、天、地、人）；比如庄子的天籁境界、参万岁而一成纯式的对自然关系上的理解；再比如天、川、人式寓言故事的叙述方式。但是，海德格尔的语汇又与道家不同，其中多了些基督教的味道。且"四元回环"之际，"物"回到一种很切近的地方，虽与庄子的"终成一物"有些相同，但又不完全一样。这些相同与不同究竟是什么？"四元回环"究竟为何？"回环"所显示的馈赠作为物的本质，与庄子的"终成一物"又有何关系？我们需要一一分析之。

一、"四元"、"四大"与"天籁"

海德格尔从物本质的分析中，通过"中空"、"馈赠"和"赠品"，开展出逗留其中"天空"、"大地"、"人"、"神"，即"四元"，或"四方域"（das Geviert）。赠品中的水来自天上的雨露，采集于大

---

① [德]马丁·海德格尔著，孙周兴译，《荷尔德林诗的阐释》，第72页。

地之上，山间之岩。葡萄成熟在田间野地，吸收光华雨露，同与泉水酝酿为酒水，赠予人类与天神。此"赠品"，即所盛赠品之物之本质，天、地、人、神都逗留在此本质之中。以此类推，天地人神"四方"仿佛被安排在一个平等相持的关系中，但实际上，正如前文所述，大地是天空的大地，天空是由于对大地产生作用才成为的天空，这个过程里有人的参与在其中。会死的人与不会死的神，其中跨越了一个是否能够赴死的问题，因为死亡，人与神相对而立。于是其中隐含了第一层关系：人与大地、人与天空、人与神的关系。第二层关系来自海德格尔提出的"神圣者"一词，无论是诸神还是人，都只是神圣者开启后的呈现者，都是间接地相互依傍且时隐时现。天空与大地，那极高的天穹与至幽的深渊，也都充满着不可言说的神性。而神性本身，亦是由于神圣性方式的确立而显出接近于神圣者的状态。所以，这第二层关系乃是：神圣者与天、神圣者与地、神圣者与人、神圣者与神的关系。因为苏醒的"自然"又是神圣者开启的契机，故第二层关系也可称为"自然"与"四方"的关系。若将第一、二层关系叠加起来，就能隐约看到第三层关系的脉络："自然"与天地人神的关系、人与天地神的关系，貌似指向出，人与自然的关系和人与其他三方的关系，有隐约的联系。这个联系是什么呢？王庆节明确指出，"'四方域'中，人和诸神，人和大地、天空的关系就是人和自然的关系，而人和自然的关系在其最根基处，乃是人和神圣的关系。"[1]但若是这样，作为显现出来的一切物的间接者，人、神居于其中，其之间的关系也只是间接的关系，是无法直接通到直接者的敞开领域的。故作为澄明的"神圣者"，与人的关

---

[1] 王庆节，《道之为物：海德格尔的"四方域"物论与老子的自然物论》，《中国学术》2003 年第 3 期。

系也是一种直接的任命的状态,当人显露在其中时,才能成其本质。人与天空、大地、诸神的关系,虽然有神性的线索在其中,但那也只是最切近于"神圣者"的层面,并不是能够直接进入自然之中的通道。而人这一方,也的确在其中扮演了重要的角色。显现于自然中,并链接天、地、神。所以这第三层关系,应是人在其中所起到的关键的枢纽作用。

与海德格尔"四方域"关系相呼应的,便是老子的"四大"说。[1]

> 有物混成,先天地生。寂漠!独立不改,周行不殆,可以为天下母。吾不知其名,字之曰道,强为之名曰大。大曰逝,逝曰远,远曰反。道大,天大,地大,王大。域中有四大,而王处一。人法地,地法天,天法道,道法自然。[2]

同样讲物,老子显得更加直接,一开始便点出万物之混成于天地间,效法于大道、于自然。老子之"四大",人、地、天、道,均在这自然之中,以一种不确定的方式无时无刻地生发、变化着。这个变化的过程,一方面成就了"四大"的确立,另一方面也将"四大"之间的分界模糊起来。"道、天、地、人又成为推动和使得这一'自然而然'过程得以发生和成为可能的'四大'力量,或者说,是使天下万物'生之,畜之,长之,遂之,亭之,毒之,养之,覆之(51章)'的原初力量。"[3]故此"四大",亦可称为"道生"、"物化"。四大之关系为一变化生成的过程,此为第一层关系。若从字面分析

---

[1] 海德格尔翻译《道德经》并学习老子理论,此处不分时间先后,只言学理。——著者注
[2] 老子,《道德经》,二十五章。朱谦之,《老子校释》,第100—103页。
[3] 王庆节,《道之为物:海德格尔的"四方域"物论与老子的自然物论》,《中国学术》2003年第3期。

"人法地，地法天，天法道，道法自然。"一条清晰的等级关系便明示而出，由上到下，依次为"道"、"天"、"地"、"人"。但若句读改变，成为"人法地地，法天天，法道道，法自然。"便又显现为另一种关系，即以人为辐散式的关系网的展开。对此，李约如此解释："'法地地'，如地之无私载。'法天天'，如天之无私覆。'法道道'，如道之无私生成而已。"[1]其中关键，是为"人"。道生之，物形之。尽管"道"本身有着本体论的说法，但对于物之生成，并不是直接由一元的实体"道"创造的，是在天地之间、自然之中，万事万物依照自己的本性，在"道"中显现隐没、生成消亡的历程和道路。在此道路中，人居其中，法地、法天、法道、法自然。这种辐射开的关系一方面是一种修养论，即人对自身的要求的展现；另一方面，更是隐含了一条对于人所关切的线索于其中。这条暗含的线索，与海德格尔所持观点之人在"四方域"中所具有的枢纽作用相互融通和彼此呼应。即，无论是海德尔格的"四方域"，还是老子所述"四大"，表面上看起来论述的起点是物，终点则是作为物之存在的存在。"人"、"地"、"天"、"道"、"神"等都只是为了此存在根据的延展。而实际上，人的位置在二者的论述中的地位更加特殊。王庆节就认为，无论是老子还是海德格尔，大谈"物论"的"醉翁之意"并不真正是在于"物论"，而是在于"人论"（此"人论"会于第三章详析）。[2]简要述之，则是无论对海德格尔还是老子来说，唯有人能够通达物以为物的存在，通达自然之万物生长成灭的过程，通达作为

---

[1] 王庆节，《道之为物：海德格尔的"四方域"物论与老子的自然物论》，《中国学术》2003年第3期，注［70］。《道藏》，能1—能4（上海涵芬楼影印）。本文转引自高明撰《帛书老子校注》，北京：中华书局1996年，第353—354页。

[2] 王庆节，《道之为物：海德格尔的"四方域"物论与老子的自然物论》，《中国学术》2003年第3期，第44页。

世界的世界,并唯有从世界中结合自身者,才能"终成一物"。

相较于海德格尔同老子的比较清晰的构架方式,庄子更加具有诗意化。

> 南郭子綦隐机而坐,仰天而嘘,荅焉似丧其耦。颜成子游立侍乎前,曰:"何居乎? 形固可使如槁木,而心固可使如死灰乎? 今之隐机者,非昔之隐机者也。"子綦曰:"偃,不亦善乎,而问之也! 今者吾丧我,女知之乎? 女闻人籁而未闻地籁,女闻地籁而未闻天籁夫!"子游曰:"敢问其方。"子綦曰:"夫大块噫气,其名为风。是唯无作,作则万窍怒呺。而独不闻之翏翏乎? 山林之畏佳,大木百围之窍穴,似鼻,似口,似耳,似枅,似圈,似臼,似洼者,似污者;激者,謞者,叱者,吸者,叫者,譹者,宎者,咬者,前者唱于而随者唱喁。泠风则小和,飘风则大和,厉风济则众窍为虚。而独不见之调调,之刁刁乎?"子游曰:"地籁则众窍是已,人籁则比竹是已。敢问天籁。"子綦曰:"夫吹万不同,而使其自己也,咸其自取,怒者其谁邪!"①

从字面理解,"人籁"为人窍及人用之器穴发声而出,"地籁"为孔穴发声而出,因其所依之势不同,声音便不同。庄子借"人籁"、"地籁",对比"天籁",若需借势才能发声,那借势者本身也便是"天籁"了。如若按照自生之的理解,不凭借任何物而自有,也是通顺的。牟先生认为"天籁"即自然义,明白自己一切自生、自在,自己如此,并无"生之者",并无"使之如此"者。②此与老

---

① 庄子,《庄子内篇·齐物论》。郭庆藩撰,王孝鱼点校,《庄子集释》,上册,第55页。
② 牟宗三,《才性与玄理》,第195页。

子的不生之生可以说一脉贯之，这是传统的理解。

若细细分析，"人籁"之所以发生，离不开人的声音和借助以发声的工具。比如喉鼻气息，比如笛箫笙管，这是借助手段。生成的结果无谓"人言"与"音乐"。这里的"人言"，指绝大多数的一般的语言（不包括海德格尔所说的语言的破碎处：诗），有人的是非判断在其中，即使是音乐也是如此。"乐者，乐也。君子乐得其道，小人乐得其欲。"①人格世界由乐养而成，善恶标准由乐知而酿。故在庄子看来，只要是人能发出的声音，都包含捆绑在人类现实世界之中，无法逃脱人已沉沦的成心与现实判断。故"人籁"是最接近于人类生活的层面，想要离开这个层面，首先需要脱去"成心"部分。比如去聆听自然，地穴、山林间的各种声音。这个过程需凭借风流向于窍穴凹凸、林渊地势之中，最终由人耳接收之。如若将此声音加以"成心"判断，以人世间可理解之文字行之，即"激者，謞者，叱者，吸者，叫者，譹者，宎者，咬者，前者唱于而随者唱喁"。所以"地籁"处，是较于"人籁"部分更接近于"天籁"的一个过渡层面。其原因有二：一，起始于"成心"之外，终返于"成心"之中；二，一开始就需凭借种种条件，如地势，人耳等才能得以显现，此为"有待"，亦是"他然"。"依他而然，受着外在的条件制约依知识上的依他而然，认知活动必假待于主、客对立的结构价值上的依他而然，我与物的运用关系。生命一旦落入现实世间，即有所欲求，转而对事物去分为价值层级，分别对象的可用与不可用，重要与不重要，此即他然。"②人聆听自然之音书写成文，看起来很符合海德

---

① 《礼记·乐记》。冯国超编，《中国传统文化读本·礼记》，长春：吉林人民出版社2006年，第259页。
② 牟宗三讲述，陶国璋整理，《庄子齐物论义理演析》，第18—19页。

格尔的"人在世界之中,天地之内"现象学式的表达,但庄子此时更多想描写的,是"地籁"处的"他然",及"地籁"与人类"成心"的捆绑。

风于穴中为怒号,于林间为呼啸,若无此凭据,则为"天籁",亦是逍遥。此处有三点:一,相对于需凭借地势的"地籁",直接拆去了依凭条件,"咸其自取,怒者其谁?"不依待任何条件而发生,此之无待而常通;二,相对于人耳的接收条件,"天籁"处不再描述,不再得知耳是否能够聆听,不得知便不能确定,不能确定便不能判断,便无"成心"困扰,故此意为,无论人是否能够聆听之,也无法干扰或影响"天籁"处。三,不再为之书写。庄子言"天籁"只是一言而就,正是因为行文中定有判断的痕迹,又易陷入"成心"的捆绑。故此"天籁"意,只能从"人籁"与"地籁"处相比而得出。作为一个层层递进的关系,庄子的"人籁"、"地籁"与"天籁"更像是一个个阶梯,这个阶梯的最高处,即"天籁"。虽然没有明确写出,庄子实际上也已经在这最高的"天籁"处开展出了类似于"四方域"或是"四大"的结构:"天籁"就是天地人神境域的展开。我们讲"天籁"处已有天地人神,是因为"天籁"中蕴含"天"、"地"、"人"、"神"部分已在《齐物论》行文中得以展现。[①]"天籁"于《齐物论》起始处,亦是主旨处。《齐物论》通篇论述如何齐物,其目的便是使人能够明了通向"天籁"之途径。而此途径,相较于海德格尔与老子,少了一份对人的特殊要求,多了一份逍遥与自由。

首先,庄子"天籁"中"天"、"地"、"人"、"神"的四元结构,没有像海德格尔"四方域"中,增加一个"神圣者"与四元的层级

---

① 具体请参照本文第二章第二节各三小节:《天长地久》、《会死的人》、《永恒的神》。——著者注

关系。天地人神的关系在"天籁"中是相互平等的,这部分内容会在下一小节"天籁中的镜像与圆舞"中加以阐释。

其次,天籁里的"四元",不像"四方域"与"四大"中,以"人"为核心、链接枢纽式的关系存在。虽然庄子也讲神人的境界为"乘运气,驭飞龙,而游乎四海之外"①。也同样强调人在天地之间遨游的逍遥状态就是切近于物化的道路。而这条道路不是强调人的重要性,反而是要求人去掉其独特性——要求人去掉、化除自己。

> 若夫乘天地之正,而御六气之辩,以游无穷者,彼且恶呼待哉!故曰,至人无己,神人无功,圣人无名。②

"天地之正","六气之辩"。在整体语境完全自然化、非人化的背景下,强调人便意味着要求人去掉作为自己独特于其他之处。这是将人放置在天地神之间,与其他三者具有平等地位的显示。不同于海德格尔,以"会死者"与天地神三者的关系作为枢纽,认为唯有作为"终有一死者"的人才能栖居着通达作为世界的世界;亦不同于老子,"王居其一",强调只有得道之人才能居于四大之中:"道生"便是"物化","物化"便是"人论"。③假使我们可以说,老子所讲的"道生"的过程与庄子的"天籁"境界有很多相同之处,也要明确,在对于人在四元地位的问题上,庄子的态度更加平等,而老子同海德格尔一样,强调人多过其他三元,甚至认为只有人才能作为切入自然之绝对的途径。

---

① 庄子,《庄子内篇·逍遥游》。郭庆藩撰,王孝鱼点校,《庄子集释》,上册,第31页。
② 庄子,《庄子内篇·逍遥游》。郭庆藩撰,王孝鱼点校,《庄子集释》,上册,第19—20页。
③ 王庆节,《道之为物:海德格尔的"四方域"物论与老子的自然物论》,《中国学术》2003年第3期。

再次，庄子的"天籁"境界本来就多了一份自由的意境。由"齐物"到"天籁"，透过诡辩说理、大破他然以待，再到"天籁"呼应逍遥义，与物同冥，平复无着，一切归寂。此逍遥境界，便悠然展露。如同海德格尔所讲，人悠然地栖居于这诗意的世界一般，展开天地诸神，遨游其中，以通此天籁之境。通于此境，便是让光明与黑暗，回声和余响，声音以及声音的减弱，在这一切在场者和不在场者的敞开域中，彻底自由地运作。①

二、从"游"到"物物化"

庄子钟爱"游"一字。神人至人乘云气，骑日月，可游乎四海之外。圣人不从事务，无所谓喜好违害，而游乎尘埃之外。②"凡非真性，皆尘垢也。"③和光同尘，尘覆盖之处，即成心覆盖之处，人开始遗忘自己本来面目的人世间所建立之所。四海与尘埃，亦是此所维度的框限。"游"于此之外，便是有"离开"的意味在其中。然而"离开"并不代表"离弃"，"离开"是换一种方式，使人不再与这个世界总是保持单一的、扁平的、直接对物的效用或者控制的关系，是重新开展出一种直接的人同世界的关系。可是当我们说"人同世界的关系"时，就意味着我们已经离开了原本的语境。因为如此这般，就是将人与世界分开并对应起来。但是我们知道，"游"的本义并非如此。大瓠浮于江湖，大树寝卧其下，都是将人带入与这个世界的关系中，而不是更加使之对立和分别。故当我们讲"游"时，其实已经在讲"四方域"、"四大"、"天籁"中的天地人神了。

---

① [德] 马丁·海德格尔著，孙周兴译，《面向思的事情》，北京：商务印书馆2015年，第93页。
② 庄子，《庄子内篇·齐物论》。郭庆藩撰，王孝鱼点校，《庄子集释》，上册，第103页。
③ 郭象注，郭庆藩撰，王孝鱼点校，《庄子集释》，上册，第104页。

重新开展的关系，也不是点对点的单线，而是打开了一个复杂的四通八达的关系网络。在这个关系网中，天、地、人、神各居一位，彼此作用又相互区别。

这四方的关系有几层含义。

一、并列且统一的。"大地"与"天空"，"诸神"和"终有一死者"，这四方并列而存，但非区别相对。每一方都与其他三方有一个对应的关系。海德格尔称之为"映射（Spiegeln）"。"映射"产生的结果为"映像"。即四方之实质结果，乃是互相映射关系产生之"映像"。任何一方均映像着其他三方的本质，也映像着自己本质的一方。交互的映射关系，在一定程度上使得四方从自身而来并统一起来。"统一的四重整体的纯一性而共属一体。"[①]

二、统一且自返的。四方因统一的关系，自行生成一种统一的纯一性，在这种纯一性中，四方各方不仅开放着自身与其他三方，还以此返回到自身的本己之中来澄亮自己。

三、自返而失去的。四方在自返的结果中并没有停止，每一方在自返中的映射其他三方，更加强了纯一性的程度。这个过程，使得四方失去本己，进入一种相互转让（vereignung）的状态之中。

四、失去而自由的。"如果说，四方没有哪一方会固执于它自己的游离开来的独特性。毋宁说，四方中的每一方都在它们的转让之内，为进入某个本己而失去本己（entelgnen）。"[②]转让而失去，在海德格尔看来，是四方为进入某个本己的自愿付出。在这个付出之中，四方的纯一性就不只是一个事实，更多的是一种信赖。信赖保证了纯一性的自愿性，也保证了四方转让的自由度。

---

① ［德］马丁·海德格尔著，孙周兴译，《演讲与论文集》，第187页。
② ［德］马丁·海德格尔著，孙周兴译，《演讲与论文集》，第188页。

五、自由且游戏的。在保证自由度的基础上，四方的转化就具有一种"成其自己并得其自在（einfaeltige Vereignung zueinander）"的态度在其中。按照海德格尔的说法，"得其自在"就是"四方中的每一方用褫夺自身的方式成其自在（Jedes der Vier ist ... zu einem Eigenen enteignet）"。四方各方褫夺自身而"得其自在"，就好像一种游戏的态度。"四化作为纯一地相互信赖者的居有着的映射游戏而成其本质。"①海德格尔强调"游戏"一词，实际就是为了强调在四方自由转让的基础上，逐渐形成一种维系着映射的自由域，而进入了自由域的相互关系的映射，便是一种"游戏"。"游戏"因转让中的自由和支持，使得四方各方都与其他三方相互信赖。

六、游戏并"环化"。在互相转化的游戏之中，生成了一种圆舞式的运转结构。"世界的映射游戏乃是居有之圆舞（der Reigen des Ereignens）"②。而圆舞的呈现方式则是类似"环绕的圆环（ring, derfingt）"。四方在圆环的环绕轨迹中被聚集在一起进入其纯一性及成其本质，被称为"环化（dasGer-ing）"。海德格尔称此"环化"的过程，因自由和信赖，而呈现一种"柔和的、柔顺的、柔韧的、顺从的、轻巧的状态"。③

七、"环化"且"无蔽"。"环化"就如环绕着圆环式的圆舞，不断转移定所，并在其变化的所居之处照亮四方。这种照亮是由于映射在观照时产生，产生的光芒引导四方进入统一的纯一性中。因映射的相互关系所生成的圆环本身，就在闪烁中澄亮一切，使得四方处处敞开和归本于它们的本质之中。"环化"的闪烁澄明一切，就是

---

① ［德］马丁·海德格尔著，孙周兴译，《演讲与论文集》，第188页。
② ［德］马丁·海德格尔著，孙周兴译，《演讲与论文集》，第189页。
③ 同上。

Αλήθεια，即"无蔽"。海德格尔在描述"无蔽"时，就喻其好像旋转在纯粹的圆球形轨道上一般圆满丰沛。在这个轨道上，处处可为开端，处处亦可为终结。在旋转过程中，绝无扭曲、阻隔和锁闭的可能性。[1]与"四方"环绕式的圆舞表达方法很是相近。实际上，映射于其他方并归于自身，就是"无蔽"澄明圆满旋转的显现。"环化"中交互的映射关系，本身就有了很多澄亮之所，所以我们讲，照亮是由于映射在观照时产生，并以此引导"四方"进入统一的纯一性之中。至此，我们可以返回到第一层，并列且统一的关系。

天、地、人、神之间的关系并非真正存在这些前后顺序，上述行文只是为了梳理关系意义。并列、统一、自返、失去、自由、游戏、环化、无蔽，在四方之间，都是处在一种无时无刻不发生的状态里。在这个状态中，四方处处敞开且有回到它们的本质之中，成其自己，并同时成为"世界"。"天、地、神、人之纯一性的居有着的映射游戏，我们称之为世界（Welt）。"[2]这个"世界"是相对于隐蔽的大地而澄明显现的世界。"如此柔和地，它们顺从地世界化而嵌合世界。"[3]四方柔顺的圆舞状态，所呈现出世界的结果的过程被海德格尔称为"世界化"。"世界化成就世界之本质，故世界之本质也被称为世界世界化（das Weltenvon Welt）。""世界世界化"发生时，四方环化的旋转被点亮，无蔽展开，关照各方并得以统一至其纯一性中，"顺应并聚集至当下之一栖留之物中。"[4]也就是"入一物"并"成其为物"的方式。此方式被海德格尔称之为"物物化（Das Ding dingt）"，亦称为"物化聚集（Das Ding dingt）"。其实就是物之本

---

[1] ［德］马丁·海德格尔著，孙周兴译，《面向思的事情》，第97页。
[2] ［德］马丁·海德格尔著，孙周兴译，《演讲与论文集》，第188页。
[3] ［德］马丁·海德格尔著，孙周兴译，《演讲与论文集》，第189页。
[4] ［德］马丁·海德格尔著，孙周兴译，《演讲与论文集》，第189—190页。

性，物成其自己的本质所在。

如此说来，每一物都是栖居（eln je Weiliges）于此世间之物，因物之成其本质之中就有"四方域"的聚集与"环化"之映射，故每一物中都有四方聚集，有世界。那么，"物化"中的物就不能离开"世界化"的世界，"物物化"需要"世界世界化"来成其本质。此时，物才能被我们思为物。这个不能离开、并成其本质的过程，就是一个切近的过程。"物物化"切近"世界世界化"，反之亦然。这个切近的出发和立足，就在于"思"。而只有会死的人才能够"思"，故切近之路的建立，意味着唯有作为"终有一死者"的人才栖居着，才能通达作为世界的世界，唯从世界中结合自身者，终成一物。① 海德格尔对人的特殊要求也就表现于此。

如果我们思考如何进入切近之路，就是在思物之为物，试图进入它呈现自身的那个领域。相比一个从 A 点到 B 点的过程，更像是如何将自身居住在这切近中的方法。这方法，便非常地接近了庄子的"游"。我们之前说，"游"是摆脱人与物用的单一对应，而进入一种人与世界的关系网中。

> 今子有五石之瓠，何不虑以为大樽而浮乎江湖？而忧其瓠落无所容，则夫子犹有蓬之心也夫……
> 今子有大树，患其无用，何不树之于无何有之乡、广莫之野？彷徨乎无为其侧，逍遥乎寝卧其下；不夭斤斧，物无害者。无所可用，安所困苦哉？②

---

① ［德］马丁·海德格尔著，孙周兴译，《演讲与论文集》，第 191—192 页。
② 庄子，《庄子内篇·逍遥游》。郭庆藩撰，王孝鱼点校，《庄子集释》，上册，第 46 页。

"游"之无穷,以乐乎逍遥。从人的存在本源的层面上来讲,"游"就是破除成心,忘知忘识,从知识论切入而转出。不对当下事物做知识分析的判断,使之进入一种境域式的延展之中,庄子称之为"物化"。

> 昔者庄周梦为胡蝶,栩栩然胡蝶也,自喻适志与,不知周也。俄而觉,则蘧蘧然周也。不知周之梦为胡蝶与?胡蝶之梦为周与?周与胡蝶,则必有分矣。此之谓物化。[1]

徐复观先生在《中国艺术精神》一书中,就从现象学的角度分析了"庄周梦蝶"中的"物化"之说。"忘知,是忘掉分解性的概念性的知识活动,剩下的便是虚而待物的,亦即徇耳目内通的纯知觉活动。这种纯知觉活动,即美的观照。""观照所以能使对象成为美的对象,是来自观照时的主客合一,在此主客体合一中,对象实际是拟人化了,人也拟物化了"。[2]"物化"意味着人去掉知识判断以此进入人与世界的关系中,庄周梦蝶,孰为庄周,孰为蝴蝶,均在一字之"梦"。"梦"与"游"相同,都是忘其所知而入于其自身,并同时开展出这天地间的世界。故"梦"而"物化","游"而"物化",均是同义。

如果我们把"游"说成是一个过程或状态,那么"物化"可以是它的结果。这只是语言上的区分,实际上二者并没有什么不同。相应于海德格尔也是如此,"世界世界化"是从天地人神的角度收拢回逗留之物,"物物化"是从物的本质角度开展出世界的本来样貌。

---

[1] 庄子,《庄子内篇·齐物论》。郭庆藩撰,王孝鱼点校,《庄子集释》,上册,第118页。
[2] 徐复观,《中国艺术精神》,第80页。

相应于这个过程，物的本质便是这个结果。这同样只是关乎语言，甚至也有海德格尔所说那种游戏式的自由。我们也可以说，"物物化"是这个过程，亦是结果。物的本质本来也就是"物物化"。当我们可以这样理解时，就表明我们已经将庄子的"物化"与海德格尔的"物物化"相提并论了，那么能否说"物化"便是"物物化"呢？除了之前我们所讲的，二者同样围绕人与世界的关系、天地人神的关系而推理得出以外，还有几点可以说明二者的呼应与区别。

一、共通的"无"。从意向上来讲，"物物化"、"世界世界化"是同一个本源。换句话说，我们理解道家时，似乎不怕生死变化的庄子已经得道了，或者已经放下对比回到自然，达到至人神人的境界，这是一种简散的"修养论"。但是，当我们提出"修养论"时，就可能已经遗忘了"道"其实是什么。因为"道"不可能真的通过修养"得到"，它既不是一个物件，也不完全是一种本体的东西，它什么都不是。这就是海德格尔所提出的境域的问题。宇宙不断生成不断变化，境域亦然，只有从艺术创作的保留性中能看到"有"与"无"的关系、境域的显现。而作为壶的"无"性——"虚空"——恰好就是因为"无"，物的"物化"便显露出来。如果没有这个虚空的部分，这个物就不能作为沟通天地人神的关键了。庄子的"物化"之说，也是从有"无"之间物的冥想里面走出来，此即"虚而待物""虚室生白"[①]的道理。

二、澄明的开展。四方圆舞于环化的闪耀，所及之处便将自身归于敞开状态并显现出来。海德格尔将这一允诺某种可能的显现

---

① 庄子，《庄子内篇·人间世》。郭庆藩撰，王孝鱼点校，《庄子集释》，北京：中华书局 2004 年，上册，第 155 页。

(scheinenlassen)和显示的敞开状态命名为"澄明"①。也就是说，不是因为闪耀才有了"澄明"，而是因为敞开状态从根本上允诺一种给予和接纳活动，成就一自由之境，才使得闪耀的光线能够穿过"澄明"。四方圆舞便是于此自由之境的开展，"物物化"才得以发生。同样，庄子与惠子言鱼之乐，②并不在人心思辨。鱼水游乐，请循其本。这个看似是引导至对话开端，实际是提醒惠子需从人的辨识回归到本来面目，这个本来面目便是指上文的敞开领域所允诺的自由之境。知鱼乐于濠之上，便是已经在澄明之中自由给予和接纳，庄子此处便是将敞开领域的澄明之所开展提到归于本己的首要位置，"物化"于此才能开展。

三、追问的终止。当我们认为"物物化"与"物化"并不能完全对等时，很大程度上是因为"物物化"是追寻物的本质，是一个追问的过程。因为一开始海德格尔是从器皿的有用性着手，去追问物之所以成为物，才进入天地人神的开展中。而实际上，这种追问的表现本身就是在停止追问。"物物化"的起点也不是"物"，是"世界世界化"的问题，是世界作为境域呈现所显露出来的。而庄子则在一开始就提出剥离成心、取消彼此、消融外物。"天地与我并生，万物与我为一。""无适焉，因是已。"意思就是表示不要再追逐，就停在这里，停至此处，便是"物化"了。行文虽不同，但对于追问的终点是相同的，这也是"物物化"和"物化"的共通之处。

四、对人的不同要求。虽然"物物化"之呈现的敞开领域允诺

---

① "在德语语言中，'澄明（Lichtung）'一词是对法文 clairiere 的直译。它是仿照更古老的词语'森林化（Waldung）'和'田野化（Feldung）'构成起来的。"[德]马丁·海德格尔著，孙周兴译，《面向思的事情》，第 92—93 页。
② 庄子，《庄子外篇·秋水》。郭庆藩撰，王孝鱼点校，《庄子集释》，北京：中华书局 2004 年，中册，第 605—606 页。

自由之境在其中，但必须是思物为物时，才能保护物的本质。虽然每一当下逗留的物都自在地开展其本质，但海德格尔觉得，"与无数处处等价的对象相比，与过量的作为生物的人类群体相比，物在数量上也是轻微的"[①]。那么，只有"终有一死者"的存在才能使得"物物化"发生，唯有人才栖居着通达作为世界的世界。从世界中结合自身者，终成一物。庄子并没有这种对人的特殊要求。在庄子的世界中，万物均可"物化"。"物化"之际，物逗留合一的四方，它们逗留在它们的自身，从自身而合一的四方域的纯一性中，便可居住在"切进"中。

此时，当我们再回头看庄子"齐物"与海德格尔"物性"关系的问题时，就会发现，其实这个问题就等同于刚刚已经回答了的庄子"物化"与海德格尔"物物化"的关系问题。因为无论是"物性"与"齐物"，还是"物物化"与"物化"，都指向了同一个问题，即"物"是如何作为桥梁的角色，搭建在海德格尔追寻世界本源的进程里和庄子的艺术精神境界中的。而这一问题正是通过我们对"物"的问题的开展，对比海德格尔与庄子关于物的内容，一步步得出"物物化"与"物化"之间的关系，才最终得到答案。

---

① ［德］马丁·海德格尔著，孙周兴译，《演讲与论文集》，第191页。

第三章　栖居在艺术观赏的世界中

在分析"物性"时,我们还记得海德格尔认为只有艺术作品可以揭示物的自在,可以恢复"惊奇的关照和事物最初在场的完整性"。于是海德格尔打开了一条从物的本质的追寻到艺术作品的道路,这一点与庄子有一些有趣的呼应。因为在庄子文中,"齐物"之后是"逍遥",徐复观先生认为,"庄周梦蝶"的物我两忘的艺术境界就是"逍遥",而"逍遥"的境界似乎又指向了"天籁"。"逍遥"、"天籁"愈发与"物化"同"艺术"相关。于是,在"物"作为桥梁,帮助我们通过与海德格尔的哲学比照,阐释庄子的"物化"之后,"艺术"这个词,似乎可以帮助我们继续探讨庄子的"逍遥"与"天籁"。

就像不以知识框架和功能效用限定"物"一样,对于"艺术",我们不能仅从"主题"、"技法"、"形式"、"艺术家"几个方面去描述。如直觉主义者和浪漫主义画派倾向的"艺术是直觉的创造"[1],"艺术是自我表现等"[2],围绕创作者来定义艺术;比如现实主义画

---

[1] [意]克罗齐著,朱光潜等译,《美学原理·美学纲要》,北京:人民文学出版社1983年,第209页、227页、229页。
[2] [英]罗宾·乔治·科林伍德著,王至元等译,《艺术原理》,第251页。

家赞同的"艺术是反映自然的镜子"①,"艺术是模仿现实、再现现实"②,将自然主义观点或现世精神捆绑在作品之中。这种在一开始就将已有的特征作为鉴别和定论的方法,虽然也有一定意义,但更多是偏重于效用区分,不仅十分单薄且平面,还严重限制我们对"艺术"的理解。"艺术进入了美学的视界之内。"③"美学"总是对应着审美,审视何为美,何为不美,就是在这样的区别中,我们对于艺术的理解就掉入对于预期中美的概念里,掉入知识范围的限定中。只有脱离概念的限制,才能重新把握真正的艺术的生命力。

徐复观先生认为,庄子便是此艺术生命的体会者。庄子虽然不是艺术家,但庄子的生命是艺术化的生命。因为庄子至人神境界的逍遥状态,便是通往艺术精神的境界,打开艺术观赏世界的钥匙。而"艺术",正是在这个世界中才能找到了它的"本源"④。但是,"逍遥游"与"艺术化"看起来也只是有一些模糊联想的相似处,所以我们也不能说,"逍遥游"的境界可直通艺术观赏的世界。如要这样理解,其中还需要一个缜密且复杂的推论过程。

我们之前得出,庄子的"游"于世间,便是逗留在一物之中,打开作为世界的世界。这个过程既是"物物化",也是"世界世界化"。海德格尔并没有止步于此,他进一步指出,作为四元整体天地

---

① [意]列奥纳多·达·芬奇著,戴勉编译,《芬奇论绘画》,北京:人民美术出版社1979年,第17页、41页。
② [俄]车尔尼雪夫斯基著,周扬译,《艺术与现实的审美关系》,北京:人民文学出版社1979年,第91页、109页。
③ [德]马丁·海德格尔著,孙周兴译,《林中路》,第71页。
④ "本源一词在此指的是,一个事物从何而来,通过什么它是其所是并且如其所是。某个东西如其所是地是什么,我们称之为它的本质,某个东西的本源就是它的本质之源。对艺术作品之本源的追问就是追问艺术作品的本质之源。"[德]马丁·海德格尔著,孙周兴译,《林中路》,第1页。

人神世界的展开，也即是"纯粹的语言"的显现。具体一些，便是一个世界得以显现，是因为诸神得以通过命名达乎，通过语言真正做到对话发生时，词语发生间。没错，当我们还在遵循物的本质的线索去研究庄子的齐物时，海德格尔又突然转入了语言哲学的领域。这看起来在逻辑推论上过于跳跃且仿佛不能自圆其说。但这恰恰也是海德格尔的用意所在，他为我们之前尝试从"游"通向艺术精神的问题上，开辟出一条新的启发性的道路。即"逍遥游"与"物物化"的世界开展之时，人与存在（物作为物的根据）便建立了一种亲密的关系，而语言，正是作为中介保持这份关系，并在持久的关系中，使人能栖居留在语言的本质，即作为语言的本质的整体——道说（sagen）中。而"道说"的本质存在便是让显现，开放出我们所谓的世界。[1]这个世界，必然不是形而上学的世界，或宇宙意义的世界，而是诗意涌现的世界。人栖居在这个世界中，便是栖居在大道中，同时也是栖居在充满庄子艺术精神的艺术观赏的世界中。

第一节　作为中介的语言

庄子的行文风格几无定论、诡谲浪漫，总是以故事、寓言描述之。从字面上看，时而荒诞，时而夸张，时而浪漫，时而不羁，文字上下关联并不明显。但整体看来，其间其实贯穿着一种"统一的背景"。这种"背景"的形成，不完全是共同组成的内容相互呼应，更多是因语言风格所烘托出的总体行文产生出某种"呼应"。这种"呼应"总是在时隐时现的状态中，传达出一种具有诗意的意向感。

---

[1] ［德］马丁·海德格尔著，孙周兴译，《在通向语言的途中》，第193页。

海德格尔称其为"在语言上取得的本真经验"①。因此种本真经验，诗人总是在其诗意想象力中试图构想某个在场者，这便是创造，便是作诗。②

海德格尔多从诗歌处阐释诗意的角度，这并不阻碍我们分析其他类型的文学作品，比如散文，"纯粹的散文与诗歌一样地富有诗意，因而也一样地稀罕"③。我们可以像海德格尔一样，从"作诗"与"运思"的角度出发，或者从庄子行文的隐匿的意向背景中进行推论。因为我们都认同一点，那就是语言只有从诗意经验和思想最古老的传统中出发，才能够给出"存在"。于是看起来，无论是语言所暗示的"诗意"，还是"诗的语言"，其中所关涉的"诗意"均是相同的，因为作为能够写作纯粹的语言的人，他必得把他在语言上取得的经验特别地、亦"诗意地"带向语言而表达出来。④这便是"解释学循环"，关于语言的对话一定是从语言的本质中召唤出来的。所以我们说，具有诗意的庄子行文，与海德格尔阐述的诗，在一定程度上是有呼应之处的。这些语言上的呼应之处，不但体现在具有诗意的表述中，更因为诗意的引导，进而具有一种相近的作用和功能：海德格尔认为语言关涉着说话者，"世界""道说"和一切在场者和不在场者，是一切关系中的关系。⑤而庄文体现的语言，相比于海德格尔的阐释——一种同时多面关系打开的方式——更偏向是一种递进的层次，在这个递进的过程中，语言逐渐显现出类似于"中介"的角色，链接着人和大道，说话者和存在本身。递进的具体过

---

① ［德］马丁·海德格尔著，孙周兴译，《在通向语言的途中》，第163页。
② ［德］马丁·海德格尔著，孙周兴译，《在通向语言的途中》，第10页。
③ ［德］马丁·海德格尔著，孙周兴译，《在通向语言的途中》，第24—25页。
④ ［德］马丁·海德格尔著，孙周兴译，《在通向语言的途中》，第149页。
⑤ ［德］马丁·海德格尔著，孙周兴译，《在通向语言的途中》，第211页。

程表现为以下四个方面：分别是弃绝屏障之语言的消融；打开关系之语言的运用；显现道路之语言的真实；召唤其中之语言的命名。

一、语言的消融——弃绝屏障

> 夫言非吹也。言者有言，其所言者特未定也。果有言邪？其未尝有言邪？
> 其以为异于鷇音，亦有辩乎？其无辩乎？①

但凡是"人言"，就有人的主张在。若没有主张在呢？还是"人言"吗？然无主张的人言与鸟鸣相较，实则有无差别呢？一般意义上讲，我们都会认为"人言"与风吹、鸟鸣不同，就是因为"人言"之中总是有主张，这个主张便是我们一般理解中的"言中之意"。当"言中之意"随"人言"产生时，便意味着总有某种确立的东西。确立形成，是其所非，非其所是，便有对比与偏执，便有"成心"。这"成心"，好似一面巨大的屏障，使我们遗忘了存在的本源，终日迷失并沉沦在日常生活中，这是庄子的讲法。然而，如果我们不落入人的角色在其中，剥离开来看"言中之意"，那确立的东西便成为一种更加纯粹的内容，这个内容便是一般用来区分"人言"、鸟鸣、风吹的基本，即"人言"之中所包含的"信息"，而"人言"也就成为承载信息的一种工具。工具运送信息，成为表达。这便是西方传统对于"人言"，即说话的定义。"说话是一种表达，人的一种活动，对现实和非现实的东西的表象和再现。"②自古希腊以降，作为表达

---

① 庄子，《庄子内篇·齐物论》。郭庆藩撰，王孝鱼点校，《庄子集释》，上册，第68页。
② [德] 马丁·海德格尔著，孙周兴译，《在通向语言的途中》，第15页。

的语言概念不但被确定下来,而且成为一种逐渐被加强和规范的灌注模式——如语法,句型——即语言范式的规定。那么问题来了,这些规定是从来就有的吗?自然不是的。所有语言的规定和规律都是人们从现成的词语和语言材料中总结并创造出来的。这就意味着,作为表达工具的语言,像物一样摆在面前,成为已经实际存在的词语和词序总和的表现,一种"现成的东西"。但这些"现成之物"实际并不重要,重要的是它们承载和表达的内容,即"言谈所及的东西"。人们固执于这些"言谈所及的东西",被摆置的说话便成了信息,①说话的方式便被范式逐步框定起来,便成为语法可遵循的规律——语法逻辑。

在希腊罗马的语言中,人们就常把语法范畴与逻辑范畴混淆起来,或是说使用逻辑范畴来进行语法研究的。随着近代唯理主义的兴起,人们更是倾向于把语言的语法范畴视为逻辑范畴的体现,遂有"唯理普遍语法""理性语法"之产生,愈加强化了逻辑主义的语言研究传统。②

于是,语言逻辑化便成为西方传统语言科学研究的基本特征。海德格尔认为,这是因为西方传统哲学对"逻各斯"的误用而产生。我们之前讲过,"逻各斯"通常被理解为判断、概念、定义、理性等,即使有关于"陈述"的内容,也是关于"判断"的"陈述",也就是说,"判断"成为理解"逻各斯"的出发点。而"判断"又是逻辑学中最基本单元——"命题"——的基本问题。那么意味着,"逻

---

① [德] 马丁·海德格尔著,孙周兴译,《在通向语言的途中》,第 265 页。
② 孙周兴,《语言存在论——海德格尔后期思想研究》,北京:商务印书馆 2011 年,第 74—75 页。

各斯"总是在逻辑层面上被理解的。①同"成心"一样，被误解的"逻各斯"也是一种屏障。在这种屏障下，"逻各斯"完全被逻辑所替代。那么，真正的"逻各斯"又是什么呢？海德格尔认为，"逻各斯"的基本含义便是"言谈"(rede)。②词汇和语序并非现成的，它们由"逻各斯"给出，并为"逻各斯"道出自身时也同时成为给出者。所以，我们绝对不能说语言存在（es ist），语言不是存在，语言是给出（es gibt）。语言不是给出词语的意义，语言是给出自身这一意义。这便是我们一开始所引庄子之言：

言者有言，其所言者特未定也。③

言者有言，所言未定。"言者"便是作为舌、口之方式的语言说出者，他说话，显露出的语言，便是第二个"言"。语言无定，便是言中无主张，无内容，无意义。那语言中还有什么呢？我们返回第一句的"言者有言"。若"言者"不是指涉可以说话的人呢？"者"在一般意义上代指人，但也可以作为虚拟指代词语。那么，"言者"也有可能就是指"语言"。若是如此，言者有言，便是语言中有"言"，而此言中并无内容。那么我们在理解上，便不能将此"言"作为语言的内容和构成。既无内容又能确实存在的"言"究竟是什么呢？其实，"言者有言"便是在言说一个事实，即语言本身就是作

---

① 参见孙周兴，《语言存在论——海德格尔后期思想研究》，第74—75页。
② "希腊人没有语言这个词，他们把语言这种现象'首先'领会为话语。但因为哲学思考首先把'逻各斯'作为命题收入眼帘，所以，它就依循这种逻各斯为主导线索来清理话语形式与话语成分的基本结构了。语法在这种逻各斯的'逻辑'中寻找它的基础。但这种'逻辑'却奠基于现成事物的存在论。"[德]马丁·海德格尔著，陈嘉映、王庆节译，《存在与时间》，第201页。
③ 庄子，《庄子内篇·齐物论》。郭庆藩撰，王孝鱼点校，《庄子集释》，上册，第68页。

为语言的根本依据,语言便是给出自身者。无内容的言者仍有言,便是因为作为言之言,是能够给出自己成为言的言。

海德格尔曾将这种关系称为"解释学循环",即一种语言而来的对话,必定是从语言的本质中被召唤出来的。但这种说法后来也被海德格尔认为是容易陷入肤浅中的,①因为如果想要描述这种"解释学关联"的观点,就容易将语言变成一个"对象"。"对象"便意味着总有内容,所以这里我们强调"无特定"的语言。"无特定"即不再具有什么内容,似乎消耗成为一个言说的象征,但与虚拟的象征不同,组成语言的单元——词语还是存在的。

其以为异于鷇音,亦有辩乎?其无辩乎?②

人们都认为"人言"不同于鸟鸣,那二者究竟哪里不同呢?人言,鸟鸣,相同,不同,各居其意,各关联其物,然连之起来,并无定容。不光是因为在字词表面上,疑问句没有判断的成分,更多的是此句所表达之意,已经无关于人言与鸟鸣相同还是相异。即句中之"词"与"物"的关系,已非指涉与被指涉,表象与被表象的关系,而是进入一种"道说"之中。③在"道说"中,"词"与"物"概念式的代称关系被"弃绝"④,词语从一个发音与名称,转渡成为

---

① [德]马丁·海德格尔著,孙周兴译,《在通向语言的途中》,第142页。
② 庄子,《庄子内篇·齐物论》。郭庆藩撰,王孝鱼点校,《庄子集释》,上册,第68页。
③ "物与词的关系是通过西方思想而达乎词语的最早的事情之一,而且是以存在与道说(Sein und Sagen)之关系的形态出现的。这一关系以一个独一无二的词语道出自身。这个词语就是'逻各斯',这个词语同时作为表示存在的名称和表示道说的名称来说话。"[德]马丁·海德格尔著,孙周兴译,《在通向语言的途中》,第176页。
④ "何为'弃绝(verzicht)'一词源于动词宽宥(verzerihen)词根 zeihen 在拉丁文中为 dicere,即道说 sagen 即显示 zeigen 古高地德语 sagan,即德语中的道说(sagen)。诗人学会弃绝。"[德]马丁·海德格尔著,孙周兴译,《在通向语言的途中》,第157页。

一种关系。是的，词语本身就是关系，①词语因自身的关系将一切物保持、带入，并且留于存在中，最终与物发生关系，使物终成其一物。此时，"词"、"物"的关系从之前的指涉关系彻底改变，"物"因为词语的邀请而存在，同时如果说词语存在，词语本身也必定是一物。②于是我们看到，随着"词"与"物"之间关系的转渡，两者的边界也被彻底消融，与此同时，无论是成心的屏障，还是逻辑滥用的屏障，也都被消融了。人言与鸟鸣的差别已不再重要，重要的反而是人言之为人言，鸟鸣之为鸟鸣的存在性已由这句话带到我们面前，并成就了它们自己。人言成就人言，人言成为人言；鸟鸣成就鸟鸣，鸟鸣成为鸟鸣。"词"、"物"处于"道说"之中，成就并成为对方，语言的本质就由诗意的语言，在词与物边界的消融时，被彻底的呈现出来。故庄子讲"言者有言，其所言者特未定"，而不是直接说"无言之言"，这便是在强调词语的重要性。因为如果没有词语，就没有词语本身的关系，也就不可能把一切物得以保存并持留在存在中。那么，物之整体，亦即"世界"，便会沉入一片暗冥之中。③故诗意的语言的消融以及消融的方式——"弃绝"——看起来好像是失去，但并不是消极的，反而因为"词"与"物"相互打开，成为一种生长并开启世界的明亮途径出来。正如奥地利诗人格奥尔格·特拉克尔（Georg Trakl, 1887—1914）的一首诗句中写的那样：

> 我于是哀伤地学会了弃绝：

---

① ［德］马丁·海德格尔著，孙周兴译，《在通向语言的途中》，第179页。
② "因为'物'在此指的是无论以何种方式存在的任何东西：'遥远的奇迹或梦想。'"［德］马丁·海德格尔著，孙周兴译，《在通向语言的途中》，第183页。
③ ［德］马丁·海德格尔著，孙周兴译，《在通向语言的途中》，第167页。

词语破碎处，无物可存在。①

词语破碎处，无物可存在。也可以理解为弃绝词语处，语言消融时，物终可存在。这个"弃绝"便是"弃绝屏障"，弃绝人与存在本源之间的屏障，人与"逻各斯"之间的屏障。庄子很清楚这个屏障存在的严重性，故首先通过语言的消融，弃绝屏障，为打通人与存在之间的通道开展出重要的第一步。

二、语言的运用——打开关系

庄子梦中自觉为蝶，醒来后惊觉自己原是庄周。②究竟是庄周化蝶？还是蝶化庄周？"物化"字面是物物相化，便是点出消融主客对立，物我两忘。那为何又提出庄周与蝶必有分别？可见，庄周晓梦迷蝴蝶的故事阐述，也许并不仅仅为"物化"而生，或者说，不是为了解答何为"物化"。因为相比确定的推论，整体语言所带来的更多的是一种欲说还休的拒绝感，拒绝直接给出其意。但要注意的是，拒绝并不代表没有完成。"物化"既是庄周梦蝶的结尾，又是《齐物论》全篇的末端。行文至此结束，在文字上意味着已经完成。但真正的完成，是把某种东西开展到它的本质的丰富性之中，把某种东西带入这些丰富性之中，即生产出来（producere）。也就是说，"庄周梦蝶"的完成，将"庄周梦蝶"本身开展到它本质的丰富性中，以此成立这个故事本身。此时要注意的是，需要将其完成的前提是，

---

① [德]斯蒂芬·格奥尔格，《词语》。"在斯蒂芬·格奥尔格那些质朴的、几乎可以歌唱的后期诗作中，有一首题为《词语》的诗。这首诗最早发表于1919年，后收入诗集《新王国》中（第134页）。"[德]马丁·海德格尔著，孙周兴译，《在通向语言的途中》，第167页。
② 庄子，《庄子内篇·齐物论》。郭庆藩撰，王孝鱼点校，《庄子集释》，上册，第118页。

这个东西已经存在。①

"存在（ist）"的东西乃是存在（Sein）。②生产出来，并非创造。开展到本质性中成就本质，看起来是主动地探求，但实际上却非常被动。因为当我们理解了存在为先决的一切时，就明白"庄周梦蝶"的故事不是在给出一条通往存在的通道，是使人进入存在之近处。这便意味着，在接受故事的本质之前，便先让自己重新迎接存在的招呼。但一旦迎接了存在本身，就会突然发现已经没有什么可说或是已经无法言说了。就好像庄周梦蝶中模棱两可的语言，没有人明确它是什么，却已同它"一模一样"。只有这样，故事、词语才能重新获得它本质的宝贵，而此时，人也才能重获适合于存在之真中居住的寓所。③故海德格尔说，语言是存在的家。④存在的东西因为语言的生产而显现出来，人居住在语言的寓所里，受到并已经受到语言的允诺，进行一种倾听，一种"自行道说（Sichsagenlassen）"，这便是"思"。我们可以说，纯粹的运思经验便是庄周梦蝶的本质构成，这种构成不是追问，所以我们不去追问究竟是庄周还是蝴蝶，我们要做的，是对那个将要进入问题之中的东西的允诺和倾听。⑤在这种倾听中，语言称为纯粹之说，称为诗歌。⑥

海德格尔对"诗"与"思"的关系有一个很形象的描述："诗"与"思"就像两条平行线。二者总是平行的、相对的、以各自的方式超出自身。平行线会交汇于一个并非由平行线本身所作出的"断

---

① ［德］马丁·海德格尔著，孙周兴译，《路标》，北京：商务印书馆2011年，第366页。
② 同上。
③ ［德］马丁·海德格尔著，孙周兴译，《路标》，第373—374页。
④ ［德］马丁·海德格尔著，孙周兴译，《路标》，第366页。［德］马丁·海德格尔著，孙周兴译，《在通向语言的途中》，第269页。
⑤ ［德］马丁·海德格尔著，孙周兴译，《在通向语言的途中》，第165页。
⑥ ［德］马丁·海德格尔著，孙周兴译，《在通向语言的途中》，第7页。

面"上。通过这个"断面",平行线被切入与绘入它们相邻的本质之剖面图中,海德格尔称之为"裂隙"。①"裂隙"指向一个地带,该地带便是二者临近关系中的"切近"。能够将二者带入"切近"的,便是海德格尔称之为"道说"的东西。②其中的"切近",便是"思"与"诗"能够对话的场所,这个场所旨在把语言的本质召唤出来,以便死者能重新学会在语言中栖居。③这里我们看到了熟悉的词语,"会死者"。会死者是不会单独出现的,会死者的承诺,便意味着他与大地的归属关系。在归属关系中,会死者对应不会死亡的诸神,从大地中参与创造天空,见证了创造一个世界和世界的升起,毁灭一个世界和世界的没落。四方域无时无刻不在轻柔地圆舞并游戏着,并在这种圆舞中,开启了全部的世界。

行文至此,我们再回到本小节的开头——"庄周梦蝶"除了主客消融还有何意义?其实现在答案已经非常明显,那便是:它打开了一种关系。从"庄周梦蝶"不解答之解答开始,就展开了一种停止追问并接受完成的关系,因为接受完成,人与语言相互允诺的关系得到稳定,"诗"与"思"平行且切近的关系随即得到建立。于是会死者在语言中栖居的关系也得以成立,紧接着天地人神四方之圆舞的关系开展出来,世界得以开启。这便是诗意的语言运用所开展出来的复杂的关系世界。在这个关系世界中,没有前因后果的时序性,一切都在同时发生着并同时隐没。此即继弃绝"成心"屏障之后,语言在通往人与存在之中介道路上的第二个递进:语言的运用——语言打开了关系。当语言打开了关系时,便是打开了全部的

---

① [德]马丁·海德格尔著,孙周兴译,《在通向语言的途中》,第 188 页。
② [德]马丁·海德格尔著,孙周兴译,《在通向语言的途中》,第 193 页。
③ [德]马丁·海德格尔著,孙周兴译,《在通向语言的途中》,第 130 页。

世界，反之亦然。

三、语言的真实——道路显现

当关系被打开后，我们终于可以开始进入了正题，那便是使得通向存在的大道显现出来，这第三个递进阶段来自庄子语言中极具诗意的大浪漫的真实。

"以卮言为曼衍，以重言为真，以寓言为广。"①是庄子在《天下》篇中自述其行文的方式。随物婉转、蔓衍叙事的"卮言"，（借众先哲时贤的"重言"）以及寄意言外的"寓言"，"三言"相互交叠与穿插，烘托出庄子行文的整体氛围和语言风格。历代各家对"三言"孰重孰轻各有争议。如偏重"寓言"者，总结出"著书十余万言，大抵率寓言也。"②如偏重"卮言"者，认为是"卮言"使庄子扬言万字，又守持住"天而不为"的信条。③再如偏重"重言"者的，认为"重言"并非"增益之言"，④而是"重复地说"，用来消止那些同异是非之言论，消解对立并直指中道。⑤"三方"各有不同，却又是相同的纠结在各言之说中，难免总暗示出各言为庄子行文所提供之效用性与目的性。如此一来，反而是曲解了庄子本意。故有一类学者不将庄子三言分开拆解，总体提出三言属于诗性语言的范畴，因为"三言"都为庄子哲学和诗学带来"言无定义的朦胧，言此意彼的隐喻、言近旨远的象征以及两行无定的佯谬"⑥。也就是

---

① 庄子，《庄子杂篇·天下》。郭庆藩撰，王孝鱼点校，《庄子集释》，下册，第1091页。
② 司马迁，《老子韩非列传第三》，《史记》，北京：中华书局1959年，卷六十三，第2143页。
③ 孙以楷、甄长松，《庄子通论》，北京：东方出版社1995年，第7—10页。
④ 同上。
⑤ 崔宜明，《生存与智慧——庄子哲学的现代阐释》，上海：上海人民出版社1996年，第27—30页。
⑥ 钟华，《从逍遥游到林中路》，北京：中国社会科学出版社2013年，第287页。

说，有一种诗意暗示在其中。但是"朦胧"、"象征"、"隐喻"这些辞藻又过多偏向文学类作品分析的方式，容易被打上感性的浪漫的文学类标签，而离开了生命学问之所，成为一种简单的文字抒情。①故我们讲"三言"具有诗意，首先不是从文学角度出发的。庄文其中所具有的浪漫基调也必然不只是文学情调，而是一种"大浪漫"。在大浪漫的想象中，在诗意的语言中，更多的是有一种确切的"真实"在其中（不同于现实生活中可触可感的存在物），是一种作为哲学或是尝试理解生命本真问题的确切性道路的显现。

> 尧治天下之民，平海内之政，往见四子藐姑射之山，汾水之阳，窅然丧其天下焉。②

借先贤口之"重言"中，"无名"、"无功"等特质成为庄子于文字间暗示的理想圣人形象。我们可以认为，这是庄子想要人们从修养着手，托古人之口讲述圣人的伟大。但仅是先贤圣人的增益重言，并不能够表达清楚生命问题的本真，境界或是修养也不能作为哲学命题中的"真实"，其中种种都来源自一种更加原始的根源之中。

> 曰：何也？圣人怀之，众人辩之以相示也。故曰辩也者，有不见也。夫大道不称，大辩不言，大仁不仁，大廉不嗛，大

---

① "一是文学的，一是生物学的。然这都不是正宗的。文学的进路是感性的、浪漫的，生物学的进路是科学的、自然主义的，都不能进入生命学问之堂奥。表面看起来，多姿多彩，实则皆未入生命问题之中心。诚如王充所云：'丰文茂记，繁如荣华。诙谐剧谈，甘如怡蜜。未必得实。'（《论衡·本性》篇语）揆之西方正宗哲学，此皆不免浪漫外道之讥。"牟宗三，《生命的学问》，台北：三民书局 2015 年，第 40 页。
② 庄子，《庄子内篇·逍遥游》。郭庆藩撰，王孝鱼点校，《庄子集释》，上册，第 35 页。

勇不忮。道昭而不道，言辩而不及，仁常而不成，廉清而不信，勇忮而不成，五者圆而几向方矣。故知止其所不知，至矣。孰知不言之辩，不道之道？若有能知，此之谓天府。注焉而不满，酌焉而不竭，而不知其所由来，此之谓葆光。[①]

　　大道、大辩、大仁、大廉、大勇，各本混元，但落入方域表达，便失去圆融本性。有谁知道，可以不落于语言的辩论，不加以言说之道呢？如果知道，那此人心灵便如"天府"，"天府"之中光耀无穷并永敛其中，便为"葆光"。

　　"光耀"、"天府"、"注"、"酌"的运用十分生动且富有想象力，与借圣人言不同，其自身便升显出一种华丽的存在感。这种存在感便是由"知"一字而来。

　　"知"的含义，就如上文中的翻译，通常被理解为"知道"。但此"知道"非彼"知道"。这什么意思呢？一般来讲，"知道"就是从前对一个东西一无所知，后来知晓这里有一个这样的东西存在着。这是一种对于对象认知问题的处理。知道这个存在，是知道它的概念，以及明白有一个东西是作为这个概念被表象地存在，"知道"仅限于知道知识。对于庄子之知来说，早已超出了对象认知的层面，进入一种更加本真的真实之中。那便是，"我知之濠上也。"[②]我就是在这里知道鱼快乐的，当我知道他，我就成为他。成为不是变成，成为就是知道，就是直接进入生命之中，切中最直接的要害，点醒最重要的命题。庄子的这种讲法既浪漫又肯定，这便是诗意的语言的真实感所在。

---

① 庄子，《庄子内篇·齐物论》。郭庆藩撰，王孝鱼点校，《庄子集释》，上册，第90页。
② 庄子，《庄子外篇·秋水》。郭庆藩撰，王孝鱼点校，《庄子集释》，中册，第606页。

海德格尔的语言，亦同样具有大浪漫的真实。

你梦寐以求的近在咫尺，已经与你照面。①

求索是不断去寻找，从未知变为已知。那么当知道以后会如何继续呢？海德格尔说，如果寻找是将"发现物"占为己有，以便在作为所有物中安居下来，那么那梦寐以求的东西就还没有找到。②这便是说，我知道他，我成为他，这个成为不是变成。当我们还期待将"已知物"摄取于自身时，便是我们从未知道它时。这种脱离我们日常生活所依循理解方式的轨迹，便显现出诗的语言的浪漫性来。但想这样说明"诗所具有真实感"还远远不够，因为我们现在还没有在荷尔德林的诗句中知晓"梦寐以求的究竟"为何。

荷尔德林有一首著名的诗：《返乡——致亲人》。

> ……
> 不错！这就是出生之地，就是故乡的土地，
> 你梦寐以求的近在咫尺，已经与你照面。
> 而并非徒劳地，一位漫游者就像儿子一般
> ……
> 回到故乡，回到我熟悉的鲜花盛开的道路上。③

---

① [德] 荷尔德林，《返乡——致亲人》。收入 [德] 马丁·海德格尔著，孙周兴译，《荷尔德林诗的阐释》，第7页。
② [德] 马丁·海德格尔著，孙周兴译，《荷尔德林诗的阐释》，第11页。
③ [德] 荷尔德林，《返乡——致亲人》。收入 [德] 马丁·海德格尔著，孙周兴译，《荷尔德林诗的阐释》，第6—7页。

即使不去同海德格尔那样深究其意，我们也能很明显看出，本诗最恳切之处，便是确定"返乡者能够返回故乡，返回到他熟悉的土地上"。返乡人或漫游者，更是作为能够通达此地的人。海德格尔在这里抛出两个观点：确认返乡就是返回到本源近旁。此观点与前一逻辑并不冲突。返乡人唯有作为漫游者才能返回，他先前而且已经许久作为漫游者承受了漫游的重负，并且已经向着本源前行，他因此就在那里体验到他要求索的东西的本质，然后才能经历渐丰，作为求索者返回。①求索者唯有通过返乡，故乡才作为达乎本源的切近过渡而得到准备。②于是返乡成为故乡的依凭，返乡人求索去知道，最终成就故乡，这是出于一种天生对本源的忠诚，与一种天命遣送的"命运"。这种"命运"，被海德格尔称为"历史"。这便是大浪漫中显现的真实所在，海德格尔认为荷尔德林通过诗的语言，切实地将本源显现出来，显现方式便是阐释切近于本源近旁的返乡道路。但海德格尔并不满足于此，他随即提出，诗人的天职便是返乡，诗人便是返回到本源近旁，那么，诗作本身才是真正让我们安居的东西，并使得安居成为安居本身。这就将真实更加彻底化，诗的语言所展现出的大浪漫中的真实性根植于诗之道本身，而诗之道就是对现实闭上双眼。③闭上眼，才能成就诗意的语言的真实，于是，圣人不辨之言以就葆光，这便是回归于诗意语言的真实性中，也才能使得通向本源近旁的道路得以显现出来。于此，第三个递进也得以完成。

---

① ［德］马丁·海德格尔著，孙周兴译，《荷尔德林诗的阐释》，第 24 页。
② ［德］马丁·海德格尔著，孙周兴译，《荷尔德林诗的阐释》，第 31 页。
③ ［德］马丁·海德格尔著，郜元宝编译，《人，诗意的栖居——超译海德格尔》，北京：时代文化书局 2017 年，第 105 页。

四、语言的命名——召唤其中

三个递进过程完成之际,通向存在近处的道路已逐渐显现,但此时还不能说"语言就是人与存在之间的中介"。为完成这个命题,我们需要再解答几个关键的问题:"语言"在这个切近本源的道路中承担的作用是什么?或者说"语言"与道家开启出的道法自然的世界究竟有什么关联?要回答这些问题,我们首先要回到道家与海德格尔的两个非常相似的地方:其一,"人法地,地法天,天法道,道法自然"。词句内容的递进逻辑是表面现象,其实已经开启了一个万物混成于天地间,效法于大道的世界出来。这一点与海德格尔的四元游戏有互通之处。其二,便是语言。"道可道,非常道。"道不可说,大道无言。海德格尔同样认为,"词语破碎处,无物存在。"于是,海德格尔在语言和存在之间系统性的推论,就给了在道法自然与语言之间的一种暗示,一种关于语言的本质的暗示。为了解开这个暗示,我们需要再次分析关于语言"指涉"的部分。

在"语言的消融"一小节,我们分析过"指涉",是作为语言的内容确立即"成心"的基础而出现的。既然具有"成心","指涉"也就具有对比。只要将一词语指涉于一事物,便陷入一系列的判断、命题、有逻辑、有认知、知识、"劳神明以为一"的追问之中。那么如何能够不追问呢?相较于老子的"道可道,非常道",表面上直接封闭对于语言讨论的态度,庄子没有回避问题。"今我则已有谓矣,而未知吾所谓之其果有谓乎?其果无谓乎?"[①]我说出了这些话,我果真说了什么吗?还是什么都没说呢?也可以译成:我说出了这些话,我果真指涉了什么吗?还是什么都没有指涉呢?如果将语言困

---

① 庄子,《庄子内篇·齐物论》。郭庆藩撰,王孝鱼点校,《庄子集释》,上册,第85页。

郁于指涉之中，则对比之意用不能止。故指涉不等于说话，说话不等于指涉。即使我说了也不等于我指涉。尝试打破语言与指涉的必然关系，是庄子对于言说态度的基本，虽然较之老子已经有了回应，但这一基本的表达还是有些消极和复杂，因为它也不是直接点明旨意，只是通过一些句式的反问和相互消解的句意来达到解除二者关系的效果。相比较来说，海德格尔在处理这一问题时则表现更加直接：与指涉无关，语言的首要功能便是"命名"。[1]

何为"命名"？在经验生活中，比如为刚出生的婴儿命名，为一只宠物小狗命名，或是为自己喜爱的物件命名，当我们提到这个名字便使其显现在头脑中、对话里。再如，便是诗的语言。其实，诗就是一种原始的命名。"国破山河在，城春草木深。"安史之乱时，山河依旧，春日草木茂盛，然而人已经都逃离，城池变得荒废，"草木深"就是很茂盛但其实很荒芜。诗好像能让我们看见一种情结，这种情结是原初且隐蔽的，使我们看见以后就想将其揭露并彰显出来，而"命名"便是想将此原初形态给存在者。这种给存在者的方式，不是像贴标签一样运用词语来指涉事物不同。"命名"创造的世界，是指"命名"在召唤，将所召唤的东西从"远处"召唤到近旁，将未被召唤者的在场带到某个切进处，并在切进处将召唤入自身。这个过程总是往返不息的。在召唤中被召唤的到达者，是一种隐蔽入不在场中的在场，而未到达者又处于一种趋于在场的不在场状态。命名着的召唤令物进入这种到达，这是一种邀请，使物之为物与人相关涉，并显现出来。这便是说出事物，即"命名"事物。

伴随被"命名"，物被带到我们面前。在这个过程中，"命名"

---

[1] 参见［德］马丁·海德格尔著，孙周兴译，《林中路》，第57页。

不仅召唤物得以显现,还召唤物成其一物,即入于其"物化"之中。

《冬夜》
雪花在窗外轻轻拂扬
晚祷的钟声悠悠鸣响
屋子已准备完好
餐桌上为众人摆下盛筵

只有少量漫游者
从幽暗路径走向大门
金光闪烁的恩惠之树
吮吸着大地中的寒露

漫游者静静地跨进
痛苦已把门槛化成石头
在清澄光华的照映中
是桌上的面包和美酒①

海德格尔在分析特拉克尔这首诗时这样写道:

落雪把人带入暮色苍茫的天空之下,晚祷钟声的鸣响把终有一死的人带到神面前。屋子和桌子把人与大地结合起来,这些被命名的物,也即被召唤的物,将天地人神四方聚集于自身,物让

---

① [德] G. 特拉克尔,《冬夜》。"参看 G. 特拉克尔诗歌的瑞士新版本,库特·奥维兹编,苏黎世 1946 年。"[德] 马丁·海德格尔著,孙周兴译,《在通向语言的途中》,第 7—8 页。

> 四方整体栖留于自身，这种聚集着的让栖留就是物之物化。①

我们看到，当物获得"命名"时，是他们被召入"物化"之际。"物化"之际，也是世界开展之时，因为物展开着世界，物在世界中逗留而成其为逗留之物。即"物由于物化而分解世界"。②分解即展现，即成立。世界由于"物化"得以呈现，天地人神圆舞自由的回环也即显现出来。世界与物总是伴随着任何一方的显现而同时显现，又伴随着一方的隐没而同时隐没。二者之间有一种绝对的亲密关系。但亲密关系却不意味着"融合"，而是"分离"，二者永远都有"之间的东西（unter-）"。正因为分离并保持分离之际，才有亲密性起支配作用。于是，二者亲密之间与分离在这种相互区别中成就彼此，这便是"区一分"。区一分不仅是二者之间的区别，更在这种亲密的区分中，丈量着物的本质与世界的本质的尺度，并在物与世界的范围内衡量着物。在这种尺度中，"区一分"分解世界入于世界化，分解物入于"物化"，在物与世界之间相互传送。使得物与世界进入它们的本质之中，也进入它们的并存之中，并在并存之中，成其自身。③"区一分"便是"命名"中的那种呼唤物与世界成其自身的"令"，海德格尔称之为"邀请"。

"区一分"召唤世界和物进入它们的亲密性中，是由于"令者"呼唤二者进入它们之间的"裂隙"中，这是一种聚集的力量。力量来自它们自身并且施予自身，有所聚集的召唤便是"发音"。④"发

---

① ［德］马丁·海德格尔著，孙周兴译，《通向语言的途中》，第13页。
② "分解（austragen）：存在与存在者之间的差异区分化运作，分解，取区分和解决。此处分解更像展现区别与成立之意，不是一般的意义上的分解。"同上。
③ ［德］马丁·海德格尔著，孙周兴译，《通向语言的途中》，第17页。
④ ［德］马丁·海德格尔著，孙周兴译，《通向语言的途中》，第23页。

音"还不是语言,其本质是寂静的,因为物的本质与世界的展开本来就是隐没在大道中,是"静默"的。这两种"静默"便是"双重寂静",而"区一分"的"令"便是这种"双重寂静"的召唤,是一种"寂静之音"。"寂静之音"的发生使四元游戏中的会死者听到,并要求本就归于寂静之音的会死者说话,语言才能被听到,所以"语言的本质"即"寂静之音",即是可以发所有"令"的"区一分"。[1]人的语言,人说话,只不过是迎合了"寂静之音"的指令,这些指令便是诗歌之所说。

当庄子问"我究竟说了还是没说"的时候,便是在试图引发一个诗歌命名功能的契机:"我说了",是说我的语言已经在发声,这看起来是毋庸置疑的事实;"我没说",是说发声的动因是因为我聆听到"区一分"的"令"而发声。并且我之所以能发声也是因为我是作为会死者归属于我所聆听到的寂静之音。所以我究竟说还是没说呢?如果我说的是日常语言,只是泛泛之谈,间间之言,一种被遗忘被滥用了的诗歌,作为这种诗歌,总是已经在某种程度上消失了所说而被人们发觉。[2]那么我几乎相当于没说,因为它并不能作为纯粹的诗歌言说出来。如果我说"人法地,地法天,天法道,道法自然","令"便被开启了。这个道家所开启出的"万物混成于天地间","效法大道","道法自然"的世界便由于"令"的开启进入各自存在的本质之中,并成其自身。作为会死者的人在世界四元的游戏中因为应合"令"而发声,并成其自身。于是,作为中介的语言,终于联通并完成了人与大道,与世界世界化、物物化、存在之间的通道和途径。这整体一系列的过程,便是海德格尔的"道说"。在

---

[1] [德] 马丁·海德格尔著,孙周兴译,《通向语言的途中》,第17—27页。
[2] [德] 马丁·海德格尔著,孙周兴译,《通向语言的途中》,第24页。

"道说"中，语言的消融、运用、真实和命名，是递进关系，又同时发生，不分次序。会死者在语言中达到存在，也在语言之说中得以居留，不断经受着考验，希冀栖留在这持存的大道中。

第二节　栖居的世界

放弃对比，破除"成心"，回到整全的存在，才能使得我们在天地之中逍遥自由，从而居留在这个世界之中。这一过程和结果的关系，不是利用或者效用，是某种纯粹的境界被敞开出来。于是在庄子行文中，居留在世界中，开敞出境界来，都是看起来顺理成章的事，毕竟庄子没再对"如何逍遥"或是"如何居留在境界中"做出解释。"莫若以明"、"天府"、"葆光"作为结语，顺承前述自然而然，好像已经默认只要破除"成心"，便等同于居留在"逍遥"的境界之中了。但实际并非如此直接和简单，"莫若以明"、"天府"、"葆光"、"逍遥"、"物化"，正是这些看起来可直接引导至境界显现、居有之中的词语，其实从破除"成心"到其本身的呈现之间，跨越了很远的"距离"。当然，这个"距离"不是空间的尺寸衡量的"距离"，而是异质层面的"跨越"、多维度的"跨越"。该"跨越"如何体现呢？自然是从"语言的诗意"处。

　　……故九万里而风斯在下矣，而后乃之培风，背负青天而莫之夭阏者，而后乃今将图南。蜩与学鸠笑之曰："我决起而飞，抢榆枋（而止），时则不至而控于地而已矣，奚以之九万里而南为？"[1]

---

[1] 庄子，《庄子内篇·逍遥游》。郭庆藩撰，王孝鱼点校，《庄子集释》，上册，第8页。

大鹏在九万里高空翱翔，需要借助风力，才能背负青天，一旦起飞就要腾空九万里高空向南飞去。蝉与雀讥笑大鹏不能像它们一样急速起飞，又嘲笑大鹏何必飞行那么远奔赴南方。小鸟讥笑大鹏，显示出物只能小飞或近飞者，不知大鹏游之何所是，道出人必是自拔于卑小凡俗之物的"跳"与"跃"后才有"游"之可说。[1]此种一般理解，仍是在做一对比，蝉与雀以自身对比大鹏，陷于对比偏执之中。再者，二者的对话本就是一个有限的东西与另一个有限的东西的对话，该对话本身就是一种遗忘、迷失。所以，无论是以对比为参照跳出自身的局限，还是放下大小对比，只要不能解决对话（语言）本身所存在的问题，便不能真正理解庄子的"逍遥"境界。庄子同样也明白这个问题，所以，除了故事内容以外，庄子在文中还加入了一个特别的成分，那就是"语言的诗意"。于是"语言的诗意"便成为我们通向逍遥世界无法绕开的内容。尤其当我们跟随海德格尔的"语言是存在的家"，逐渐从庄子行文"诗意的语言"中开展出一种递进的语言的作用："语言是人与存在的中介"时，我们就会发现，"语言的诗意"跨越而到达的，即道家所理解的具有艺术精神境界的世界的状况。并发现其中还存在一个复杂的推论过程：即人如何通过语言一步步通往，以及如何持存地栖居在这个被开启的艺术世界之中。

一、人在语言中

……今子有五石之瓠，何不虑以为大樽。而浮乎江湖，而

---

[1] 梁瑞明，《庄子调适生命之学——〈庄子〉释义》，第8页。

忧其瓠落无所容？

……逍遥乎寝卧其下。①

　　从现代语法的角度理解古文，从字面上会经常忽略某些内容，比如介词。如上述两句，若将介词填补，变为白话文，便是"浮游在江湖之中，寝卧在逍遥之中。"那么是谁"在……之中"呢？是人。庄子总是"在……之中"来讲人，在故事中、在寓言中，在世界中。尤其是在《人间世》里，着重从经验世界中梳理人的内容，即"在世"。此与海德格尔的说法相接近。在《存在与时间》里，海德格尔就将"在世界之中存在（In-der-Welt-Sein）"立为 Dasein（人）的基本结构。即 Dasein 总是已经"在世界之中存在了"。

　　如果说"在江湖之中"是指某一空间，"在逍遥之中"是指某一情境，那么"在……之中"可以理解为某一种"包含关系"。"包含关系"本身即是对状态的形容，是定语，是既成事实之后的一种描述。海德格尔对此有更多的理解，他认为"在……中"应该追溯到更加原始的含义："居有"、"栖居"、"居留"、"熟悉"、"照料"等动词意义。在对 Dasein 提出"我是"，或者"我在"时——"存在"（sein）的第一格"bin（我是）"又联系于"bei（寓于）"——便是说"我居住在世界中，我把世界作为熟悉之所而逗留"。因此，"存在"就意味着"居而寓于……，同……相亲熟"，"在……之中"便是"同……相亲悉"。②那么，当我们说人已经在世界中，便不是在描述一种两者之间的关系，是承认一个事实，即 Dasein 与世界已然是亲

---

① 庄子，《庄子内篇·逍遥游》。郭庆藩撰，王孝鱼点校，《庄子集释》，上册，第 46 页。
② ［德］马丁·海德格尔著，陈嘉映、王庆节译，《存在与时间》，第 67 页。

密无间的一体。①在这个语境中,"此在"总是事先已存在,或是总要"去存在",孙周兴在《语言存在论——海德格尔后期思想研究》中对于海德格尔这种"去存在"有进一步分析,他认为"去存在"一方面表明Dasein的存在总是与自我相关的,总是必须承担它自己的存在;另一方面,也说明Dasein具有特殊的"超越性"——去存在是一种可能之在,总是要超出它当下所是,趋向于作为绝对存在本身的。②即"此在(Dasein)"是先行于自身的——已经在世界中的——作为寓于世界内照面的存在者而与他共在的存在。③这种存在总是有种超越性,而且是作为存在的超越性中之别具一格的,这就是"时间性"。

Dasein总是一个个无法脱离个体的、实在的、有血有肉的人。那么对于每个在这个世界中的Dasein来说,不可逃脱又无法转让的命运终点,便是"死亡"。"死亡"作为Dasein的终结,是最本己的、无所关联的、确知的,而作为其本身之不确定的、超不过的可能性。④"死亡"不是抽象的概念,是血肉生命的消失,是实际存在的事实。庄子妻死,击鼓舞蹈。庄子在面对妻子死亡的事实之后的态度,便是他的实存态度。因为Dasein去存在的态度是以死亡的态度作为基础的。所以我们说,向死亡存在是Dasein超越非本真状态从而进入本真的在世的唯一可能性。而本真的源始的存在,便是先行到死亡的存在。死亡的终端是通不过的未来,Dasein在通往未来时,便是回溯到本真的源始,便是达到过去。在这个过程中,

---

① 孙周兴,《语言存在论——海德格尔后期思想研究》,第45页。
② 孙周兴,《语言存在论——海德格尔后期思想研究》,第42页。
③ [德]马丁·海德格尔著,陈嘉映、王庆节译,《存在与时间》,第232页。
④ 孙周兴,《语言存在论——海德格尔后期思想研究》,第63页。

Dasein 成其所是，成为现在，过去，将来的统一，这便是"时间性"①。所以 Dasein 的"超越性"，本质上就是"时间性"。是"时间性"使得 Dasein 在世并从而使得此在的"超越"成为可能。

"时间性"是海德格尔前期讨论关于"人的存在"的重要内容，虽然其后期摒弃了这种观点，但"人会死亡"这一点仍然被海德格尔作为人的重要标识——四元中的"终有一死者"。因为毕竟，人之相较于动植物的特殊性在于，除了死亡（动植物只是消亡），便是具有语言的能力。但这种能力并不是全然由人决定和发出的，因为是语言在说，而非人在说。"本质（wesen）"和"存在"是在语言中说话的，语法考查根本上是在其与语言之本质的合乎本质的交织关系方面来解释存在之本质。作为会死者的人，只是一个聆听者和回应者，已经不再居于主宰的地位而成其具有超越性的 Dasein，只是作为存在的邻居，存在之家的看护者，揭示出人的本真居所和位置——"在语言之中。"

语言之日常表现，无外乎"听"、"说"、"读"、"写"。于肌体功能，则耳以倾听，目以识别，口以言说，手以书写。其中最主要的，便是"听"与"说"，因我们可以不认识文字，但不会不明白语言。这虽然是一种经验上的讲法，但也的确向我们暗示了语言之"明"，寂居在聆听与言说之中。这一点恰恰也是人能够具有语言能力的前提。"我们之所以能说话，无非是因为我们应合语言。"②人能够聆听寂静之音的召唤，一种"令"的邀请，召唤的聚集力量被语言的大

---

① "时间性的绽出统一性，亦即在将来、曾在状态与当前这诸种放浪样式中'出离自己'的统一性，是那作为其'此（Dasein）'生存的存在者之所以可能存在的条件。具有在此这一称号的存在者是'登明的'。"[德] 马丁·海德格尔著，陈嘉映、王庆节译，《存在与时间》，第 414—415 页。

② [德] 马丁·海德格尔著，孙周兴译，《通向语言的途中》，第 211 页。

地因素，扣留在调音之中，这便是语言进入肌体的过程。①也是人因为聆听召唤，做出回应的过程，同样也是人之所以能够说话的前提。这个前提中，人进入自明的状态，②即人的本质中，从而人的本质也就居有在语言之中。这种讲法与庄子颇为呼应：

> 夫徇耳目内通而外于心知，鬼神将来舍，而况人乎……③

"夫使耳目闭而自然得者，心知之用外矣。故将任性直通，无往不明。"④"闭耳目"并非真的锁闭视听，是锁闭对于寂静之音以外的，或者说"寂静之音"已消失了的所说。这种锁闭意味着另一种开放，即"闭耳目以内通"。"内通"此处有两层含义：一，耳目通达语言之言。对于"区一分"所发出之"令"有关涉和响应，此才是真正地聆听，而非器官耳朵接收的外在声音。二，耳、目自身"内通"。这一层内通不是指具体的五官五感相互通达，是意味着此时的人已经由"内通"成为完整的全体，以此处于语言之言、归属于寂静之音、栖居于语言的本质之中。

庄子的讲法与海德格尔所表述："人的本质在语言中"是大抵相同的，但在描述方式上各有偏重。擅用解释学循环的海德格尔，先"释"语言之召唤功能，再追问语言之本质；而要"释"语言之本质，先得将语言之召唤功能"设定"起来，因为语言之本质总是领悟着语言的召唤功能。于是，语言之本质就要求这种往复循环——

---

① [德]马丁·海德格尔著，孙周兴译，《通向语言的途中》，第203页。
② 人作为会死者终将安居于由语言开启的世界之四方域游戏中。——著者注
③ 庄子，《庄子内篇·人间世》。郭庆藩撰，王孝鱼点校，《庄子集释》，上册，第155页。
④ 郭象注，郭庆藩撰，王孝鱼点校，《庄子集释》，上册，第157页。

是一种解释学循环的方式。而人，在这种循环之中，在聆听和应合语言时便进入了人自明的状态，于是人的存在便在语言的本质之中了。这种解释看起来相互呼应，很是"圆融"。但相较于庄子直接明确向内寻求的态度来说，还是过于外在和系统化了。

二、语言的本质：抑制地居有在大道中

1. 语言在"大道"中

接下来我们面临着一个新的问题：人若栖居在语言的本质中，那么语言的本质又在何处？我们讲词语命名时，召唤不在场者以在场，召唤的方向是"远处"，那么"远处"是何方？人与"远处"的关系又是如何呢？要回答这些问题，我们先来看一段庄子关于"心斋"的描述：

> 若一志，无听之以耳而听之以心，无听之以心而听之以气！听止于耳，心止于符。气也者，虚而待物者也。唯道集虚。虚者，心斋也……①

耳目内通便是整全之人，便为一志。摒弃耳部易传写误导的外来声音，摒弃心灵与言相合的相符之物之后，还有何存在？那便是"气"。"气"乃"虚空"，并无内容，只待外物而来，将其顺应，此为"虚空顺物"。这"虚空"至即于身，便是"心斋"。虚其心室，悉皆空寂，则纯白独生。②白者，日光之所照也，乃道也。③可见，

---

① 庄子，《庄子内篇·人间世》。郭庆藩撰，王孝鱼点校，《庄子集释》，上册，第155页。
② 郭象注，郭庆藩撰，王孝鱼点校，《庄子集释》，上册，第156页。
③ 成玄英疏："白，道也。"[释文]"虚室生白"崔云："百者，日光所照也。"司马云："室比喻心，心能空虚，则纯白独生也。"郭庆藩撰，王孝鱼点校，《庄子集释》，上册，第156页。

"耳目内通"并不止于语言处,更是连通到大道所在。于是我们便能说,语言之言居留在大道之中。那么,语言本质中所居留的人的本质也居有在这大道之中了。这应合了海德格尔之言:大道是这个法则(das Gesetz),因为它把"终有一死者"聚集入成道之中而使之达乎其本质,并把"终有一死者"保持在其中。①

那么,"大道"是怎样的法则呢?或者,"大道"是什么?②"道,可道,非常道。"③"道不可言,言而非也。"④道不可道,道不可问。也许我们已经偏离了方向,因为一旦问这个问题出来,就将"大道"那隐藏的"无从把握的东西"固定了起来。我们讲它不能被固定,便意味着"大道"不是"存在"。⑤我们讲"大道"不是"存在",也不意味着"大道"便是"无"。"存在"与"无"本身需要避免从形而上学层面的"有"与"无"去区分。海德格尔将这种避免方法称为"打叉删除法":一种把"存在"像一个自立的、偶尔才摆在人面前的对立事物那样表象出来的习惯。⑥但这种做法只是一种防

---

① [德]马丁·海德格尔著,孙周兴译,《在通向语言的途中》,第260页。
② "这个作为老子诗性思维中占主导地位之一的词语,被海德格尔认为'可能是进行思维的人所具有的最初的一个词'。"这便是精神、意义、逻各斯本来(亦即出于它们的本性)所想说的意思:"作为'提供道路'的'开辟道路'和作为'让通达(das Gelangenlassen)'的'道路(wagen)'和'波动(wogen)'有相同的源流。也许'道路'一词是语言的原始词语,它向沉思的人允诺自身。老子的诗意运思的引导词语叫做'道(Tao)','根本上'就意味着道路。但由于人们太容易仅仅从表面上把道路设想为连接两个位置的路段,所以,人们就仓促地认为我们的'道路'一词是不适合于命名'道'所说说的东西。因此,人们把'道'翻译为理性、精神、理由、意义、逻各斯等。"[德]马丁·海德格尔著,孙周兴译,《在通向语言的途中》,第191页。
③ 老子,《道德经》,第一章。朱谦之,《老子校释》,第3页。
④ 庄子,《庄子外篇·知北游》。郭庆藩撰,王孝鱼点校,《庄子集释》,北京:中华书局2004年,中册,第753页。
⑤ "存在"是形而上学固有的指称词语,被概念方式所规定。海德格尔虽也用"存在"一词,但是他一直在一种揭示形而上学之本质的名义下使用,所以存在对他来说只是一个暂定的词语。大道已经逸出了西方传统形而上学的"概念方式"之外。——著者注
⑥ [德]马丁·海德格尔著,孙周兴译,《路标》,第483页。

御性的、以阻止那几乎是根深蒂固的陋习，并非"根本的方法"。"根本的方法"是取消形而上学的"存在"即"是"，从而展露出居有的给出。在这种取消中，"存在"和"无"需要从"大道"方面得到规定性，从"大道"方面来思考。"大道在本质上不同于任何可能的形而上学的存在规定，从而也比这种存在规定更为丰富。相反，存在就其本质来源而言倒要从大道方面来思考。"① 存在的意义唯从这个"大道"才能得到规定，所以我们说，"大道"高于存在。这个高于存在的"大道"不去问，是因为"大道"根本就不是对象。"无待而常通。"② "大道"无所指示，无所依傍，无所待。"大道"不是问和说的对象。如果我们一定要去问，也不是追问，而是去思考，思考"大道"情形如何。倘若一定要说，也不是描述，而是言说和回应"大道"如何成道。所以当我们说"大道"时，不是说它的名词性质，我们说的是它的动词意义：如何"成道"和运作。对于这个含义，海德格尔常用一个词来揭示：ereignen。③ "Ereignen"的基本含义是，照亮、揭示，成其本身，或揭示性的"居有"。④ 这个成道的"居有"，便是让存在者进入其存在的"领域"、"源始活力"、"过程"与"结果"。作为"领域"，它给出澄明之自由境界，在场者能够进入澄明而持存，不在场者能够出于澄明而逃逸并且在隐匿中

---

① 孙周兴，《语言存在论——海德格尔后期思想研究》，第 331 页。
② 郭象注，郭庆藩撰，王孝鱼点校，《庄子集释》，上册，第 1 页。
③ "Ereignis 在某种意义上是'挪用'了老子的'道'。"孙周兴，《语言存在论——海德格尔后期思想研究》，第 316 页。
④ [德] 马丁·海德格尔著，孙周兴译，《在通向语言的途中》，第 17 页。"至 1950 年，海德格尔在非形而上学意义上提出了'大道（Ereignis）'一词；与之相联系，他用'道说（Sage）'一词来取代形而上学的'语言（Sprache）'概念……对于 Ereignis 的翻译：英译者们对其采取了如下不同的态度：或任其不可译而不予翻译；或译之为'事件（event）'、'发生（happening）'；或译之为'转让'和'居有（appropriation）'；也有的译之为'居有之事件'（the event of appropriation）等。霍夫斯达特意译为'居有（转让）之解蔽（the disclosure of appropriation）'。"孙周兴，《语言存在论——海德格尔后期思想研究》，第 307—309 页。

保持其存留。人与存在一并在此领域中本质现身（非形而上学概念给予的规定性）。①作为"原始活力"，大道之根本意思——"途径"——才使我们思考的所有东西能够活跃起来。根据"途径"，我们才能去思想；根据"途径"，我们所思想的一切才能被提供道路、开辟道路，以及进入道路本身所归属的那个东西之中；根据"途径"，这个东西才能本质现身、在场，在一切事物的持续之际关涉着我们，并为我们开辟道路；作为"过程"与"结果"，大道之"途径"的最终用途便是让人通达，而最终结果也是使人通达。人栖居于语言之言，大道让人通达。于是，我们通达语言之言的说话便是"道说"。"道说"是大道开展的语言，不同且不止于人的语言。无论"大言"还是"小言"任何人的任何语言都是在"道说"中生成的。但人总是只明白"人言"，不懂"道说"，是因为人总是自行嵌入"道说"而不自知。大道总是居有人，人总是归属于大道。所以我们总是先听"道说"，再应合"道说"，将作为语言的语言带向语言。②这便是"道说"的神秘性，此神秘性对于"人言"才发生作用，因为"道说"是自行展开的，在"人言"以外的地方并不存在。于是，在"人言"与"道说"之间，大道之于道说便展现出一体两面，一个是"解蔽"，一个是"聚集"③。

让在场者显现，这个在场的意味就表示在无蔽之域中"持存"。"持存"不只是动作发出的起点，更是一个过程的延展。这个过程便是"解蔽"。"解蔽"的前提是有需要解蔽的"遮蔽"——即"蔽"

---

① 孙周兴，《语言存在论——海德格尔后期思想研究》，第258页。
② [德] 马丁·海德格尔著，孙周兴译，《在通向语言的途中》，第239页。
③ "后期海德格尔把逻各斯释为'聚集'，也就是语言。聚集意义上的逻各斯，既是存在的无所不在的运作，也是语言的无所不在的运作。"孙周兴，《语言存在论——海德格尔后期思想研究》，第301页、317页。

需要遮蔽状态，从"遮蔽"中汲取能量，把由"遮蔽"储存起来的东西"置放（legen）"于眼前。① "置放"是需要先去采集、聚集才能完成的。即"把一物放到另一位物边上，把它们放到一起——采集（lesen）、收集——聚集（Sammeln）或者是聚集的完成"②。

关于逻各斯（logos），这里说道：1. 它拥有常住性，持续；2. 它作为存在者中的那个"在一起"，存在着的"在一起"（das Zusammen des Seiend），作为聚拢者（das Sammelnde）在将起来；3. 一切发生着的东西，即来到存在的东西，都依据它们的常驻的"在一起"，来此居停站立，而这就是那发作存在力道的东西。③

于是我们看到，logos 聚集"遮蔽"的能力在"道说"中，而之于显出的 logos——即"人言"，居有在大道中以语言的"解蔽"使得存在者得以显现，在"无蔽"之中"持存"。所以 logos 于自身中同时既是一种"解蔽"又是一种"遮蔽"。而这种既是"解蔽"又是"遮蔽"的一显一隐便是"道说"运作的原则。在此原则中，语言作为既"存在"又"澄明"的"到达"，既是原始的"显"，又是原始的"隐"。使得万物在其中成其所是，世界得以成就，在场者之在场在其中居有自身。故海德格尔说，"语言是存在的家"。在家的居有里，我们顺从"道说"而听，而命名，而使得物显示到我们面前。"道说"即"显示"。④在这种"显示"中，任何一个被说的词语已然

---

① ［德］马丁・海德格尔著，孙周兴译，《演讲与论文集》，北京：三联书店 2005 年，第 236 页。
② ［德］马丁・海德格尔著，孙周兴译，《演讲与论文集》，第 221 页。
③ ［德］马丁・海德格尔著，王庆节译，《形而上学导论》，第 112 页。
④ ［德］马丁・海德格尔著，孙周兴译，《在通向语言的途中》，第 257 页。

都是回答,即:应对的"道说",面对面的、倾听的"道说"。[1]语言不是"道说",但通向语言之言的道路归属于"道说","道说"出自"大道"而获得规定,[2]即"大道"在"规定"中让"道说"达乎说话。那么"规定"是什么呢?我们虽然很难从大道中确定该"规定"的进路,但我们知道,这个"规定"一定是"双向的":道说能够达乎语言,亦是出于语言之要求而有所"设置",该"设置"便是语言如何给出其本质的方式。所以从语言的角度来处理这个问题,也可以得到我们想要的答案。在这里,我们可以先给出这个答案:"抑制自身"。

2. 语言"抑制自身"

语言以"抑制自身"的方式给出其本质。因为无论是有关词语的诗意经验,还是有关道说的运思经验,都没有把在其本质中的语言带向语言而表达出来。[3]

> 语言之本质断然拒绝达乎语言而表达出来,也即达乎我们在其中对语言做出陈述的那种语言。如果语言无处不隐瞒它在上述意义上的本质,那么这种隐瞒(Verweigerung)就归属于语言之本质,因此,语言不光是在我们以通常方式说它的时候抑制着自身,而且,语言的这种自行抑制乃取决于这样一回事情:语言随其渊源抑制自身,并且由此对我们通常的观念拒绝给出它的本质。[4]

---

[1] [德]马丁·海德格尔著,孙周兴译,《在通向语言的途中》,第261页。
[2] [德]马丁·海德格尔著,孙周兴译,《在通向语言的途中》,第262页。
[3] [德]马丁·海德格尔著,孙周兴译,《在通向语言的途中》,第177页。
[4] 同上。

语言随其渊源"抑制自身",就意味着语言的本质中蕴藏了抑制其本质发显出来的内容,而这个内容亦是语言之本质。那此时,我们便能换一个思路,从"语言如何给出其本质"转向"语言如何抑制其本质"。因为"抑制"本身就是语言之言表达的方式。那么,语言如何"抑制自身"呢?海德格尔虽然没再继续探讨下去①,但庄子却从反方向向我们展开了这个话题,即"语言如何被抑制自身"。

> 天地与我并生,万物与我为一。既已为一矣,且得有言乎?既已谓之一矣,且得无言乎?一与言为二,二与一为三。自此以往,巧历不能得,而况其凡乎?故自无适有以至于三,而况自有适有乎?无适焉,因是已。②

天地若与我并生,万物若与我为一,便是"一体"。"一体"还如何区分天地万物与我?"一体"还何须言出此语?不如就此停止追问吧。这停止追问的态度,便是直接抑制语言的方式。然"无适焉,因是已",既是停止,也是"沉默"。"沉默"也是一种"沟通"。在这种"沟通"中,抑制语言之本质的态度并非只是不再追问、不再言语的否定。更多的,是开启了更加开阔的沟通方式:"以我所知以养我所未知。"如果不从知识层面理解,而从纯粹语言的角度看这一句话,则表现出一种存有论的意思:有所知,即我所运用的语言,这里不止限于语句方式,更多指向纯粹的语言经验;无所知,即神秘的世界,一种具有神秘感的存在之处。运用我能够运用的语言经

---

① [德]马丁·海德格尔著,孙周兴译,《在通向语言的途中》,第 177 页。海德格尔没再对这个问题继续探讨下去,而是转向了对诗与思的讨论方向。——著者注
② 庄子,《庄子内篇·齐物论》。郭庆藩撰,王孝鱼点校,《庄子集释》,上册,第 85 页。

验去面对神秘的世界,这个具有神秘感的世界便是语言,是存在的那一部分。这看起来是一种默许的态度,但却在"沉默"之中,展现出抑制语言的方式在其中。这便是语言抑制自身方式的第一种表现:"直接抑制,停止追问,并默许在沉默之中。"语言以抑制自身的方式来给出其本质,以抑制自身的方式要求道说通达说话的设置,并以抑制自身的方式,在这条归属于语言本质的道路中始终隐蔽着语言的固有特性。这便是大道的"隐蔽性"。语言因此"隐蔽性"给出自身,并设置了道说通达语言之说话,而道说也同时具有了此种"隐蔽性"。有趣的是,道说本身是表示存在者即在场者之在场的词语,①本己是作为揭露在场的方式而"存在",却始终被"隐蔽性"遮掩。而这个"隐蔽性",正是关乎"存在"与"存在(ist)"的分别所在。

"存在(ist)"首先是物的经验上的存在。这代表了"词语可用于表示物时,我们就理解了物"的状体,但此时无论是词语,还是物,都无法给出物的"存在"。②我们之前有说过,对词语不能说它存在,而是要说它给出(es gibt),因为诗意的经验显示出"有(es gibt)"而不是"存在(ist)",③这个"有"便是"给出的有"。"给出"不是从"它"给出自身这一意义上来说,而是在词语给出自身这一意义上来说的。④因为词语不是物,不是任何存在者,而是"有"。词语本身便是"有",是先于一切的"有"。我们在运思之际必须在那个"它给出"中寻找词语,寻找那个作为给出者而本身绝

---

① [德]马丁·海德格尔著,孙周兴译,《在通向语言的途中》,第236页。
② [德]马丁·海德格尔著,孙周兴译,《在通向语言的途中》,第184页。
③ [德]马丁·海德格尔著,孙周兴译,《在通向语言的途中》,第185页。
④ 同上。

不是被给出者的词语。①当我们找到这个词语时，道说中所指向的同一的东西——词与物的关系，便成为"给出存在"与"存在"的关系。但是这种关系仍是隐蔽的。一，因为即使在词语的本质中，给出者仍旧遮蔽着自身。②二，因为"存在（ist）"作为"存在"的替代品，而使道说与存在、词与物的关系始终被隐蔽在一种几乎未被思考的方式之中。

相较于海德格尔从词与物的角度陈述"道说"的隐蔽性，庄子则落实在语言抑制自身之中。

> 一与言为二，二与一为三。③

"夫以言言一，而一非言也，则一与，言为二矣。"④"大道不可言，一落于言即为相对，欲言其非相对，则语言滋繁无穷。"⑤"一"便是宇宙整全、宇宙本源、道，但是只要言说出"一"，便已经不是那个"一"，这便是语言哲学的吊诡性与人思想的最大问题。因为言一出口，相较于"一"便是"二"，即成心对比。落于成心，便坎陷下来，与"一"之道的整全再无交集，于是愈是言"一"，"一"愈为"二"显，道愈加隐蔽，这即大道隐蔽性的传统讲法。但这种讲法只知其一，若从语言抑制自身的角度重新审视"一与言为二，二与一为三"，我们便会得到关于大道隐蔽性的另外两种表达：

语言抑制自身方式的第二种表现，"忘"。语言抑制自身，语言

---

① ［德］马丁·海德格尔著，孙周兴译，《在通向语言的途中》，第185页。
② 同上。
③ 庄子，《庄子内篇·齐物论》。郭庆藩撰，王孝鱼点校，《庄子集释》，上册，第85页。
④ 郭象注，郭庆藩撰，王孝鱼点校，《庄子集释》，上册，第88页。
⑤ 梁瑞明，《庄子调适生命之学——〈庄子〉释义》，第57页。

停止追问。所以"言"就不只是对一的表达,"言"本身同"一"一样,就有可能都是"一"。"一"是存在的意义,存在的意义本身也是一种"言"。"一"只要一成为说话被讲出来,便是存在的一种本源的表达,这便是"二"。"二"不仅仅是成心的对立,"二"中除了成心的显性呈现经验是非等以外,还有一种隐性的潜在表达,即逻辑上的"肯定"、"否定"。这个"肯"、"否"不是对立的"肯"、"否",是分裂之后的区别又相互成立,使得分裂也意味着整全。于是在这个背景中,一不是一,就是二,二不是二,就是一。来来回回,反反复复。这个"不是"也"是",来回反复不确定的属性,便确保理解分裂时可以回到那个"一"的地方。这个过程好像主观上的"忘记","物我两忘"的"忘记",庄周梦蝶的"忘记"。在"忘记"中,"一"与"二"从不确立的相对性,在大道的隐蔽性中转为道说的规定性内容,作为道说隐蔽性的呈现而呈现出来。

语言抑制自身方式的第三种表现,"远离"。在"庄周梦蝶"的"忘记"中,庄子跟蝴蝶的二元性被打消,但是越讲打消,就越是承认二元性的存在,越是显现出"一与言为二"。伴随着愈加显现出的"二",打消二元性的正确性不断被强调,并随着"二"的加强,"二与一为三"接踵而至。这个"三"是"二"与"一"的联合,是作为存在之"一",与区分而成就、非一非二的隐藏逻辑之"二"的联合。这个联合成就的"三",便是一种辩证关系。在这种关系中,万物生成,语言滋生。此时的语言已经不是语言之言的"言",而成为某种说话而消失的言说的问题。"三"看起来是丰富的万物与语言的内容,却在本质上成为一种"消失"。于是我们看到,因为"忘记"从而打消二元性以回归大道,却强调二元性的存在,于此打开辩证关系,生成本质消失的"三",进而彻底远离了大道。这是一个渐进的增强，远离的增强。这整个增强且远离大道的过程，即作为整体道说的隐蔽性的呈现方式之一。

无论是"成心"，还是"忘"与"远离"，道说的隐蔽性，成为"停止追问"与"默许"之语言抑制自身方式的前提。"道说"又总是一种隐匿着的"显示"，即"道示（zeige）"。于是在"道说"具有隐蔽性的"道示"中，供人得以栖居自身和本身就居留在大道中的"语言之言"，最终显示出来关于人与大道的关系，便是人抑制的居有在大道之中。只有这种"居有"中，人才能成为人，成为成道者，而成道者乃大道本身——此外无他。①

三、遥远又熟悉的"无何有之乡"

1. "切近"的打开：时间空间的统一体

成道者在大道之中抑制地居有着，这种居有包含一种自发的启动模式：开辟道路。"道说"使得道路开辟，道路的另一端，那"遥远之境"被隐隐约约映照出来。"遥远之境"中没有什么东西是存在的，如果非要说有，那就是一种能够使得存在之本质的追思过程得以成立的"本源"。"本源"不仅是追思的开端，更是追思的结尾，或者说亦开端亦结尾本就是"一体"。通向"大道"的道路在"一体"之中隐约有了"方向"。"方向"是道路从本源处所回应到的回响之中自行成立的。虽然"方向"成立了，但那个"遥远之境"依旧隐匿着，我们只能以显现的反面去理解这种隐匿。它始终不可接近，尤其当我们"对于"它有所谈论时，它离我们最远。②

---

① ［德］马丁·海德格尔著，孙周兴译，《演讲与论文集》，北京：三联书店2005年，第258页。
② 译者注释："海德格尔认为'对于，关于……'的谈论是一种凌驾于'……之上'的对象性的谈论方式。"［德］马丁·海德格尔著，孙周兴译，《在通向语言的途中》，第207页。

> ……今子有大树，患其无用，何不树之于无何有之乡、广莫之野？彷徨乎无为其侧，逍遥乎寝卧其下；不夭斤斧，物无害者。无所可用，安所困苦哉？①

悠然自得盘桓于大树之旁，悠游自在躺卧于大树之下。大树所在之处，便是这个"无何有之乡"，不问何物、悉皆无有的宽旷无人之地。②海德格尔称其为"最遥远之所"，庄子喻其为"广莫之野"，即宽广阔达的乡野田间。相较海德格尔，庄子的喻写手法更具有文学比喻的适配性——大树生长于田野之中——同时向我们暗示了一种背景："遥远之境"也正是我们最熟知的土地所在，最熟知的大地却也在同时是我们最为陌生最为遥远的"居所"。对于这个"居所"来说，不问何物，物不可问，因为物已经不再在"居所"所承认和接纳之中。"居所"所承纳的，是大道之开辟的道路所通达的关系。关系的各个端口不是存在者，是四个世界，"天"、"地"、"人"、"神"。我们知道，在"道说"中，"世界世界化"得以展现，"天"、"地"、"人"、"神"四元游戏得以发生。这个发生需要四个世界之近邻状态的道路得以开辟，以便使得它们相互通达。因为只有相互通达，才能将"四元"保持在它们的辽远之境中的"切近"中的东西。

"切近"是作为"近"的"切近（die Nähe als die Nahnis）"。③"切近"是不可被计算的近，④不是指距离方面的缩短，是道路通达之关系方面的建立。"切近"有几个方面的意义："切近"是四元与"遥远之境"相互通达的关键；"切近"是世界诸地带得以"相互面

---

① 庄子，《庄子内篇·逍遥游》。郭庆藩撰，王孝鱼点校，《庄子集释》，上册，第46页。
② 成玄英疏，郭庆藩撰，王孝鱼点校，《庄子集释》，上册，第47页。
③ ［德］马丁·海德格尔著，孙周兴译，《在通向语言的途中》，第207页。
④ ［德］马丁·海德格尔著，孙周兴译，《在通向语言的途中》，第208页。

对"的关键,即开辟道路的行为和发出;①"切近"能够为四个地带的"相互面对"开辟道路,是因为"das Selbige——时间-游戏-空间"的同一东西在"时间化"而到时,并成功的设置了空间。②这是什么意思呢?"das Selbige——时间-游戏-空间"与"时间化"很明显与"切近"一样,无赖于那种被视为参数的"空间(空间点)"和"时间(时间段)"。③那么"不指涉计量的时空"意味着什么呢?又与解释"切近"有什么关系?庄子行文中虽然很少出现关于"时间段"与"空间点",以及指向"时间"、"空间"计量单位的词语,但是其中并不乏关于"时间"、"空间"的内容,似乎从这一点入手,可以找到一些与"切近"的"时间"、"空间"相关的解释。

  若夫乘天地之正,而御六气之辩,以游无穷者,彼且恶乎待哉!故曰:至人无己,神人无功,圣人无名。④

  庄子认为遵循宇宙的大道,驾驭六气(阴、阳、风、雨、晦、明)的变化,遨游于无穷无尽的境域,便无可依待,便为至人、神人、圣人。这句话看起来没有指向"时间"、"空间",或者没有明确某一个"时间段",某一个"空间点",但这阴、阳、风、雨、晦、明的变化与无穷无尽的境域,已经包含了时空的隐蔽特质。但如此笼统地意指时空的行为并不能起到什么作用,因为我们既不能在隐蔽的背景中挖掘其被隐蔽的特质,又容易将表面的时空意意指误

---

① [德]马丁·海德格尔著,孙周兴译,《在通向语言的途中》,第207页。
② [德]马丁·海德格尔著,孙周兴译,《在通向语言的途中》,第210页。
③ [德]马丁·海德格尔著,孙周兴译,《在通向语言的途中》,第205页。
④ 庄子,《庄子内篇·逍遥游》。郭庆藩撰,王孝鱼点校,《庄子集释》,上册,第19—20页。

解为"时间"、"空间"的原始性含义。所以此处，我们先暂停直面理解"六气"和"境域"的时空隐藏意义，分析下一句：

> 至人无己，神人无功，圣人无名。①

至人、神人与圣人，均以"无"显世。"无"不是"无"什么，是如何之"无"。这里的"无"不是否定词语，是在表现一种"遮蔽"、"隐匿"的样相。我们前文分析过，可驭六气，游无尽，逍遥傲世而存的，第一非区别他物的主体，第二非主体生于世间的状态。这至人、神人与圣人所指，就是这全部的逍遥境界，也即庄子想要揭示的所在，海德格尔所谓之"真理的本质的显示"，真理之本现。庄子揭示的所在是遮蔽的，海德格尔所谓之真理之本现也是遮蔽的。"离-基深渊"乃是原初本质性的澄明着的遮蔽，是真理之本现。②作为基础的真理为遮蔽且拒绝的"离-基深渊"而建基，而"离-基深渊"乃作为"时间化"和"空间化"的统一性而建基。③即，"时间"与"空间"的源始性，在来自基础之"离-基深渊"的原始统一性中，才变得可以实行。这便是至人、神人、圣人之"无"所孕育中的"时间"与"空间"的所在。在这种时空的源始意义中，伴随着逍遥境界——存有之真理被建基性的开启，"时间"、"空间"不再有所区别，它们作为"时间-空间的统一体"，在一种游戏的状态下被

---

① 庄子，《庄子内篇·逍遥游》。郭庆藩撰，王孝鱼点校，《庄子集释》，上册，第 19—20 页。
② "离-基深渊乃是基础的原始本现。基础乃是真理之本质。""离-基深渊（即）离失，作为自行遮蔽中的基础，它是一种以基础之拒绝（Versagung）为方式的自行遮蔽，然而，所谓拒绝并非是一无所有，而倒是一种别具一格的、原始的'让未充满'、'让空虚'的方式；因而是一种别具一格的开启方式。"[德] 马丁·海德格尔著，孙周兴译，《哲学论稿：从本有而来》，北京：商务印书馆 2012 年，第 404—406 页。
③ [德] 马丁·海德格尔著，孙周兴译，《哲学论稿：从本有而来》，第 409 页。

打开,海德格尔称之为"存有之真理的时间-游戏-空间的建基性开启"。这种开启被称为"开抛","开抛"使得"时间"和"空间"聚集在它们的本质中的统一者——"时间-游戏-空间(zeit-Spiel-Raum)。"所以此时,我们再回到"若夫乘天地之正,而御六气之辩,以游无穷者,彼且恶乎待哉!故曰:至人无己,神人无功,圣人无名"①中便发现,其实逍遥境界与至人、神人、圣人,再与六气、无穷背后所隐匿的"时间"、"空间"的原始性,本就无何分别,因为当大道展开时,作为世界四重整体的开辟道路者,已把一切聚集入相互面对之"切近"中,而在这种"切近"中,"时间-游戏-空间"也即开展出来。这便是全部逍遥境界的意味,在这种意味中,时间时间化,空间空间化,开始即终结,隐匿便是澄明,反之亦然。无所不在,无时不现,却又无所在,无所现。故老子云:

> 视之不见,名曰夷;听之不闻,名曰希;搏之不得,名曰微。此三者不可致诘,故混而为一。其上不皦,在下不昧。绳绳不可名,复归于无物。是谓无状之状,无物之象,是谓忽恍。迎不见其首,随不见其后。执古之道,以语今之有。以知古始,是谓道纪。②

视、听、闻都不得,混而为一谓之"道纪"。与庄子文中"混沌之死"相照映。

---

① 庄子,《庄子内篇·逍遥游》。郭庆藩撰,王孝鱼点校,《庄子集释》,上册,第20页。
② 老子,《道德经》,第十四章。朱谦之,《老子校释》,第52—56页。关于此段引文末尾"道纪"一词,朱谦之版原文为:"……以知古始,是谓道己。"又朱谦之按:"作'纪'是也。'己'字无义。"故采用"道纪"一词。——著者注

南海之帝为儵，北海之帝为忽，中央之帝为浑沌。儵与忽时相与遇于浑沌之地，浑沌待之甚善。儵与忽谋报浑沌之德，曰："人皆有七窍，以视听食息，此独无有，尝试凿之。"日凿一窍，七日而混沌死。[①]

"混沌"本有诸多字义，中文中含有原初、纷乱、杂多等意。西文多以 chaos 表达，在俄文中写作 xaoc，它们的本源都来自希腊文 ΧΑΟΣ。意为"虚无之处（empty place）"，"深渊（abyss），裂开（gape）"，"混乱、困惑（confusion）"以及"混合（missed）"等义。[②] 混沌本虚无，自然无孔窍，不分清浊。如此便无先后，无时间，无地点，浑然一体，澄明且隐匿。故简言之：混沌以合和为貌，合和为无为。[③] 正如"时间-游戏-空间"之统一于其本质者。然"夫运四肢以滞境，凿七窍以染尘，乖混沌之至淳，顺有无之取舍；是以不终天年，中涂夭折……七日而混沌死。"[④] 便是人为地强行开耳目，以区别其先后，定位其左右，将"时间-空间"本一体原始的统一规定为"时间"、"空间"的某一显示，成为"时间段"和"空间点"，成为一种规定。在规定中，"时间-空间"原始统一的基本的本质现身被永远地隐匿于背景之中，正如混沌死去一般，不再苏醒。

我们看到，浑沌的喻写便是"时间-游戏-空间"的开启，而这种开启，居有于四重世界整体的"相互对面"的道路的开辟。只有在开辟道路中，"切近才能自行显示出来"。但伴随着"切近"的显

[①] 庄子，《庄子内篇·应帝王》。郭庆藩撰，王孝鱼点校，《庄子集释》，北京：中华书局 2004 年，上册，第 315 页。
[②] 丁子江，《罗素与中西思想对话》，台北：秀威资讯科技股份有限公司 2016 年，第 239 页。
[③] 庄子，《庄子内篇·应帝王》。郭庆藩撰，王孝鱼点校，《庄子集释》，上册，第 315 页。
[④] 成玄英疏，郭庆藩撰，王孝鱼点校，《庄子集释》，上册，第 316 页。

示,"相互对面"①的深远的渊源并不是在"切近"中,而是缘起于那种"遥远之境","无何有之乡"。活着的混沌便在那"无何有之乡"中。混沌已死,"无何有之乡"看起来是遥远不可及的。但是作为乡土和大地,却又总暗示它是我们记忆中最亲熟和最亲切的。这种既亲切又遥远之感基于从"切近"处开展出来的两条线索——从"切近"到"实际生活经验";从"切近"到"语言的大地性"。

2. 从"切近"到"实际生活经验":"形式显示"的方法论

"天地与我并生,万物与我为一。"庄子认为,若已明道枢之精妙,天地自然与我并生,万物自然与我为一,这句话是不用再多言的,否则也只是画蛇添足,分离彼此,弄巧成拙。这是一种自破向立的态度,在此态度中,我们能够比较容易得出两点内容。第一,破除主客对立的态度。代表主体的一方是"我",此句区别于前文中:"天地一指也,万物一马也。"天地万物便是一根手指,一粒尘埃,物与物之间已无什么差异可言。在后一句中,"我"的内容还是会被单独拿出,区别于他物。这不是庄子多言冒失,而是将这种已经存在的问题通过语言上的警告陈置出来。第二,既然是自破向立,就意味着要对天地万物与我之关系的破除步骤做到完整。

> 既已为一矣,且得有言乎?既已谓之一矣,且得无言乎?一与言为二,二与一为三。自此以往,巧历不能得,而况其凡

---

① "在起支配作用的'相互面对'中,一切东西都是彼此敞开的,都在其自行遮蔽中敞开;于是一方向另一方展开自身,一方把自身托与另一方,从而一切都保持其本身;一方胜过另一方而为后者的照管者、守护者,作为掩蔽者守护另一方。"[德]马丁·海德格尔著,孙周兴译,《通向语言的途中》,第206页。

乎？故自无适有以至于三，而况自有适有乎？无适焉，因是已。①

立即停止发问，不要再言说，便是停止一切关系的延续。行文至此，天地万物与"我"之关系的破除乃告一段落，这是表面上容易得到的结论。然实际上，庄子在警告处引导出了另一层面的暗示：如若非要讲明天地万物与"我"的关系，便是"并生"，便是"唯一"。这个"并生"与"唯一"不是比喻性的用法，是直接表明在天地万物世界的展开中，"我"之于"我"的内容才能够生发出来，并终使"我"成为"我"。但是，也正如庄子警告的那样，主体性的认识容易带来主客区分，故此"我"并不是一般意义上主体的、生理的、心理的"我"，若非要以一个不太具有主题意味的词语代之，可以换为："人"。

其实，从世界展开处回到人的路径，在海德格尔中也是比较明显的。联系上文处，进入"切近"开辟的四元得以彼此相通的道路中，世界游戏的四重整体得以开启。这种开启被海德格尔称为"统一结构的开抛力量"。在"开抛"中，"天"、"地"、"人"、"神"四方中共同互通作用的"之间处"被张开（即"开裂"）。"开裂"的过程，正是本有——存有本身的本现，开启自身的过程。② Dasein 便是本有之转向的转折点的"开裂"之生发，即 Dasein 生发于此"开裂"中。于是，世界游戏的展开便被牵引至"人"处，这里要注意的是，当海德格尔还在讲 Dasein 时，"人"只是"人类"，即诸神的

---

① 庄子，《庄子内篇·齐物论》。郭庆藩撰，王孝鱼点校，《庄子集释》，上册，第85页。
② [德]马丁·海德格尔著，孙周兴译，《哲学论稿：从本有而来》，第8页、328页。

对应面。人类作为类别存在，主体性是无法避免的（但与四元中的会死者不完全相同）。但作为从本有转向生发而出的 Dasein，和庄子文中不甚具有主体意味的"人"来说，他们的相通之处便是实存论或存有论的意义，即从实存状态上、存在者状态上的（ontisch）分析自身。①

庖丁为文惠君解牛，手之所触、肩之所倚、足之所履、膝之所踦，砉然响然，奏刀騞然，莫不中音；合于桑林之舞，乃中经首之会。文惠君曰："嘻，善哉！技盖至此乎？"庖丁释刀对曰："臣之所好者道也，进乎技矣。始臣之解牛之时，所见无非全牛者。三年之后，未尝见全牛也。方今之时，臣以神遇而不以目视，官知止而神欲行。依乎天理，批大郤、导大窾，因其固然。技经肯綮之未尝，而况大軱乎！良庖岁更刀，割也；族庖月更刀，折也。今臣之刀十九年矣，所解数千牛矣，而刀刃若新发于硎。彼节者有闲，而刀刃者无厚；以无厚入有闲，恢恢乎其于游刃必有余地矣。是以十九年而刀刃若新发于硎。虽然，每至于族，吾见其难为，怵然为戒，视为止、行为迟。动刀甚微，謋然已解，如土委地。提刀而立，为之四顾，为之踌躇满志，善刀而藏之。"

文惠君曰："善哉！吾闻庖丁之言，得养生焉。"②

庖丁解牛，初见牛为牛，三年后不见整牛，之后不再目视而观，继而顺骨骼筋脉走向且毫无障碍的解牛。庖丁这是抛开本己对象化

---

① ［德］马丁·海德格尔著，陈嘉映、王庆节译，《存在与时间》，第 18 页。
② 庄子，《庄子内篇·养生主》。郭庆藩撰，王孝鱼点校，《庄子集释》，上册，第 125 页。

的、抽象化的牛的概念,从视牛为一物(故见牛为牛),转而视牛为物之部分(故不见整牛),再转而牛与己相通之筋脉血肉相连(故不再视之,或再视其不见)。该过程便是庖丁将牛从客体对象化的物的认识,一步步瓦解并转向为不分主客、原初的流动的经验自身。这个经验自身被胡塞尔称为"原意识(urbewutsein)",即在我们进行意向活动时对这个活动的同步意识,一种非对象化的"意识到"。在原意识中,一切在直观中原本地给予的东西,要如其给出的那样去接受。不同于感性的随意释放,直接接受到的是一种生命的体验同感(sympathie),可以通过非概念化和普遍化的方式被某种言语道出,正如庖丁解牛的故事一样,随着言语道出这种原初的、流动着的经验自身,伴随着人类的原初体验,带领着观察者、表达者和思想者完全投入体验流中去。因为只有在根本意义上的流里面,瓦解主客的可能才能实现。经验者的自身(selbst)与被经验者不再像我们一般意义上面对对象那种,与被(经验)事物撕裂开来。而是作为一种实际的、历史的,人遭遇的非对象情境的状态的,超出理论规范的直接体验。这种直接体验直接植根于生活与生命,完全超出了认知经验的范畴,同时又不是非理性,可以让人得到理解。如我们遭遇到的物质性的"周遭世界(umwelt)"、人际性的"共同世界(mitwelt)"和我的"自身世界(selbstwelt)"等,总而言之,非"客体",而是"世界"。[①]这便是海德格尔在胡塞尔的"生活世界"的基础上提炼出来的"实际生活经验"所要表达的根本性意思。

在"实际生活经验"的日常表现中,经验者是从"不计较"的。庖丁眼里没有牛的高低胖瘦,解牛并不见牛,已经完全不在乎经验,

[①] M. Heidegger, *Phänomenologie des Religiösen Lebens-Gesamtausgabe Band 60*, Frankfurt am Main: V. Klostermann, 1995, p. 16.

彻底沉浸与赤裸地投入在体验当中。体验也不是纯粹跳跃的诗意的表达，它同样具有可以让人理解的理性存在，如"庖丁解牛"从破除主客后回归到的"实际生活经验"就是一个切实的例子。那么是否存在一种直接生发在日常生活中的经验呢？其实我们每一个人每天都在体验这种经验过程。比如进入一个盛开鲜花的花园中时，我们一般不会去先观察哪一种花什么颜色，对应什么类别，对应什么形状，哪一丛花在前，哪一丛花在后。这些都是观察的、计较的态度。除非我们进入花园中时已经事先持有这种态度，否则不会故意盯住分析某一枝花。我们入园看到的，应是刹那间的万紫千红涌入眼帘，是色彩的缤纷和生命的绽放，还有满园的花香。甚至在开始的一瞬间，我们都没有意识到这是什么，如果我们意识到这是什么，并且去分析是什么类别的花种，那么意识层次就进入对对象的审视。而"实际生活经验"其实并不会在乎、"不计较"这种层次或经验方式的不同。因为一切层次的不同都只是糟糕的、曲解的解释，是对体验中的纯粹观审（hineinschauen）的歪曲。[1]实际经验者一下子就看见了这所有的花朵，不是将它们其中某一枝作为客体来看。实际上，他看到的是一个有焦点和围绕带的周遭情境化的内容，并会顺延消融于下一个变化了的经验境况里，这便是实际生活经验"不计较"的态度。而正因为"不计较"，也就意味着不承认超越性的无穷追问。即自身具有"自足性（selbstgenügsamkeit）"。解牛先见牛，后不见全牛，最后不见牛，这节节步骤不是"超越"，而是"回归"，"回归"到本具有自足性的经验当中。当其回归其位时，便不再对任何形式的无穷后退有兴趣，或者说完全屏蔽了对于追问的经验。在

---

[1] ［德］马丁·海德格尔著，孙周兴译，《形式显示的现象学：海德格尔在佛莱堡文选》，上海：同济大学出版社 2004 年，第 9 页。

这种"自足性"中，人体验的一切内容、经验到的世界，自身的世界与他人的世界都充满了意义。庖丁解牛对庖丁来说是为"道"，是人生大义。文惠君听闻自觉对养生有助，对体验人体宇宙天地有意义。这些意义都先于一切认识论所讲的东西。"这种有意义状态决定了被经验的内容本身。以这种有意义状态的方式，我经验着我的所有实际生活的形势（faktischen Lebenssituationen）。"①在这"实际生活经验"中，我只是询问如何体验我自己，从不询问体验了什么。②

"实际生活经验"是海德格尔的 Dasein 在实存论分析层面中的原初体验流。也是庄子文中的庖丁和文惠君实实在在面对的日常生活。但身处日常生活中的人们，往往看不到生活里隐藏着的原初的生命现象所具有的生存意义，所以海德格尔提炼出一种回归生命本身的方法："形式显示。"③

什么是"形式显示"？我们已经知道想要回归到"实际生活经验"，需要避免"客观化"和"对象化"的思维方式，不要纠结于"什么（was）"或"内容（gehalt）"的对象性规定，要显示出实事（现象）的"如何（wie）"，即现象的"关联意义"和"实行意义（bezugs-und vollzugssinn）"。这样，注意力就会从"具体内容"上转移并重新聚焦在"具体方法"中。我们可以看出，在一开始通向"实际生活经验"的道路中，注意力的转向便是整个过程的开端。有意思的是，海德格尔直接给出"形式显示"的定义就是"处于'开

---

① M. Heidegger, *Phänomenologie des Religiösen Lebens-Gesamtausgabe Band 60*, p. 13.
② 实际生活经验本身就含有的"脱落（开这经验最深动机）的"或"沉沦的（abfallend）"倾向。
③ "形式显示"提出的动机，是海德格尔应对新康德主义学者那托普（P. Natorp）对于胡塞尔现象学的批评所作出的回应。——著者注

端'之中的'道路'"①。"道路"明显不是聚焦于对象式的具体内容的"道路",因为"道路"先行给出了一种内容上不确定的、实行上确定的"维系（bindung）",在这种维系中,非普遍非抽象的"处境（situation）"通过哲思被真正激发并发动起来。②

> 昔者庄周梦为蝴蝶,栩栩然蝴蝶也,自喻适志与,不知周也。俄而觉,则蘧蘧然周也。③

庖丁之技,化我入牛,以技进道,自明则诚,乃世间寥寥之人能够通晓。但梦,人人都可以做。梦中以为蝶,全然忘周身,醒来自为周,蝶乃梦中事。是周还是蝶其实并不重要,重要的是"做梦"这个途径。在梦中,蝴蝶翩然起舞是作为蝴蝶直观地置身于自在生命中。这便是生命之为生命的可能性,也是生命的绝对可理解性。蝴蝶的自在直觉不是非理性的,随着每一次振翅都能感受到它本身的"动因化和趋向",从而"显示出"这自在生命的"绝对可理解性"。这种显示自在生命或实际生活经验本身的动因和趋向,使之成为可理解者的方式,就是"形式显示"——对实际生活（或生命）及其经验的显示。④在"形式显示中",自在生命的内在历史性构成解释学的直观,⑤并伴随着这种直观显示于 Dasein 之中。因为毕竟,

---

① [德] 马丁·海德格尔著,赵卫国译,《对亚里士多德的现象学阐释——现象学研究导论》,北京：华夏出版社 2012 年,第 31 页。
② 孙周兴,《哲学的后哲学问题》,北京：商务印书馆 2009 年,第 248 页。
③ 庄子,《庄子内篇·养生主》,郭庆藩撰,王孝鱼点校,《庄子集释》,上册,第 125 页。
④ 张祥龙,《海德格尔的形式显示方法和〈存在与时间〉》,《中国高校社会科学》2014 年第 1 期。
⑤ [德] 马丁·海德格尔著,孙周兴译,《形式显示的现象学：海德格尔在佛莱堡文选》,第 19 页。

还是庄周来梦蝶，庖丁来解牛。作为原始的实际生活经验的体验者，需要为了这种关系的要求，去最终成为 Dasein。而作为 Dasein 来说，在一切直观中原本给予的东西也就在作为经验本身的原意识中自在地显现出来，进而"形式显现"与 Dasein 之间的链接通过原意识得以实现。

那么 Dasein 是如何具有原意识的结构呢？海德格尔给出的答案是：时间。之前我们已经讲在"切近"处"时间-游戏-空间"的结构被打开，还是站在一种脱离 Dasein 的角度中去分析。那么现在作为原意识结构的促成和造就相关的时间内容，便是一种内在于 Dasein 的时间观念，海德格尔称之为"内时间意识"。"内时间意识"不只是作为原意识的结构基要，更是海德格尔理解 Dasein 的本性的和存在本义的要旨：我们是一种时间化的存在者。而实际上，作为"内在时间化"的存在者——也即"时间-游戏-空间"的建基者——Dasein 始终抱有着一种"为把存在问题带向真理的本质显现"而开启出来的态度。在这种态度中，"时间-空间"的这个本源相应于作为本有的存有的唯一性[①]也就展露了出来。于是，时间时间化，空间空间化。时间化而到时，让一切成熟、涌现。"空间"为"地方（ortschaft）"和"诸位置（orte）"设置空间，并同时使一切事物释放到"地方"和"位置"中去，把相同到时者接纳为"时间-空间"。"时间"、"空间"在其本质整体中并不运动，都只是寂静的"宁息"着。"宁息"不是沉寂，如前所说是一种"到时"。"到时"是时间的过去、现在和将来，一同使得我们去照面的"统一运作"。这个"统

[①] [德] 马丁·海德格尔著，孙周兴译，《哲学论稿：从本有而来》，北京：商务印书馆 2012 年，第 400 页。

一运作"和同过去、现在、将来构成了"四维的时间维度"。①此维度即"澄明着的端呈（lichtendes reichen）"。在端呈中，我们出神的被摄入时间三重的相同到时者之中，以及空间的"设置"、"承纳"和"释放"之中。而这所有的一切，都一同归属于统一的"寂静的游戏（das spiel der stille）"，这便是"时间-游戏-空间"的结构所在。②也即"时间-空间（zeit-raum）的本己建基——da-sein"。③那么如此说来，作为 Dasein 的"内在时间"与"时间-空间"又有何区分呢？其实种种名称只是作为分析的角度阐释之，并没有什么不同。只是因为同样作为人的我们，在分析关于 Dasein 的内在时间时，会多出一份同理感，即上文关于时间上出神态的三个样相。"过去"、"现在"和"将来"，此三者统一的现象——已在着的和当前化着的"将来"——被称为"时间性（zeitlichkeit）"。④这与胡塞尔时间意识的"晕发生结构"："原印象"与"保持（retention，回伸、滞留）"和"预持（protention，前伸、前摄）"之间那种相互区别中的互映互成，互补交织的回旋余地很是相似。⑤只不过海德格尔的"时间

---

① ［德］马丁·海德格尔著，孙周兴译，《面向思的事情》，北京：商务印书馆 2015 年，第 22—23 页。"将来、已在、当前表示这样一些现象上的特点：'去朝向自身（Auf-sich-zu）'、'回到（Zurück auf）'和'让与……遭遇（Begegnenlassen von）'。'去……'、'到……'、'与……'这些现象将时间性作为彻头彻尾的 ekstatikon（位移、站出去）而公开出来。时间性就是这种原本的在自身之中并为了自身地'出离自身'。因此，我们称将来、已在、当前这些已被刻画的现象为时间性的诸'出神态'（Ekstasen）。此时间性并非先是一个存在者，然后才开始从自身里走出来；情况倒是：它的本性就是在诸出神态的协调统一中的时机化（Zeitigung）。时间性的三相被看作'出神态'，它们原发的协调统一就是'原本的在自身之中并为了自身地出离自身'。"张祥龙，《海德格尔的形式显示方法和〈存在与时间〉》，《中国高校社会科学》2014 年第 1 期。
② ［德］马丁·海德格尔著，孙周兴译，《面向思的事情》，第 209—210 页。
③ ［德］马丁·海德格尔著，孙周兴译，《哲学论稿：从本有而来》，第 19 页。
④ ［德］马丁·海德格尔著，陈嘉映、王庆节译，《存在与时间》，第 414—415 页。
⑤ "只有这种既构造时间对象又构造自身的晕叠加造成的统一时间流，才有当时与过去、将来的互补交织成的回旋余地（Spielraum），一个比所有存在者从本质上更丰富的意识（转下页）

性"对应的"形式显示",是将这种"晕"扩充到人的整个生命处境,使得人的全部的实际生活世界通通"晕化",并在这种"晕化"中,周遭世界、共同世界和自身世界交织构意的样貌在"形式显示"中得到完整的呈现。于是,"实际生活经验"便作为体验流展现给Dasein,也相应开启了"时间-空间"这个真理本质的基建,从而展开"时间-游戏-空间",反之亦然。"切近"本源处的遥远的澄明又隐蔽的显现,之于 Dasein 来说,便显现为非对象化的、实际又实在的生活经验方式,一种从哲学中涌出(entspringt)和向其深处涌回

(接上页)空间,也因此才能让人在不顾其他一切地当下体验某个对象或情境时,同时意识到或边缘地体验到这个当下体验。而这一切都源自时间意识的晕发生结构,也就是原印象与保持(Retention,回伸,滞留)和预持(Protention,前伸,前摄)之间那种区别中的互映互成。对于原印象的保持或滞留,不是对一个与该保持分立的存在者的保持性表象,否则就只能叫做回忆或事后回忆。保持是原印象的直接意识投影,与原印象有区别——否则时间就不会有前后相继,但又不是存在者之间的区别——不然时间就不是意识流而只是意象串。它是一种原回忆、原想象,在原印象还未对象化之际就'不计较'地影射住了'它',将其边缘化地涵蕴起来,由此造就了第一综合或第一实行,所以这种保持意味着一种原发生,没有独立存在者时的意蕴发生。而预持或前摄也是或更是这个意思,在原印象还没有作为一个分立的存在者出现之际就预持了它。所以胡塞尔将这三相互相影映的结构称作'时间晕(Zeithof)'。'晕'意味着三相之间没有现成的界线,只有中心与边缘的过渡乃至中心本身的推移和晕化,所以保持与保持、预持与预持之间也没有现成的界线,这样就势必有对保持的保持和对预持的预持,由此而形成一道时晕流。因此,内时间是最原本的发生和实行的机制,一切意识活动都最终源于它,是它的变体。而这里提及的牵挂,将生存的形式显示结构表露得更清楚。它是个准时间化的三相互缘的晕结构,牵挂是缘在的存在或缘在的本性所在,它表明的乃是缘在在世的形式显示的或生存论的整体结构,因而对于理解此书来说极其重要。而这个结构——'作为存在于(世界内所遭遇着的存在者)的状态里的、已经在(此世界)之中的先于自身'——也的确表现出典型的形式显示的特点。它既非实体化,亦非形式化,而是纯姿态关联的实行,特别是括号外的话。而且,它是一个'就其本性而言不可扯裂的整体',是由三相——存在于、已经在、先于——互补交缠而实行出的一个晕境,既是生存空间之晕,又是生存时间之晕。此晕境不只是一个胡塞尔意义上的时间晕圈(以当下为焦点而成其晕),而是一个以'先(vor-)'为重心的整个缘在世界和意蕴世界的生存晕境。所以海德格尔阐发的所有实际缘在现象,就其比较原初的维度——比如缘在的'去存在'性、'称手'性、'处身情态'性、'共在'性、'意蕴'性、'牵念'性、'闲谈'性等等——而言,无不是晕境缘发生型的,有着曲调那样的前后互补而当场生成的泛音流韵,是'诗意之思'。而他揭示的诸真态的(eigentlich)缘在方式,就具有特别鲜明的'先行'朝向。"张祥龙,《海德格尔的形式显示方法和〈存在与时间〉》,《中国高校社会科学》2014 年第 1 期。

（zurückspringt）的根基。①这个涌出的"切近"之本源和涌回的原初的根基所根据的，便是依循"内在时间"而行使的"形式显示"。随着"形式显示"的方法，经验意义的原初机制得以揭示，"切近"处所通往的"遥远之境"也就复归于"实际生活经验"之中了，这便是"无何有之乡"既遥远又亲近的"秘密"所在。

3. 从"切近"到语言的大地性："肉身"的建基

由于寂静之音的开启，四重整体诸地带进入它们彼此的"切近"中，开展出天地人神的世界。这个过程的显现，便是"道说"。

> 大言闲闲，小言间间……②
> 夫道未始有封，言未始有常……③

在庄子文中，"道说"即"大言"，"人言"即"小言"。"大"、"小"辨别是指"大道"与"人言"。小之于大，是相较于大道之言的"道说"，人的语言是贫乏且离间的。然"大言"不大，"小言"不小，二者是相对且无定常的，并没有明确的分定界限。于是我们便发现了一个有趣的事情：语言既能够成就寂静的无言之言，又可成为无常人言的载体。或者说，"人言"是否本就出于"道说"，自"道说"中来？若是如此，"道说"跌落至"人言"的转折处在哪里呢？翻转出来即"道说"，跌落下去便是"人言"。从字面上理解，"人"是关键的改变。那么结合"成心"与 Dasein 的沉沦，似乎已经回答了这个问题：因为是非辨别的"成心"和逐渐沉沦于现实经

---

① M. Heidegger, *Phnomenologie des Religisen Lebens-Gesamtausgabe Band 60*, p. 15.
② 庄子，《庄子内篇·齐物论》。郭庆藩撰，王孝鱼点校，《庄子集释》，上册，第57页。
③ 庄子，《庄子内篇·齐物论》。郭庆藩撰，王孝鱼点校，《庄子集释》，上册，第89页。

验世界所导致。然而这并非真正的答案，我们并不是真的想要去解答这个转折的关键点是什么，我们期待的，是通过对于语言转折的问题，揭示"无何有之乡"的遥远又令人熟悉的全貌究竟是如何的。若过多纠结于转折的关键点，就会迷失问题的初衷。所以，先让我们回到"道说"和"人言"中，分别理清二者的关系："道说"作为语言的本质，是被作为语言的语言带向语言（die Sprache als die Sprache zur Sprache bringen）的显现。[①]而"人言"，作为语言来说，是人的一种能力。这种能力使得人具有能够聆听语言命名的功能，能够经验语音的来源，能够使得寂静之音被作为语言的语言带向语言。这个能力不是单向、单一的人能够发出的，而是双向且是人与大地相归属的结果。表现为两点：一，人能够发出聆听召唤的能力，其来自寂静之音所开启的四重世界之中。二，人的这种能力所基建于的肉身感官，实际是根植在"大地（physis，意义上的大地）"之中，这便是"语言的大地性"。

我们认为，后期海德格尔语言思想的关键点就在于他所强调的语言的植根性，语言与大地（Physis）的一体归属关系。所谓"静寂之音"，所谓"道说"的"开辟道路"等，都启示着这一度。而对于这一度的揭示，不但在"返本归根"这个意思上是启人深思的，而且对一般语言科学和语言哲学的研究来说也是一个挑战：对语言（人言）的对象性研究是否能够揭示出活生生的语言——不仅具有"形式要素"而且具有"肉身要素"的语言？[②]

[①] ［德］马丁·海德格尔著，孙周兴译，《在通向语言的途中》，第239页。
[②] 孙周兴，《语言存在论——海德格尔后期思想研究》，第353页。

其实，孙周兴指出"语言的肉身要素"，便是"语言的大地性"。具体分析，便是语言能够被聆听和言说的承载基建，即人本身。于此，我们便又回到关于人的讨论中：人就是语言的翻转关键，既可大言闲闲，又可小言间间，既可聆听于遥远处的呼唤回应并切近于四方展开之际，又能够深陷于日常的闲言碎语之中。这是一个在理论上作为枢纽并可翻转的关键点，却在实际生活经验中处处充满了困难。因为并非所有的人都能够承担起语言的大地性的载体而存在，或者说，并非所有的人，都能够聆听到语言本质的呼唤，从而切近那遥远的本源之开展中。

> 有人之形，无人之情。有人之形，故群于人；无人之情，故是非不得于身，眇乎小哉，所以属于人也；謷乎大哉，独成其天！[1]

凡是人都有人的肉身形体，故可群居于人。群居则善恶分辨，是非加身，这便是一般人。一般人甚是渺小，不能承上天之伟大，聆听自遥远处的呼唤，只能营营役役于世间沉沦其中。若非如此，则人必非一般人，即不落人情，不落成心之偏执与对立。落入便是落入"人性"，毁"天性自然"，这个"天性自然"不是他物，正是对那遥远处的呼唤的回应，也正是返璞归真所指引的道路，庄子称为"知天"，海德格尔称为"返乡"。"返乡"就是返归本源之"切近"，不仅是返归故乡，更要返归自己的"本质"的形成之源。[2] 知

---

[1] 庄子，《庄子内篇·德充符》。郭庆藩撰，王孝鱼点校，《庄子集释》，北京：中华书局 2004 年，上册，第 222 页。
[2] 张海福，《海德格尔的原诗歌思想》，济南：山东大学出版社 2014 年，第 311 页。

人则损天，知天则忘人。我们如此区分人性与天性，不是要将人陷入一个非此即彼的状态，而是试图说明，虽然不是任何人都能够"知天"或"返乡"，也不代表必须脱离人本身才能切近那本源处。总有另一种方式，那便是庄子所讲的"知人养天"。

> 知天之所为，知人之所为者，至矣。知天之所为者，天而生也；知人之所为者，以其知之所知以养其知之所不知，终其天年而不中道夭者，是知之盛也。[1]

"知天"的行为是怎样的人，他的行为由天而出。自然而然，"知人"的行为是怎样的人，以他所知道人的行为，养出他尚未知道的天。[2]由此不中途停止，以尽天年，便是"知"的极致。"知天"不是"知道天"，"知人"也不是"知道人"。"知"是聆听得到天，即"遥远之境"、"无何有之乡"的呼唤；"知"也同时是保持在人的肉身之中，沉默在语言的大地性中，守护着切近的神秘在词语中。

> 其一也一，其不一也一。其一与天为徒，其不一与人为徒，天与人不相胜也，是之谓真人。[3]

"知"不是"是"。与天的呼应为一，是"知"。与天不为一，与人为一，是"是"。人"是"人且"知"人。人"知"天但不"是"天。也就是说，人还是人。即使是"真人"也终究只是人，只是知

---

[1] 庄子，《庄子内篇·大宗师》。郭庆藩撰，王孝鱼点校，《庄子集释》，北京：中华书局2004年，上册，第229页。
[2] 梁瑞明，《庄子调适生命之学——〈庄子〉释义》，第150页。
[3] 庄子，《庄子内篇·大宗师》。郭庆藩撰，王孝鱼点校，《庄子集释》，上册，第239页。

天的"真人"太少，能够"返乡"的也就只有"诗人"可以做到。海德格尔认为，"返乡是诗人的天赋。唯通过返乡，故乡才作为达乎本源地切近国度而得到准备，"①从而抵达那遥远的无何有之乡。又同时唯独返乡，诗人才能够区别于一般人，称其自身为诗人。而诗人终究是人，作诗仍需肉身，才能将"切近"的神秘守护于词语之中，②托付于熟悉又亲切的语言的大地性之中。

4."返乡"之途：开启的艺术世界

> 鹏之背，不知几千里也。怒而飞，其翼若垂天之云。是鸟也，海运，则将徙于南冥。南冥者，天池也。③

脊背千里之长的大鹏，随海动飓风迁徙至南冥天池。庄子在《逍遥游》起始，即隐约显示出归返至遥远某处的意味。归返不仅是长远跋涉于他方，更是回归到我们早已熟悉的事情中——"实际生活经验"与"语言的大地性"。除此之外，还有一种东西对于我们来说更加熟悉，那就是关乎于人本身的"人的属性"。

> 中国有人焉，非阴非阳，处于天地之间，直且为人，将反于宗。④

---

① [德] 马丁·海德格尔著，孙周兴译，《荷尔德林诗的阐释》，第31页。
② [德] 马丁·海德格尔著，孙周兴译，《荷尔德林诗的阐释》，第26页。
③ 庄子，《庄子内篇·逍遥游》。郭庆藩撰，王孝鱼点校，《庄子集释》，上册，第2页。
④ 庄子，《庄子外篇·知北游》。郭庆藩撰，王孝鱼点校，《庄子集释》，中册，第741页。学界普遍认为，庄子内篇与庄子外篇作者不同，前者为庄子本人所著，后者为庄子学一派后继研究者所著，二者思想在整体上也有所差异。而《知北游》此段文字甚是贴合庄子关于人之属性之本义，故引用此处，并特此标明。——著者注

人以人的形体，处身于天地间，却是不偏向"阴"或"阳"任何一方。这个形体是暂时的，终究要返回到本宗、本源。这是本体论的讲法，也是我们谈论人能够返乡、乐于返乡的前提。在这个前提下，"故乡"和"家园"在实际生活经验中容易被代入，成为"返乡"的潜在目的地。但这并不意味要求作为个体的人回到另外一个空间式的地点，"返乡"是要人回到本来的存在的时间的记忆——他的历程、童年等——回到家乡所能感受到的那种熟悉并令他心安的"感觉"。"返乡"所带来的心安的"感觉"不是一般的情绪呈现，是关于现象学还原的问题。

依靠感官的感觉可以根据知识经验分辨出交响乐中不同乐器的频率、声部等，但我们听到的交响乐是整体的旋律的呈现，这种呈现所被提供的途径即"意向性"。意义不是概念的意义，是听到的整体的旋律所显示出来的一个"综合"，这个"综合"将感觉的提供变成了"意义的提供"。在胡塞尔那里，"意义的提供"是知识呈现的原初的地方，旋律从乐器里面提供出来，我们迎接它出现，这仍旧是知识层面的问题。如果转入存在论，就变成人在参与到这个世界中时的那个"在……中"，旋律的呈现成为人在世界中的一种"时间的居留"，即"居留在时间中"。对于个体存在者而言，"时间"与"存在"一样，都是让存在者出现，成为实在的背景，[1]"时间"与"存在"同时给予存在者出现的地方。于是胡塞尔的"意义的提供"就成为"旋律是这个世界（存在与时间）提供出来的"，"我们迎接意义的提供"就成为"我们要去迎接居留在世界中的地方"，即海德格尔的"返乡"——"迎接"即"返乡"。

---

[1] "存在仍然通过时间、通过时间因素而被规定为在场，被规定为当前。"［德］马丁·海德格尔著，孙周兴译，《面向思的事情》，第6页。

于是,"返乡是返回本源的近处"也就意味着"迎接本源的近处",这种"迎接"中带有我们对于本源的切近的最极致的"忠诚"。我们因"忠诚"不愿意离开故乡,而不得不离开故乡的人又因"忠诚"难以离弃故乡这个切近于极乐的原位,这便是故乡最本己和最美好的东西——"在家的感觉"。

是的,"返乡"即是使人重新返回"家园",并在这个空间与处所中,再一次拥有人的"在家的感觉"。这种感觉是"家乡的",是能够使得万物和人类的"本性"完好地保存下来的。在这种保存的本质中,大地完好无损地赠予了一历史空间,这便是"家园"。"家园"在我们命运的本己要素中,由大地"设置",并在这"设置"中因澄明本身"朗照"着"家园"。"朗照"即"明朗者",因为这个纯粹的澄明首先为每一"空间"和每一"时间"设置(在此即提供)敞开域,①并在敞开域中,使一切都成为家乡,允诺这种家乡要素,这乃是故乡的本质。

故乡在朗照者中与我们照面,在澄明的纯粹光亮中作为故乡而显现。②故乡因朗照者成为故乡,成其本质。这朗照者便是光明,便是光明升起的地方。

虚室生白,吉祥止止。夫且不止,是之谓坐驰。③

那光明升起的地方,吉祥至善的止处,便是人类与万物本质得以保存的地方。这个地方因人心灵宫阙止于"虚静"而显现,若不

---

① [德]马丁·海德格尔著,孙周兴译,《荷尔德林诗的阐释》,第15—17页。
② "故乡已经照面——也即在明朗者后显现于其中的那种喜悦中照面。"[德]马丁·海德格尔著,孙周兴译,《荷尔德林诗的阐释》,第17页。
③ 庄子,《庄子内篇·人间世》。郭庆藩撰,王孝鱼点校,《庄子集释》,上册,第155页。

止于虚静,整日惶惶,即使身形静止,心亦如奔腾野驹,实为"坐驰"。若"虚静"保持澄明,显露家园,则"坐驰"让人不得不远离故乡。在这一份不得已中,返乡的忠诚——作为一功夫的"心斋"——便逐渐展现了出来。

> 回曰:"敢问心斋。"
> 仲尼曰:"若一志,无听之以耳而听之以心,无听之以心而听之以气!听止于耳,心止于符。气也者,虚而待物者也。唯道集虚。虚者,心斋也。"①

专一心志,不用耳听、心听,用气去听。因气是虚的,不同于接受外来的声音的耳朵和判断相符自我的内心,气只会迎接并顺应。道便是虚之集应,乘道者心,便是虚之又虚,至于其极,就叫做"心斋"。可见,心斋之功夫就是不断"虚"之功夫。因虚的功夫逐渐放下对这个实际世界的判断,返回故乡,那光明的切近存在本源之处。与此同时,"成为",或者说回归于与整全地存在于一体,并在一体中,直接与自然通常,万物交汇,这便是庄子所说的"生命直感的体会"。

> 庄子曰:"儵鱼出游从容,是鱼之乐也。"
> 惠子曰:"子非鱼,安知鱼之乐?"
> 庄子曰:"子非我,安知我不知鱼之乐?"
> 惠子曰:"我非子,固不知子矣;子固非鱼也,子之不知鱼

---

① 庄子,《庄子内篇·人间世》。郭庆藩撰,王孝鱼点校,《庄子集释》,上册,第152页。

之乐全矣！"

庄子曰："请循其本。子曰'汝安知鱼乐'云者，既已知吾知之而问我。我知之濠上也。"①

惠子争论的前提是已设定万物分离，情不相通，故易落入言辩是非里，跌进人言的世界中。而"我在濠水的桥上，就知道鱼是快乐的"，这便是生命直感、生命中存在的本然之体验。在这种体验中，灵台不困于死生、存亡、穷达、贤能与不肖、毁誉、饥渴、寒暑，而是听任大化流行，"才全而德不形"，顺日夜循环，与万物相接，故尧可窅然丧其天下焉。但尧忘治天下之功的若有所失只是一时间打开了返乡的大门，可以说"返乡"但无"持存"与"创建"。作为个体的存在者，依靠短暂且片刻的思考个体很难真正开启"返乡"的道路，很难回归于整体存在中，因为个体所面对的，毕竟只是一个沉沦且充溢是非判断的世界，在这个世界中，我们早已遗忘在家的感觉，遗忘了本源的真实。所以海德格尔认为，不是任何人都能回家，返乡是诗人的天赋，只有诗人能够返乡。而诗人区别于一般人，也正是因为他们懂得如何在返乡之途中"持存"与"创建"，并通过"持存"与"创建"，"显现"出真实的世界。

本源只是如此这般地参与到对本源的接近过程之中。由此，显示就在本源本身的坚固性中被确定下来，即被创建出来。创建乃是向本源接近的持存，它之所以持存，是因为它作为通向源泉的胆怯行进，只是难以离弃那切近之位置。这种作为显示

---

① 庄子，《庄子外篇·秋水》。郭庆藩撰，王孝鱼点校，《庄子集释》，中册，第605—606页。

着的持存的创建所创建的，乃是创建本身。在这里，持存就是持存者。这个被创建者，诗人能够把它命名为一个持存者。唯这个被创建者才是诗人所思的持存的东西。①

我们之前说，诗人凭借语言的大地性道说神秘。这个过程是一种持存者的状态，并作为一种"创建"而发生。在"创建"的发生中，持存继续着切近本源的道路，接近本源的"创建"也因持存而"原始地栖居"下来。那么"原始地栖居"如何可以实现？海德格尔有如下三层意思。其一，"原始地栖居"凭借语言的大地性栖居，这部分内容在"无何有之乡"处分析过；其二，"原始地栖居"倚靠着诗意的创作栖居。创建"在保持一切之际并且自为地包含着"的状态中持续着，持续需要"基础"去维持，非凭空存在。这个"基础"便是被诗人建立起来的富有诗意的东西，建立的过程即诗人创作、作诗的过程。其三，"原始的栖居"被保留在作品形态中。诗意创作本身就是诗人的返乡，返乡是"欢乐"的，在"欢乐"中存在。"欢乐"把极乐之切近的神秘守护于词语中，②在朗照者中呈现，与神圣者同。③并将一切闪现者、大地和天空的神圣者，不断地带入那种自为的、持立的、保存一切的显露之中，使一切闪现者在作品形态中达到可靠的持立，④从而保留原始的栖居状态。

    梓庆削木为鐻，鐻成，见者惊犹鬼神。鲁侯见而问焉，曰：

---

① ［德］马丁·海德格尔著，孙周兴译，《荷尔德林诗的阐释》，第175页。
② ［德］马丁·海德格尔著，孙周兴译，《荷尔德林诗的阐释》，第26页。
③ "明朗者即神圣者，对于诗人来说，'至高之物'与'神圣者'是同一东西，即'明朗者'。"［德］马丁·海德格尔著，孙周兴译，《荷尔德林诗的阐释》，第17页。
④ ［德］马丁·海德格尔著，孙周兴译，《荷尔德林诗的阐释》，第195页。

"子何术以为焉？"

　　对曰："臣工人，何术之有？虽然，有一焉。臣将为镶，未尝敢以耗气也，必齐以静心。齐三日，而不敢怀庆赏爵禄；齐五日，不敢怀非誉巧拙；齐七日，辄然忘吾有四枝形体也。当是时也，无公朝，其巧专而外骨消。然后入山林，观天性；形躯至矣，然后成见镶，然后加手焉；不然则已。则以天合天，器之所以疑神者，其是与！"①

　　铸造作品前需斋戒养心神，工倕旋而盖规矩，此之谓其灵台一。看似是为了作品创作而不桎于心稽，实则于本源召唤，以作品创作方式回归至召唤处，得以安然，得以保持在栖居处。然而，栖居状态的持存就已意味着"返乡"的完成吗？并不是。原始的栖居状态只是另一个领域的显现，海德格尔此处用"道路穿过并构成疆土"作比喻，②认为"诗意创作"构成并显现的，乃是另一个领域，与沉沦的人言世界完全不同的领域。世界重新显现出来，"跟随伟大的法则"③且隐蔽不可描述的大地成为真正的大地——处处有古老传说的广袤大地，收获果实的空旷田野，充满灵性生命又伴随着年岁一次次落寞与寂静——④无限的关系闪现出来，伴随着关系的闪现，诗意的"栖居"呈现为"开启"与"打开"的样貌，"栖居"并"打

---

① 庄子，《庄子外篇·达生》。郭庆藩撰，王孝鱼点校，《庄子集释》，北京：中华书局 2004 年，中册，第 657 页。
② ［德］马丁·海德格尔著，孙周兴译，《荷尔德林诗的阐释》，第 198 页。
③ "这里所谓的'法则'，乃是伟大命运的指令意义上的νόμοι，这种伟大命运指引和遣送每一事物，使每一事物按本质而被用于何处。这些法则没有被描写出来，因为它们是不可描写的。"［德］马丁·海德格尔著，孙周兴译《荷尔德林诗的阐释》，第 202 页。
④ ［德］荷尔德林，《希腊》。收入［德］马丁·海德格尔著，孙周兴译，《荷尔德林的大地和天空》，《荷尔德林诗的阐释》，第 222 页。

开"在这个真实的大地上，真实的世界中。此时的世界才是诗人返乡与归复途径的最终的目的地：美的领域所显现出来的艺术的世界。

> 天地有大美而不言，四时有明法而不议，万物有成理而不说。圣人者，原天地之美而达万物之理。是故圣人无为，大圣不作，观于天地之谓也。①

不言说的天地，是美的领域的天地。不议论的四时，不说话的成规。相同的天地、四时与成规，却是完全不同的开启。因为圣人可以本着天地的大美，通达万物生成的道理而栖居在切近本源处。所以庄子说，至人无所作为，大圣无所造作，却是在真正地观于天地，效法天地。而这种效法，一定是因"持存的返乡"而得以实现，故庄子又曰："美成在久。"②

---

① 庄子，《庄子外篇·知北游》。郭庆藩撰，王孝鱼点校，《庄子集释》，中册，第732页。
② 庄子，《庄子内篇·人间世》。郭庆藩撰，王孝鱼点校，《庄子集释》，北京：中华书局2004年，上册，第166页。

第四章 作品的"创建"与"作品存在"

伴随"艺术世界"的展开,我们熟悉的关于艺术作品的内容逐渐浮出水面。这看似是一个"自然而然"的过程,然实际情况是,当我们从艺术的世界不自觉转入艺术作品时,就意味着艺术作品已经被当作艺术的世界的组成部分,这个组成是架构性的"叠加"。链接"叠加"的两边,一边是作为一个个艺术作品独立出现的实体,另一边是以艺术作品为核心而建立起来的庞大运作体系的"人间艺术世界"。但实际上,看似链接双方的叠加的本质,实则是"断裂"。该"断裂"意味着,艺术的世界从美的境域和关于返乡的本源的问题,坠落到了由人言世界构建而成的、围绕艺术作品表象部分的、效用的系统中(艺术家、策展人、博物馆、美术馆、拍卖会、经纪人、收藏家等)。当然,这个庞大的"人间艺术世界"并不是我们将要讨论的内容。我们理解的"艺术世界",是持存在真实之中,诗人栖居并打开的世界。当我们确定这个立足点再继续分析艺术作品时,便会发现,"自然而然"绝不意味着粗糙的组成结构叠加过渡,其暗示的是一种借助诗人/艺术家相互转换的过程:艺术家依靠作品持存在艺术世界中,同时也为栖居在艺术世界中创作作品。于是,我们可以初步得出一个结论:对于艺术作品来说,艺术家很重要。但这并不等同于一般常识中"艺术家创作、决定艺术作品的风格、内容、主题等"。因为艺术家与艺术作品本身的创作其实均与艺术家自身无关，或者说与艺术家主体无关。艺术家在艺术作品的创建与艺术世界的展开中所扮演的角色，更像是"中介"或是"转换器"，艺术世界与艺术作品也是围绕此"转换器"而相互关联，并同时在这种关系中成其自身。作品创建的契机起源于艺术家持存在艺术世界之中，而开启的创建最终成就并完成了全部的艺术世界。

艺术世界是打开的世界，由诗人在切近返乡的本源途中持存地开启。如此而来，诗人才能诗意地栖居，美的境域也才能被保存下来。那么具体如何保存呢？海德格尔给出的答案是：诗人以"诗"和"思"持存在大道中，这就回到了语言无言的问题，但这种回答仍不完整，因为它不能落实在实体论的层面上。于是海德格尔又说，艺术家以作品居留在艺术的世界里。我们知道，架上、雕塑作品的确真实存在，对此的回答落实在了实体论中，却在回答过程中出现了貌似无法弥补和无法用逻辑填补的断裂：从美的境域到作品本身。是的，海德格尔认为我们不能再走逻辑（logic）这条路，不能再试图以人言的逻辑推论搭建美与作品的桥梁。因为这个桥梁根本不存在，若仍坚持这么去做，就已违背了初衷，已经将艺术作品作为一个对象，而将美的境域——艺术的世界拉低到了美学当中。而艺术最可悲的，就是被拉低到了美学的范畴中。[1]那么，我们如何完成

---

[1] "在西方命运的发端处，各种艺术在希腊登上了被允诺给它们的解蔽的最高峰。它们使诸神的现身当前，把神性的命运与人类的命运的对话熠熠生辉。而且在当时，艺术仅仅被叫做 Τέχνη，艺术乃是一种唯一的、多重的解蔽。艺术是虔诚的，是 Ποιους 也即是顺从于真理之运作和保藏的……那时候，各种艺术并非起于技艺。艺术作品并不是审美的被享受的。艺术并非某种文化创造的部门……我们还没有面对喧嚣的技术去经验技术的本质现身，我们不再面对喧嚣的美学去保护艺术的本质现身。但我们愈是以追问的态度去思索技术之本质，艺术之本质便愈加神秘莫测……我们愈是临近于危险，进入救渡的道路便愈明亮地开始闪烁，我们便愈加具有追问之态。因为，追问乃思之虔诚。"[德]马丁·海德格尔著，孙周兴译，《演讲与论文集》，北京：三联书店2005年，第35页、37页。

"从美的境域到作品本身"的推论呢？若不能完成该推论，艺术世界与作品本身的关系就岂非只是虚构的假设？海德格尔并非轻言放弃之人，他转而提供了另外一条思路的可能性——我们应该翻转过来思考，将问题倒置——不要再问艺术世界如何落实到作品本身，而是问作品如何是美的？或是作品如何是艺术的？这种提问似乎让我们觉得有些熟悉：从实体论"跳跃"至"大道"的思维方式与老庄行文中的诡谲奇异很相似。是的，这便是海德格尔与庄子的呼应之处。其实，这种呼应在之前的那条思路里就一直存在，无论是艺术世界到作品，还是作品到美的境域，对庄子来说均无差别。它们二者的关系，就是我们最早提出的问题——庄子的"天籁"与"物化"的关系。海德格尔还是被西方传统思维所限定，被逻辑推论和概念所限制，无法通达艺术世界到作品的道路。而庄子的回答一方面填补的这个断层，另一方面也旁敲侧击着海德格尔思维掣肘之处。这里要注意的是，即使我们能说两组词语关系相当，我们也不能说，"天籁"即是"艺术的世界"，"物化"等于"作品"。我们只能确定这两组词语的关系似乎都存在着相同的性质，这个性质便是"跳跃的翻转"。正是这个"跳跃的翻转"，开启了通向我们艺术作品创作本源的道路。

我们在第二章中得出结论——庄子的"天籁"接近于海德格尔的"四方域"（第二章3-1），"艺术世界"正是诗人切近天地人神境域展开的天籁处所展开出来的（第三章2-4）。所以很有可能，庄子所期待的"天籁"境界，即圣人、至人、神人的境界，很可能与艺术的世界相通。其实这一点，徐复观先生早已指出："庄子由此而成就艺术的人生……是人生自身的艺术化。"[1]但徐先生的说法仍有些

---

[1] 徐复观，《中国艺术精神》，第56页。

跳跃，我们需进一步找寻路径推论。前面我们已分析过，庄子言"天籁"由"齐物"而来，呼应"逍遥"，与物同游，平复无着，自然而然，悠然展露。"游"便是切近物性展露的途径。庄周梦蝶之际，物之物性已于天地人神四元在虚空中圆舞显现，逍遥游便是这显现中的状态。在此状态中，人停止分析判断，从知识论转出，从与物的单一对象关系进入一种人与世界的多元的关系网与一种境域式的延展中，这便是"物化"（第二章 3-1）。于是，"逍遥"作为持存"天籁"境界的方式和状态，"物化"便是持存在这种方式和状态中所带来的结果。我们之前也说过，其中的不同只是语言层次中的区分，实际无甚差别。但语言的蔽障即在于此，言说出来便陷入人言推论中。所以，我们此时仍需多少做出些差别——"物化"与"天籁"若真不完全相同，定是由于"人的参与"。因为毕竟是人在"游"，也是人在讲述这个关于"物化"与"天籁"的诠释。人受到"天籁"召唤，持存于真实世界而显逍遥义，又因显逍遥义而与物同冥，物化天际。我们可以说，"天籁"境界便是"物化"的完成，反之亦然。这其中，必有人的参与。人便是"天籁"与"物化"可以相互成为的枢纽和关键。

之前我们说"天籁"与"物化"间关系的性质同"艺术世界"与"艺术作品"是相同的。如何可以相同呢？可以设想几种情景：第一，人作为"天籁"与"物化"的枢纽，是一个有自我主观意识的存在。这个存在与"天籁"无关，但是想达到"天籁"的境界，"物化"就是人想去达到"天籁"境界的一种方式。这种方式往往是艺术的方式，于是艺术便成为一种通道，艺术作品便成为这种通道的结果的表现。这种是否可行呢？答案是否定的。因为这样推论的目的性太强，太体系。人这个存在虽然是作为关键的枢纽，但是其本身并没有决定或者控制这个过程的能力，换句话说，他是一个不自觉的"中介"。诗人聆听召唤，而艺术家是孤独的；第二，"天籁"既然作为天地人神境域式的展开，切近于真实世界持存而开展出的"艺术世界"（第三章2-4），那么"物化"也近乎"艺术作品"。如何论证呢？我们已经得出"物化"是"终有一物"呈现的根据，天地一指，万物一马。何物都可是，或何物都本是"终有一物"。"终有一物"便是天籁的四元开展，便是海德格尔"物物化"与"世界世界化"中的物的本质——物成其自己的根据——或者说就是物本身（第二章3-2）。这就真正落实到了实体论层面，而完成这最后一步的海德格尔，也终于将目光锁定在我们现实中最具有代表性的、能够脱离人言的物——艺术作品。①这就搭建起了从"物化"到艺术作品的设定。初步看来，第二种方法是可行的。只是从"物化"到艺术作品的步骤还是显得有些仓促，故我们为完成这个设定，还需沿此思路寻找以下几个问题的答案：一、为何艺术家只具有"中介"作用，并不能决定艺术作品的创建；二、作为转换器的艺术家，如何参与作品的创建。三、如何确定"物化"与作品的根本依据正相关联。

第一节 孤独的艺术家

一、孤独的艺术家

1. 孤独的"天分"

海德格尔认为，"思"与"诗"与天地人神处的"切近"关系证

---

① 关于物的问题，海德格尔的"物物化"为庄子的"物化"起到一个铺路的作用，并在艺术作品中完成这个作用。——著者注

明了持存在大道中的只能是诗人。诗人区别于一般人（das man），只有诗人能够聆听家乡的召唤，这便是诗人的"天分"，有能力去接收本源的呼唤，继而得以应合和回归。也就是说，"天分"是一种使得诗人成为"被使用者"的角色，因为澄明已经"允诺"在天命的历史中。"允诺"因诗人的天分得到发挥并从压抑的遮蔽中被"解蔽"出来。唯一的、多重的"解蔽"，就是"艺术"。①"艺术"是虔诚的，是把真带入美中产生的。这种带入也只能由本质是诗人的艺术家承担，在承担中，艺术家使得艺术作品归属于产出，此即艺术家能够"创作"艺术作品的"秘密"。牟宗三先生将拥有这种能力的人称为能够暗合于道、"综合的尽气"的"艺术天才"。②但以"天才"称呼之，容易在语言层面制造两个屏障："艺术作品是由艺术家创作/创造的"以及"艺术家的天分决定一切"。而实际上，这种论断除了制造一定程度上的困扰以外，只是一种怠惰却又刺激的冒险。我们必需得承认，在人的层面若已区分诗人和 das man，就不能不说艺术家具有不同于常人的"天分"。但是生命本身就有一种流动性，并非常量，拥有艺术天分的人并不一定去画画，反之亦然。每个人都可以安排自己做什么或者成为什么，只是在被抛入了世界以后，作出的回应各有差别。当命运女神抛了一个苹果，我没有去认知它，分析是什么品种，市场价格几何，而是尝出了苹果的阳光、泥土，这便是恩赐，便是能够聆听到本源呼唤的能力。所以我们不能只是一味强调艺术天才的重要，或是直接用决定论去对待作品的创建，用命题和逻辑去归纳作品创作的过程，而是应该试图理解艺术家的"天分"和"天分"所承担并能够承担的能力。

---

① ［德］马丁·海德格尔著，孙周兴译，《演讲与论文集》，第 35 页。
② 牟宗三，《生命的学问》，第 221—222 页。

若是围绕着人本身而论,"天分"的内容则更多包含了一种"情识(emotional)","情识"是理论与理论间的破裂,无法用统一、抵消、观念的方式去统合它,是进入一种"无"当中,就是之前所讲的"虚室生白"。生命好像空虚的室,没有任何家私,光明遍布,在这种光明之中,真理显现,因为真理便是自身敞开的光明。在光明中,美好的信息而非认知的信息来到这里,所以"无听之以耳而听之以心","熏耳目以内关",在光明之中自然承担起本有的天分和能力,这便是"独体",即艺术家的"天分"是能够支撑其作为独体而存在的。

什么是"独体"?牟宗三先生给出的答案是:"设有一群现象共时生起于一背景中,而复有一律则将此共时生起之现象统束于一起,而使此群现象互相间皆发生一内在之关系,因而成一'统一之结聚',则此'统一之结聚'即为一'独体'。"[①]此向我们指涉了三个层次的内容:一、赤裸的生命之情欲方面的蠢动与冲破;二、生命之智慧方面的烛照与欣赏;三、生命之道德方面的实践与参赞。[②] "独体"是"生命的独体"。牟先生认为,"独体"若单单凭借生命生物性的冲动,或外重内轻式的知识追逐的实现,终是无法维系,有消逝的一日。为此,需要进行道德的实践才能使生命得以安顿,永远不坠。这种讲法

[①] "一、独体是一个存在的概念,它必指示一'实法'。二、独体必在一'成为过程'中而表现,再稍为强度一点说,则独体必在行动或践履中而表现。三、独体不是一个最后的单位,如所谓莫破的原子,而是律则所统驭于一起'统一的结聚'。依此,每一独体皆是一复杂体,然既称为'独',则又必又含有统一性。统一性自律则言,复杂性自律则所统驭之现象言。四、独体,依其复杂性,可以消灭,即解体;依其统一性,又不能消灭,可以永在。(佛弟子不认识统一性,但认识其可消灭,可解体,所以即于此而观空。)五、假若没有统一性,即不能成独体;假若没有'律则',即根本不能言独体。假若律则只可说隐显,不可说有无,则在某方面,我们还可说:当律则隐而不露时,即无独体之可言;当律则复而显露时,即有独体之可言。六、律则是其共相,律则所统驭的现象是殊相,而独体是个体。七、独体有背景。对独体言,背景是同质的;对背景言,独体是异质的。"牟宗三,《生命的学问》,第98—99页。

[②] 牟宗三,《生命的学问》,第98—99页。

自然是顺应的。但是道德的实践并不是唯一可以使得独体安顿的途径，还有另外一种，就是我们上面所讲的诗人/艺术家的天分所提供的可以担当的能力，这个担当便是担当起生命本身。而这种担当并不能从外部，超出他自身的范围获得。"人类无论在哪里都不再碰得到自身，亦即他的本质。"[①]只有自己面对自己时，担当的能力才会显现出来，不能与任何其他人观察或分享，这种能力是孤独的，只在于自身的理解和体味中。只有在这种"孤独的天分"中，诗人/艺术家才有可能成为"诗人/艺术家"，并作为"独体"而成为"独体"。

2. 人的参与

我们可以在人的层面与"艺术天分"相连接，但并不意味着"天分"有主体性的意味。因为"天分"只是诗人能够聆听呼唤，迎接真实的能力，该能力不是人创造的。那作为产出的艺术作品呢？毕竟每一样艺术作品都多多少少有"人的参与"，并且多多少少都含有物质性的东西在其中。假使我们不去讲艺术家创造作品，我们也需要承认，某些东西是由"人的参与"才得以呈现，而且这种关系总与物质性的东西相关联。

"人的参与"并呈现，这让我们联想到 hand-made，手工与人造。如果我们此时粗糙并怠惰地直接连贯到此处，就已经进入了一种"危险的明智"当中。称其"危险"，是因为"人造"与"人的参与"在我们言说出口时，意味已然不同。或者说相较于"人的参与"，"人造"还多了一层"集置的扩建"，这种"集置的扩建"在一切"被造物"中，撑起它们能够作为被利用、效用、实用的对象。如果滑至此处，就容易将作品同效用的物混为一谈，丧失一开始我

[①] [德]马丁·海德格尔著，孙周兴译，《演讲与论文集》，第27页。

们谈论作品的初衷。称其"明智",是因为一旦我们将作品与效用为目的的物摆在一起时,我们才能发现真正的问题所在:作为这种对象的物,即一般我们统称的"用具/器具","用具/器具"的存在就在其"有用性"中,而"有用性"来自"可靠性",物之所以为物正是依赖于它的"可靠性"。而艺术作品没有任何效用或实用性,那艺术作品就不是物了吗?因为其中毕竟有物的因素。那这个在作品中的物的因素与实用性为本质的物还是同样的东西吗?或者说,它们从一开始就是一个东西吗?这些接二连三的问题让我们此时才开始真正察觉并质疑,物的本质有可能并非在可靠性中,物有可能不是效用性的物,作品与物有可能并非从属关系,而"人的参与"有可能不是"人造"的含义。那该如何解答呢?如果对于物的存在不能了解,又如何能了解"人的参与"?海德格尔给出了这样一个答案:物物化便是作品的存在,作品存在的物物化所开展出来的世界与大地挣扎的关系中,离不开人的参与。

> 我们感到石头的沉重,但我们无法穿透它;即使我们砸碎石头,石头的碎块也决不会显示出任何内在的东西和被开启的东西,因为石头碎块很快又隐回到其碎块的负荷和硕大的同样的"阴沉之趣"之中了。[1]

海德格尔认为物被困束在效用性中,这种效用性将物放置在一种肤浅的表面,将之平面化了。而物的自在就像文中的石头一样,

---

[1] 孙周兴,《我们如何接近事物?》。孙周兴,《一种非对象性的思与言是如何可能的?——海德格尔现象学的一条路线》,倪梁康主编,《中国现象学与哲学评论:现象学与语言》,第三辑,第34页。

永远无法被穿透,因为石头的自在永远是那种阴沉的,隐晦的,指向虚无幽暗之地的,阴森森的。物本身的自在是自持的,它具有一种"内在安宁",守住自身,所以我们很难真正接近物。那如何真正接近物呢?如果继续分析物的可靠性,是否能够接近答案?

这种"可靠性"的基础又是什么呢?海德格尔认为是作为"境域"(horizont)的"世界"。显然他的思路在此作了一种跳跃。他是从用具的"因缘性"角度入思的。世上任何用具都不是孤立的,而总是"相互指引"的,总是有"因缘"的。

只有在作为"有用性"之根基的"可靠性"中,才能发现器具的真实存在。但这种"可靠性"不是日常的目光或传统哲学的目光所能发现的。对一双鞋的实物描绘对某人实际使用的鞋的观察,是发现不了"可靠性"的。"有用性"(用途)很具体,是可"知"的;而"可靠性"却虚无缥缈,指向一个意义境域(世界境域),或者说,是在一个意义境域中才能显现出来的,是不可"知"的。海德格尔认为,只有通过艺术作品,器具的"可靠性"才被启示出来,

不仅器具的器具因素要通过艺术作品才能得到体验,而且扩大而言,物之物因素也须借作品才能为我们所体验。这个断言就特别值得我们重视了。它几乎与康德哲学一脉相承:"物本身"是不可"知"的。但在海德格尔看来,不可"知"(不可认识)并非不可"接近",物本身仍可以借助于作品去"接近"。[①]

……

[①] 孙周兴,《我们如何接近事物?》。孙周兴,《一种非对象性的思与言是如何可能的?——海德格尔现象学的一条路线》,倪梁康主编,《中国现象学与哲学评论:现象学与语言》,第三辑,第42页。

为此，我们选择了凡·高的一幅著名油画。……根据凡·高的画，我们甚至不能确定这双鞋是放在哪里的……只是一双农鞋，此外无它，然而——从鞋具磨损的内部那黑洞洞的敞口中，凝聚着劳动者步履的艰辛。这硬邦邦、沉甸甸的破旧农鞋里，聚积着那寒风陡峭中迈动在一望无际的永远单调的田垄上步履的坚韧与滞缓；在这鞋具里，回响着大地无声的召唤，显示着大地对成熟谷物的宁静馈赠……虽然器具的器具存在就在其有用性中，但这种有用性又根植于器具的一种本质性存在的丰富性中，我们称之为可靠性（Verläßlichkeit）。器具之存在进入萎缩过程中，沦为纯然的器具，自持的器具的宁静就在可靠性之中。这器具属于大地，在农妇的世界里得到保存。正是由于这份保存的归属关系，器具本身才得以出现而得以自持。农妇通过这个器具而被置入大地的无声召唤之中；借助这种可靠性，农妇才对自己的世界有了把握。世界和大地为她而在此，也为与她相随以她的方式存在的人们而在此，……因为器具的可靠性才给这单朴的世界带来安全。大地是包含、隐藏、孕育一切、生长一切的场域，它通过可靠性无时无刻不呼唤着使用者回归其中；世界是使用者开展出来的世界，是他或她的世界，使用者通过可靠性去把握他们的世界，并带来安全感。①

物不是客体，人不是主体。如果继续深究可靠性，就进入到关于境域的问题，即一种在时间中直观的表现。我们每次用用具时，都展望到未来可以完成的某个工作，有一个方向和目标。所以物不

---

① ［德］马丁·海德格尔著，孙周兴译，《林中路》，第17—18页。

仅是概念的形而上学的物体，或是科学家的数理结构，更重要的是人用具的"顺手样态"，根据用具将他那个世界开展出来。开展的实现即是现实世界中艺术品的"揭示"。艺术作品能够"揭示"物的自持，或者说，"也许从事艺术创作的人们才最有可能体会到物的这种阴森森的境界。"农妇因器具的可靠性，逗留于存在者之敞开领域中，获得一种她的世界的必然性、亲近感和安全感。这种亲近和安全感，便在鞋本身，作为物性自持的物中，开启出了"物物化"的世界，以及"四元"的天地人神，在艺术作品中，则展开成为一种大地与世界的关系：

> 作品开启、制造大地。神庙伫立于大地（人在其上及其赖以筑居的东西）之上，本来锁闭的大地因作品的映照时而得以涌现，光芒映射在墙壁上，风暴吹打栏柱，长蛇蟋蟀出没于墙头。一切都转向我们，一切都向我们涌来。（仍是从作品的物因素出发）器具的制作，质料被消失在有用性中。而作品的建立，建立一个世界，却是才使得质料出现……"作品把自身置回到石头的硕大和沉重、木头的坚硬和韧性、金属的刚硬和光泽、颜料的明暗、声音的音调和词语的命名力量之中"……作品一方面建立世界，凸显意义，另一方面大地又涌现而出，呼唤作品的回归。这种涌现是因为作品把大地本身挪入一个世界的敞开领域之中，并且使其保持其中。作品让大地是大地……作品制造大地。石头负荷，颜色绚丽，测量、分析，用任何一种尝试透析它们的方法只会让其更加逃离我们，大地只有未揭示它的时候才能显示自身，大地永远是锁闭的，而制造大地的意思就是：把作为自行锁闭者的大地带入敞开领域之中，当然即是

进入敞开领域,其仍是锁闭的,会保持永远的锁闭。①

作品建立世界。若不是纯然的设置,而是一个建筑被建立,雕像被树立,则此时的建立是一种奉献和赞美意义上的树立……树立意味着:把在指引尺度意义上的公正性开启出来,指引尺度是本质性因素给出的指引,本质性因素即是作品在其作品存在中的要求……此种树立中,神圣者被开启出来,现身在场,进入一种敞开性中。奉献,是神圣者的献祭,赞美属于奉献,它是对神的尊严和光辉的颂扬……我们的世界,也在神的光辉中被照亮,澄明起来。作品建立世界。世界世界化。我们永远隶属于世界,在我们的历史的本质的决断发生之处,即是在我们历史性的某一刻以及每一刻所作出的决断之处,即使这一刻之后我们又将其抛弃或是重新认可,世界世界化就这么发生了。世界是一切根本性命运的具有决定作用的境地和道路……作品在广袤之中设置空间:开放敞开领域之自由,并且在其结构中设置这种自由。作品建立世界即是作品张开世界之敞开领域……②

作品开启大地,作品创建世界,艺术作品便是大地与世界关系中显露出来的存在。海德格尔有一个很经典的关于古希腊神殿的例子:神殿附近的自然而起的石头好像都是隐蔽的,都是背景。倒塌的神殿的石头没有隐匿在背景中,上面雕刻的痕迹让我们想起它曾经存在在这个世界里,曾经存在的那个民族的历史中。我们甚至可

---

① [德]马丁·海德格尔著,孙周兴译,《林中路》,第26—30页。
② [德]马丁·海德格尔著,孙周兴译,《林中路》,第27—33页。

以联想到神殿附近的场景，神殿之中的事件，庆祝胜利，纪念伟人，神殿就是一个世界，一个世界曾经存在并显露出来。艺术作品就是这样一个世界，这个世界在"物物化"处就是四重结构——天地人神——落在现实生活中就以物物化呈现——作品的形态显露。[①]作品是存在的显露，它完全没有用，什么都不是，人的参与在作品中不是人对于用具的制造和使用，有效性的物的层面不能够解释我们思考世界时的感触，它无法通过。因为艺术家"创造"的，是艺术家在家乡呼唤声的天分中，展开与这个世界的交往。并在交往之中，艺术家在特殊的地方从大地中挣扎出来一个世界，但是，挣扎出来的世界仍旧最终会回到它原来隐蔽的大地之中，这就是"隐"与"显"的关系。就好像林中的空地显露出来，不再耕耘就会被吞噬回去。每个人的交往也都不同，林中空地也彼此不相通，所以寻求与顺应艺术的本源也是孤独的，不能共享的，艺术家在这种孤独的顺应中完成大地与世界的关系。大地隐蔽，世界显露，如果不开辟，又会被重新吞噬，我们每个人开辟的空地是独一无二的，我们是"孤独"的。这种"孤独"除了无法与人其他人沟通的个人孤独以外，还有一层意义，那便是"独与天地精神往来"。[②]

　　大自然大化逸气时便有风，已经在某种意义上开始有"相"，开始显露。这个显露总是出现在与他物或者依靠他物的关系中，并总带有价值判断，如"地籁"中的风声听似哭嚎就是如此。所以"天地精神"一定是在"相"发生之前，即大自然大化逸气前便存在的，这便是"天籁"。而"天籁"的"怒者其谁"的"谁"便是"独然"的那个状况。Dasein 也是这样，当 Dasein 进入与他人的关系中时，

---

① ［德］马丁·海德格尔著，孙周兴译，《演讲与论文集》，第181页。
② 庄子，《庄子杂篇·天下》。郭庆藩撰，王孝鱼点校，《庄子集释》，下册，第1091页。

便总有判断，总不能平静下来。当 Dasein 放下经验世界中的"物烦"、"人烦"后，便"独然"与世界形成的一种本真的本源的关系。所以我们说，世界对于诗人或艺术家来说，永远都在一种"独然"的状况中才能够相会相见。

3. 隐没于"神性"中

之所以作品可以揭示物的自持，是因为作品的自立性，即艺术作品的作品存在，与石头中"阴森森的虚无幽暗"是互通且呼应的。这种幽暗的自持，在作品的自立处，被海德格尔称为"作品的宁静"。宁静不是纯粹的宁静，是包含自身运动的宁静。宁静之所以动荡不安，是因为其所依附的大地与世界的关系本身就是动态的。作品开启大地，作品建立世界。前提是世界本身就立于、基建于大地之上。神庙伫立于大地之上，又终将隐没于大地之中。大地本身是自行锁闭的，这种锁闭使得扣留与庇护世界于其中成为一种常态。而世界是大地的开启。二者相互争执，在争执之中自我确立本质，并超过自己的领域欲包含另一方。争执的动态关系就是在这超过、包含、争夺的关系之中产生了。争执得越强烈，关系越紧密，关系越紧密，宁静就愈加的自持，愈加地持有了它的本质。[1]

这种类似争执的讲法，海德格尔在关于真理的阐释中也有相似结论：真理的本质是存在者的无蔽状态，是澄明与遮蔽的原始争执的对立，原初的呈现，澄明之所（第一章 2-1）。但是二者仍是有区分的，世界非对应澄明，是所有决断与之相顺应的基本指引的道路的澄明（任何决断都是以某个没有掌握的、遮蔽的、迷乱的东西为基础的，否则它就决不是决断）。大地非等同于锁闭，是作为自行锁

---

[1] 参见［德］马丁·海德格尔著，孙周兴译，《林中路》，第 32 页。

闭者而展开出来的。大地与世界的争执发生时，大地一味通过世界而凸显，世界一味基建于大地。唯有总是争执的世界与大地，才能进入原始争执，即澄明与遮蔽的争执之中。原始争执展出敞开领域，即存在者之间及存在者之前的敞开领域。于是乎，世界与大地属于敞开领域。世界与大地的争执所维系的作品的自持，便在此争执的实现过程中，在存在者的无蔽状态中，在敞开领域中，作为真理的发生方式之一，被争得了。①

一幅关于鞋具的作品中所显示的，是无蔽状态的发生，是将存在者带入并保持（守护）在无蔽状态之中。作品中没有鞋具的真实，只有真理。作为只有真理的作品的本质，本身就是从"无蔽状态本身与存在者整体的关涉中发生出来"②。也即是，每当存在者整体作为存在者本身要求进入敞开性的基建时，艺术就作为创建而进入其历史性的本质之中了。从这个意义上来说，存在者整体始终处于一种亟待被开启的状态，存在者则是进入敞开领域的个别。存在者是被开启出来的，不是上帝造物意义上的存在者，或是物理的、科学的存在者。艺术作为被开启出来的个别的存在者，作为真理的发生方式之一"呈现"出来。"呈现"需"人的参与"。之前我们讲到，"人的参与"作为"交往"，依赖于大地与世界的关系。但"交往"并不能凸显人作为参与者的角色，反而将其更加隐蔽起来，隐蔽于存在者的整体之中。所以海德格尔说，"正是在伟大的艺术中（我们在此只谈论这种艺术），艺术家与作品相比才是无足紧要的东西，他就像一条为了作品的产生而在创作中自我消亡的通道。"③

---

① 参见［德］马丁·海德格尔著，孙周兴译，《林中路》，第64页。
② ［德］马丁·海德格尔著，孙周兴译，《林中路》，第39页。
③ ［德］马丁·海德格尔著，孙周兴译，《林中路》，第24页。

存在就是存在者的整体，整体就是整个存在。那什么是整体呢？

对于"存在是个整体"的思考往往会陷入几种困难的境地：一，整体是知识的"统合"：从细节认知处着手分析，将不同文化的、人种的、政策的、科学的不同领域的知识的叠加总和便是"整体"。二，整体是宇宙：物理学式的认知方法将我们对世界的认识限定于空间的维度。三，整体是连贯的神话。宗教的认知方式认为，人生存于世，出生、存在、婚姻、生育、死亡等生活中重要的环节，都被赋予了一种关联，变成一种连贯的连续体。在连续体中，各个环节得到意义的阐释。比如痛苦是因为犯了罪，神惩罚我们。因为"整体"，使得我们在连续体中得到这些环节的意义。以上三种情况容易让思考陷入困境，是因为第一种陷入对象认知的束缚中；第二种对我们人类来说并不完全适用，因为缺少了人类的生活世界；第三种使得我们彻底沉沦在烦忧的生活之中。沉沦不是道德的沦陷，是一种对于真正的整体的遗忘。遗忘恰恰就是人类最开始并一直使用至今的以人言，理性的方式去说明的东西——以因果关系串联来指导我们怎么生活。在这种遗忘中，人从浑沌的整体，从神而来。

然而实际上，作为存在的整体与作为人的个体的区分，并不是因果关系的区分。"人生存在作为存在之意义之自身，亦可升入观照境而论之，而超于一般所谓存在之上也。"① "个体"与"整体"本就同源，二者的区分是存在的"差异性的区分（ontological difference）"，"个体"与"整体"分别是存在的差异者。人不是从神而来，而是本身就具有"神性"。"神性"不是一元神或多元神，"神性"是神圣者，是自然的本质，是自行开启，并因此在一向赋予某个在场者自

---

① 唐君毅，《生命存在与心灵境界》，台北：台湾学生书局1986年，上册，第561页。

行锁闭，或使其进入敞开域中的涌现。在四元的圆舞中，"神性"的线索贯穿在人、天空、大地、诸神之中，任命人并使人具有神性（第二章 2-3），与此同时，"差异性的区分"便显现了出来，而人作为"个体的存在者"也似乎就要隐没在"整体的存在"之中。作品存在的揭示便是这样一个追求神性的过程，一首诗，一幅画，艺术家终生所寻求的，便是一种神性的意向。因为整体的存在不断召唤着个体的 Dasein，所以艺术家始终作为一种被召唤的被使用的角色，或者说一种媒介或渠道。他理解来自天上的召唤，展开与世界的交往，迎接着自然的信息来到这个世界。他已经完全没有主体性，好像消失在"神话"之中。虽然在《存在与时间》中，Dasein 已经将世界变为境域，但对"创作"作品的艺术家，阐释作品的本源，才能够真正从另一个侧面消融掉艺术家的主体性。

所以，当我们说艺术家是孤独的，就意味着三层意思。一，寻常意味上的"孤独"——不能与其他人共享林中道路，林中空地也不相通。艺术家只能独自在自己的小径中不断耕耘，并有随时被隐蔽和整体吞没的可能。二，作为独体的孤独，这是生命哲学的讲法。独体生命的本质形态而发生和存在，艺术家在被抛到这个世上，便开始不断试图去寻求并成就自己的本然样态。三，作为主体性消融的孤独。无论是在天分的召唤，人的参与，艺术家都是作为艺术作品的中介存在并最终隐没在整体神性之中。

二、孤独而不寂寞

孤独的艺术家意味着主体的彻底"消融"，不仅是主客体关系的消融，更是"人最终要归于与消融在存在的整体中"。这种立论看起来很顺应海德格尔的阐释方式，因为毕竟，海德格尔立意于从艺本源来追寻真理及存在，这已将作为 Dasein 的人转变为一种境域化的方式。对于一个在现实生活中存在的人来说，纯粹的境域转变与彻底的主体消融会让我们觉得空洞和抽象，有些格格不入。因为毕竟，艺术作品（诗）与思考的问题（思）不能失去与人的关系，这里除了有一部分是"人的参与"以外，更重要的，是在整个背景中的人的生活与生存。正是因为生活与生存的实际存在作为背景来依托，我们也才能真正发问。所以，我们可以讲人是孤独的，但人不是孤立的。海德格尔的彻底消融，其背后也隐藏了他察觉到"人很重要"这条线索。线索贯穿文中，处处流露，不断揭示着一个海德格尔自己都无法通过的问题：不愿承认人的存在，却又不得不承认，一旦承认，之前所有的推论便前功尽弃。故后来在"艺术的本源"处，物的本质处，直接切断与人的全部联系，方保其周全。但前文隐藏在文中关于人的线索，并不会因为结论处的斩断而失去作用，其仍时隐时显，以另一种无系统架构的显露方式提醒着我们海德格尔最初的用意——与庄子相呼应的重要的人处。我们讲人孤独而不寂寞的不寂寞，也便是从此处演绎发挥出来的。

1. Dasein 的发问

首先，人绝非孤立的人。物物化的世界展开，天地人神圆舞着环绕，澄明展现，神圣者任命四元而显露。人虽在世界世界化时归隐于整体中，但这个归隐不止是一种消融的关系，还是关系成立的依据。人与其他三元的关系，神圣者与人的关系，前者是三种间接的关系，后一种是直接的任命关系，这四种关系叠加，是人在四元运作时所起到的枢纽作用（第二章3-1）。在重重间接、直接、叠加、枢纽的关系中，人归隐于整体，并在归隐中开展出一种环绕，环绕着进入多种关系中。

其次，人发问着存在的根源。四元在多种关系的围绕中，逐渐显露出两个中心，一个是以神圣者为出发点和重点的存在本身，另一个是作为枢纽的人。于是当我们说开展出来的世界还是有人的参与在里面时，就意味着人其实是一个中心。那么，我们就需要面对人作为中心而实际发生的情形——人在发问，人因发问而成为另外一个中心。

之前我们讲，存在是整体的存在，整体就是整个存在。对于整体来说，人就是个体，作为个体，我们站在生活、历史的哪个起点，走向哪个方向，人首先面对整体的存在，便会发问，这便是 Dasein 这个身份的重要意义——发问者。发问者首先发现自我存在，发现自己的同时，也在发觉在一个物我世界，一个因人聚在世界里面的某一种关系的用品而聚集的空间，一个有自然、人、物各因素聚集的世界。这个世界并非只是聚集关系那么纯粹，它还是一个沉沦中的世界，充满了一般的"累"与"虑"。人在这个沉沦的世界中已经遗忘了一开始我们讲的整体。因为遗忘，便要发问（发问并非解答），发问关于存在的问题，关于个体的存在与整体的存在的问题。但正因为遗忘了整体的本源，在这些问题被我们道出时，这些问题就已经不是能够揭示整体的道说，而是变成人言的形式表达出来。于是，我们此时的发问就成为背道而驰的蔽障，我们不断地用人言发问存在，发问道，不断想接近整体，却因陷落在人言的发问中离整体越来越远。直到有一天突然发现，不能再试图去分析它，否则就永远无法逃离这个沉沦的世界。这便是庄子的"大言闲闲，小言间间"，也是海德格尔试图用艺术作品去开启本源的途径的缘由——因为传统的形上的思维便是逻辑式的人言。但是海德格尔此处却摒弃了 Dasein 的立场，完全忽略了——聆听呼唤、停止发问、发问或不发问、如何去问——这些终究还是以 Dasein 的发问为"基点"的内容。这个"基点"不能被抹杀或是代替，因为对于整个存在的问题，本源的思索，哲学的命题，是不断围绕该"基点"而开展出来的，以及人在世界内部反省其存在的一种根源中产生出来的，这才是"人是另一个中心"的真正含义。

作为发问者的 Dasein 是四元物物化世界的另一个中心，其实这一部分内容在海德格尔的隐藏意向中始终存在着。Dasein 的发问一路前行被引至艺术家的主体消融处，最终因人的发问终结了人的使命，导致海德格尔无法承认"人并没有彻底消融"这个事实。这不通透的地方不仅是海德格尔过于跳脱的思维方式，更是西哲语言表达的困境。对于庄子来说，这一点被处理的更加巧妙——不彻底摒弃人的存在，将人的主体性转为一种更加通达的"无我相"还原出来。这便是唐君毅先生所说的东西方哲学的不同之处："步行于意义界，而非游于意义界。"①

2. 艺术主体：还原的无我相

> 老、庄思想当下所成就的人生，实际是艺术的人生，而中国的纯艺术精神，实际是由此以思想系统所导出……
> 老庄的道是现实的人生，不一定是艺术品的创造……
> 但此最高的艺术精神，实是艺术得以成立的最后根据。②

徐复观先生认为，庄子是在讲人生的艺术化，用艺术的态度来看这个世界，在这个世界中呈现出一种艺术的观赏的境界。同样，

---

① 唐君毅，《生命存在与心灵境界》，上册，第 562 页。
② 徐复观，《中国艺术精神》，第 47—51 页。

海德格尔讲艺术，也不是讲如何画画、评论绘画的意境、艺术家"创造"作品的过程，而是从本体论与形而上学的反思着手，链接生命的本源与我们生活世界中具体的、真实的生活。所以我们说，在广义的艺术的某种层面中，庄子同海德格尔有一种共同的理解微妙的相通之处。相通代表呼应，亦意味着有所不同。除了之前我们提到的不同以外，最大的不同应该就是在"对人的态度"上的表现。在海德格尔的整个推论的过程中，人是彻底消融的，艺术家是孤独的，但隐藏线索却表达了——"人的参与能够理解远方的呼唤、进行对世界的交往，并在交往中展开对物的物性、世界世界化，最终提出艺术作品是大地与世界的关系，回到艺术作品本源"。这便意味着线索与推论本身的结论是相互矛盾的。虽然同海德格尔一样，庄子文中也没有专门讲艺术家，但若要实现艺术化的人生，无论如何都无法离开"人"，因为艺术化的人生本就以修养的中心展开，是一定关乎"主体"的。要注意的是，虽然我们也称其为主体，但不是受限于主客体关系的主体概念，而是一种围绕着人本身的阐释。修养关乎主体，那么艺术化的人生便关乎着艺术化的主体，或称艺术主体。庄子艺术的人生，就是艺术主体的人生，道家所说的生活，也是艺术主体的生活。在这种不完全是创造作品的艺术生活中，更多包含的，是"艺术主体"面对世界的态度。那么何为"艺术主体"呢？

> 南郭子綦隐机而坐，仰天而嘘，荅焉似丧其耦。颜成子游立侍乎前，曰："何居乎？形固可使如槁木，而心固可使如死灰乎？今之隐机者，非昔之隐机者也。"

"……夫吹万不同，而使其自己也。咸其自取，怒者其谁邪？"①

《齐物论》开篇以南郭子綦托出，此段末尾，子綦娓言至"天籁"，可以看出，南郭子綦这个具体形象便是庄子心中至人、神人、圣人的诠释，亦是充阔艺术人生的"艺术主体"的内容。由此演说开来，"艺术主体"的内容有如下几层含义：

其一，艺术主体始终围绕人的存在。对话是子綦与子游的对话，二者同为人，但很明显，此人非彼人。一个通达天籁，是庄子寄托言境的至人期待，另一个以人言是非判断天籁之形而落于心绪，落于言辩是非、依待他物的人籁之中，二者有本质的区分。但这种区分在现实世界中，尤其是在人的存在层面中并不明显。所以不能以人去套用艺术主体，反之亦然。这个"不能套用"，其实就已含有对于主客体关系的排除。海德格尔也是如此，希冀从艺术主体的方面去讲我、讲存在，所以海德格尔不讲主体（主客体关系中的主体）。他希望透过艺术作品的发现，对艺术作品的理解，放下主客体中"我"的意识，以达到艺术主体的层面。却在离开我的道路上渐行渐远，继而彻底割裂了艺术主体与人的关系，此即与庄子的不同。在庄子看来，艺术主体围绕着人意味着，其不仅围绕着至人的人，也围绕着人言的人。这其中有几层意思：艺术主体超乎厉害，本身与成心相悖反。若是讲人籁、成心的问题，必定会引出艺术主体。需要先铺述人籁、地籁，才能引出"天籁"。这不仅是南郭先生为了铺陈引序以引导子游理解天籁，更是因为对于人来说，人言本身就是

---

① 庄子，《庄子内篇·齐物论》。郭庆藩撰，王孝鱼点校，《庄子集释》，上册，第55页。

理解天籁的重要途径，因为即便是框限于人言的因果关系中，也终究先要讲出来。至于子游是否能够理解并进入天籁的境界，那便是基于他自己的理解程度，是否能从人言中聆听到无声大言的召唤了。

其二，艺术主体具有持存性。从南郭子綦的外观与形气看来，仰天嘘，丧其耦，形如槁木。一般人如子游般顺言得意，认为形枯则心死，仿若要表达一观点，即人若要成为至人，物我两忘，需要明白个体的实际存在并不重要，清高淡泊，忘记烦恼，才能进入天籁的境界。然而，此种观点只是进入一种后果的反应、心理的反应，即情绪的经验中。落日美景，忘记烦恼，自由自在，心灵不受拘束，从而物我两忘，就如唐君毅先生所讲，"凌虚境"便在心中升起，这也是一种情，但不是情绪的情，而是交互、交感之后所进入的境域。情绪释然虽然也可以暂时助人摆脱功利世俗的世界，但"凌虚境"也就仅仅只是升起，并不能持存入其中。所以，唐先生说，"凌虚境"是偶然之事，天才之事，为可升可降之境，是一过渡境便是此意。①一般人初入"凌虚境"便是因情绪偶然遇之，随世俗功利则塌陷降之，随山川美景释然忘怀则心灵升华，无常无节，此种情绪，必然不是庄子的艺术主体所特有，艺术主体的物我两忘，是天地人神同一体的过程，非情绪亦非偶然，是"凌虚境"的持存者，非过客。

其三，艺术主体"无我相"的还原。庄子文总是欲言又止，子綦言传身教，于天籁处停止。是因为文字传授仍为理述之技，传技非传道。技如昭文鼓琴，师旷枝策，惠子据梧，均是所有爱而成于活动。活动超出自己本身，欲加指正传授他人，则分别展露，所传

---

① 唐君毅，《生命存在与心灵境界》，上册，第 563—564 页。

为技而非道。活动只在于自己，莫有对相和差别，即是如相，即是大美。大美不依待传授之技，为自身所修得，这便关乎"修养"的问题。"修养"不只是一个自我修习的状态，之前我们讲，"修养"可祛除习气从而逐渐恢复至人的"本来面目"。这个"本来面目"就关乎到"真实的主体"的问题，作为真实主体之一的艺术主体，修养亦是艺术主体成就自身的重要渠道，该渠道是一个比较复杂的过程。在此过程中，真实中的我，即实际生活中的艺术主体，与天地万物中物我两忘的我、四元一体的终有一死者同也。在相同之中，执着的我消失，"无我相"的我得以"还原"。

如何达此还原呢？有两种路径。

第一种是以美的直观还原真实的艺术主体。徐复观先生认为庄子欲表达的，是以虚静之心作为艺术主体而进行观照。"观照时，一方面能与观照之人直接照面，中间没有丝毫间隔，另一方面只有赤裸裸的一物，毫无其他（理念等）因为凡是进入美的观照时的精神状态，都是终止判断以后的虚、静的精神状态，也实际是以虚静之心为观照的主体。"[1]虚静的心是自由的心，自由平等的两无间隔，故无主无客，无知识分别，无他物扰动，无对外在的所求。无欲则无扰，无外物扰动之下，心所发生的孤立的知觉为"静知"。静知知物不为物所动，不屈物以从己，不以物喜，不以己悲，不迎不将以对物，无主无客以对己，此谓之"明"。"明"便是以虚静之心为体的静知，静知不是认知，是观照，亦是"美的直观"。[2]在"美的直观"中，执着的我消失，真实的我得以还原。

第二种是迎接死亡，还原自我于当下。"丧其耦，形如槁木。"

---

[1] 徐复观，《中国艺术精神》，第80页。
[2] 徐复观，《中国艺术精神》，第80—85页。

这其中还有一层的意思，便是庄子要放下执着的自我。这种"放下"，被牟宗三先生认为是任凭无为的万物自化之，带有消极的意味。[①]而实际上，"放下"执着的我不完全是自我放弃、自我消失，而是讲"逍遥"，即"物我两忘"、"物化"、"天籁"的境界。"天籁"的开展呼应于海德格尔的天地人神，那么就总有"终有一死者"的地位。这个地位不是天地人神给予人的地位，而是只有"终有一死者"的存在，才能使得"物化"这种境域的发生显露出来。但"终有一死者"的存在不是"自我的彰显"，是"自我的隐蔽"。我们前面所说，"自我的隐蔽"就是主体我是永远隐而不显的，是一个神秘的状态，一个于我在修行中如何归返本心的过程，该过程便是中国哲学中所讲的恢复人的本来面目的过程（第一章 4-1）。这个过程总是不那么肯定的、常常出现变量的，因为"终有一死者"总有一天（不知何时）要面对预见性的消失，即"死亡"。"死亡"给予"终有一死者"的不确定性是无法被替代和消除的。既然无法避开，就只能去迎接。以无我相的还原、我的隐蔽性去迎接死亡。在隐蔽性中，停留在生存意义上的死亡没有完全破坏人的存在，甚至因为死亡总要发生的这个事实，在某种程度上激发了人们寻找隐蔽真我的契机：人能够遇见他的消失，可能是几十年后，也可能就是明天。死亡是一个没有发生的未来。预设到未来的死亡，从死亡向现在看，就令我们对这个世界有一种对未来的开展，一个对于存在的不断生成不断变化的"相"的开展，并在此开展中，我们才能更加真切地感受到当下是一种真实的存在。

比如看见海滩上被海水拍打的礁石，不断被海水冲刷，海天一

[①] 牟宗三，《智的直觉与中国哲学》，第 208 页。

色非常美丽。被人看到之前，在人死以后，这些景色都会一直继续，如此这样，美丽对人又有什么意义呢？但再想想，人在当下去关注，去感受，去体会，去享受这种美景不就是当下的意义么？如果详细来说，颜色、波长、海的某种形态是在人的特殊感官作用下看出来的一种结果，这种结果让人赏心悦目，它不是独立的也不完全是心理性的、想象中的，也不完全是客观的。这其中就包含着中国人讲的"情"在真实中体悟到的"无我相的真我的意义"。这一点是海德格尔没有的。海德格尔身处西方哲学思维中，没有无我相还原的传统，所以面对终有一死者永远无法跨越的门槛——死亡时，他将会死的人与不会死的神对应，以天地人神四元代替了死亡作为人类的终结之所，于是人就彻底地消融在了物化之中。

其四，艺术主体即生活本身。无主客体关系分别，不代表只有孤零零的主体存焉。南郭先生隐机而坐，子游立于侍前，这本身给我们呈现出来的，首先是一种生活的场景。主体不是孤单的存在，主体有主体的生活，主体已包含了主体的生活。不同的主体也可分享相同的生活，但却经历不同的生活。人言的自我所经历的生活为一生活次序，该次序看起来是显露于外的，但实际上这种显露并非真理的澄明的显露，是一种"遗忘"。生活的遗忘是充满偶然、无常的遗忘，一般人沉沦其中，艺术主体一旦跌入此遗忘，也有可能导致降退艺术主体为人言自我。而艺术主体所经历的生活为一境界，该境界与艺术主体还原性的自我一样，亦是隐而不显的。这种隐而不显的生活就是道的生活，是道家主体对于世界的态度，对自我存在的一种接收，唐先生称此境界为"仙境"。[①]仙境"可导人以泛观

---

① 唐君毅,《生命存在与心灵境界》,上册,第563页。

其在天地间与人间之生活境界中之美,而成随意表意挥洒之文学艺术,又非意在成一专门之某类文学家、艺术家者,而只在成为一逍遥自得之真人、天人、神人、至人者"[①]。故也意味着,人言自我在仙境中,有时或可因偶然激发升进为艺术主体。由此可以看出生活与主体的关系:二者在互为对方的前提下,互为升进/降退。当生活为一境界时,所呈现之,似文学而非文学,似哲学而非哲学,似音乐而非音乐,似艺术而非艺术,艺术主体由是生成,反之亦然。这便是艺术主体之谓生活境界的意义所在。

所以我们说,在此还原中,在此生活中,在此境界中,在此发问中,艺术主体虽然孤独,但是生命并不寂寞。个人的林中空地虽不同却可以互相沟通。此时的艺术家,诗人,作为独体是不需要被维系的独体,因为从一开始就是由他们自己发问而开始,由自我还原而结束。海德格尔缺失的,恰恰是这种自我还原的过程,这不仅是庄子与海德格尔的不同,更是东西思维方式的差异。因为无论是思考整全的背景的存在,还是切实的生活,东方的思维方式总是跟人有一种密切的关系(传心法)。因为毕竟,我们活着这个事实,是最具有普遍认同感。而这种认同感,也恰恰就是我们能够进入存在本源的契机。此之玄妙,就如庄子文中所言一般:"万世之后而一遇大圣,知其解者,是旦暮遇之也!"[②]

第二节 "创建"与"持存"

伴随海德格尔式消融的主体,艺术作品不再是艺术家从大自然

[①] 唐君毅,《生命存在与心灵境界》,上册,第561—562页。
[②] 庄子,《庄子内篇·齐物论》。郭庆藩撰,王孝鱼点校,《庄子集释》,上册,第67页。

中寻找灵感并创作出来的对象,而是成为作为中介的艺术家迎接自然的信息来到这个世界上的一种真理的呈现(世界和大地的挣扎)。作品呈现是一个个实际的"产出",这即意味着,作品总要有个产出之处。于是,思想的分界便于此开始发生:"作品是什么(was es ist)"与"作品如何是(wie es ist)"。[①]海德格尔停止主客追问作品是什么,不再提"创造",转去问"艺术(作品)的本源",即"作品如何是",或"作品怎样是"。如果在此段开头,我们将"作品是什么"替换为"作品怎样是",就会延展成为更加具体的问题:艺术家如何迎接自然的信息到这个世界?艺术家如何将世界与大地的关系带给我们?若我们再将这些具体的问题汇总,并还原到作品本身时便会发现,其实这所有的问题都指向了同一处:作品如何被"创建"并"持存"?

一、回到原初的"境域构成"

1."终止判断"到"境域还原"

霍米·巴巴·波尔特(Homi K. Bhabha,1949—)在《安妮施·卡普尔:制造虚无》中写道:"艺术作品从不只是一个客体……关于世界的假设陷入危机时,当我们能够用一种新的独特的方式看待世界时,艺术作品成了一个渐变的环节。"[②]"渐变的环节"这种说法就像该词一样,是一种"过渡"的方式,试图从主客关系"过渡"到非主客关系。但只要是"过渡",就意味着它仍然牵扯着主客的成分在。故而虽知不幸,但艺术仍旧落于美学的范畴,对于艺

[①] [德]马丁·海德格尔著,王庆节译,《形而上学导论》,第33页。
[②] [澳]芭芭拉·波尔特著,章辉译,《海德格尔眼中的艺术》,重庆:重庆大学出版社2016年,第49—50页。

的表达也还是一种知识的表述。那么，如何不受限于主客关系与美学的范畴，又能够表述艺术呢？徐复观先生给我们提供了一个非常值得借鉴的思路：借以胡塞尔现象学阐释艺术。徐先生认为，艺术之所以具有艺术的属性、美之所以能够发生，是因为有"经验的意识"作为契机，有"超越的意识"作为根据。"经验的意识"自然是以对象与知觉相互构造的主客体关系认知，"超越的意识"则是以胡塞尔的方式，画入括号，"终止判断"之后的剩余。此剩余之后的纯知觉活动是纯粹意识，近乎庄子在心斋的虚静中呈现的"心与物冥"的主客合一，"终止判断"本身也近于庄子的忘知，忘知后的纯知觉活动便是进入美的关照的关键，也是庄子虚静心灵艺术精神的开启。[1]徐先生没在庄子那里继续分析艺术作品，但依循徐先生的推论线索，我们可以尝试做进一步推进：以"终止判断"之后的纯知觉活动看待世界时才能进入美的关照，作品才能成为作品。

这就回到了之前所说的"原初的关系"。当我们说"终止判断"能够进入"美的观照"时，就已经在假设，"境域还原"本身可能就是原初关系的展现。那么此时我们不得不重温这个问题："终止判断"是如何得以"境域还原"的？我们之所以这么问，是因为胡塞尔提出的"终止判断"虽与庄子吻合，但胡塞尔的"境域还原"意义却仅仅止步于纯知觉活动，这与庄子"虚静的修养"不完全相同。因为虽然是人去修养，但却由"道"来开出。《齐物论》整篇内容便是庄子将道进一步发挥为语言、境域。相应的，海德格尔也进一步将"道说"和"人言"各自发挥。虽然海德格尔没有庄子主体修养的部分，但是世界世界化的境域开展下去，所连通的天地人神、世

---

[1] 徐复观，《中国艺术精神》，第78—79页。

界与大地的关系,便是庄子的"天籁"。可见,庄子的艺术精神若真的相关于"境域还原",那这个"境域还原"一定不仅止步于取消主客关系的超越的意识,进入了一种更加本源的方式,如海德格尔所说的真理的原始的方式中。那么我们的问题是,"终止判断"能够开出"更加原始关系中的境域还原"吗?是否与"境域还原"一样,"终止判断"的实际意义已经超越了胡塞尔消除主客关系的手段和目的,进入到一种更深层次的关系中?如果说庄子的艺术境界由境域还原开启,那么艺术作品本身又与"终止判断"是什么关系呢?对此我们尝试一一解答。

"终止判断"发生时,主客关系取消,"主体"、"客体"也随之取消。这就意味着,艺术家不是在创作作为对象的客体的作品,艺术家没有主动参与到作品的产出过程中。那么,若米开朗基罗(Michelangelo,1475—1564)不是主动雕刻大卫,那他参与创建作品的方式是什么呢?该方式有几个步骤。首先,"知道"。

海德格尔分析希腊文 τεχνη 一词本义并非技艺,"是已经看到,对在场者之为这样一个在场者的觉知。""知道的本质在于无蔽,亦即存在者之解蔽,它承担和引到任何对存在者的行为。""作为希腊人所经验的知道就是存在者之生产"。[①]这就解释了为什么米开朗基罗面对大理石就"知道"要从中"解放"一个奴隶出来,"知道"不是知道什么概念或知识,而是一种在交往中的投入。米开朗基罗面对大理石时就与石头在一种以存在本身为背景中交往,并在交往中达到统一。就好像诗人首先聆听到道说的召唤一样,艺术家的"知道"亦不发生在主客认知关系中。

---

① [德] 马丁·海德格尔著,孙周兴译,《林中路》,第43页。

"知道"之后,艺术家就会自动进入到一种主动表达的状态中。主动表达是因为此时的艺术家不断因一种"渴望"而受到"促逼"。伴随着这种"渴望",艺术家要将自己从"知道"中交往到的东西赋予其外观,通过手工作业,使其进入在场状态,在澄明开展出涌现出来,这便是艺术家的主动的跳跃的"迎接"。那么被赋予在具体作品中的东西是什么呢?海德格尔认为,这个东西便是一直会挺身于敞开领域之中的无蔽的真理的现身,此现身是"真理",是"原始争执"。在"争执"中,敞开领域被争得了,因此澄明与遮蔽分开了。作品在敞开者中现身以保持敞开领域的敞开性、栖身之所和坚固性,这不仅因为艺术家被促逼的渴望,更是因为存在就从其本质而来让敞开性之领地即此澄明得以出现,敞开性本就自行设立于敞开领域之中。这便意味着,"引导这个领地成为任何存在者以各自方式展开于其中的领地"。[①]比如在电影作品《站台》中,一个特定时间段的敞开领域被开启,展现世界,那个世界亦是以某种方式属于其本身,这个本身就是当时那段真实的事件与历史空间。而《站台》之所以呈现,亦是存在的本质让其敞开性之领域即此澄明得以出现,而不是纯粹依赖贾樟柯的拍摄或是编剧的创作。《站台》不只是那段时间的世界,其开启的敞开性空间可以使这个领地成为任何存在者以各自方式开展于其中的领地,即任何存在者都可以在这个领域中以各自的方式展现自身。所以说,"真理"的发生是它自己本身公开争执和在领地中设立自身。但这并不意味着,"真理"是自己自在的存在者并将自己安放在存在者中。存在者的敞开性才是提供真理发生敞开空间的可能性的基础,而这些存在者,最突出的可能性便是艺

---

① [德]马丁·海德格尔著,孙周兴译,《林中路》,第44—45页。

作品。无数的作品与真理的发生之间的牵连，千丝万缕，形形色色，充满历史性与时间性。[1]生产、带来、创作，作品本身与无蔽状态之关联的一种接收和获取开始发生，真理的争执在世界与大地的统一性中被争得。我们说作品是从大地中挣扎出一个世界来，若再具体一些，则是：世界要求大地的决断和尺度，让存在者进入它道路的敞开领域之中；大地力求承载着一个凸显着保持自行锁闭，万物交付给自己的原则。世界与大地相互争执，越是亲密，越是互相归属，在这种亲密的争执并归属的撕裂中，"裂隙"便产生了。"裂隙"好像"剖面图"。当我们观察某一东西切开的剖面图，就发现剖面图实际是一个整个物体聚集显现的层面，这虽然是一种比较形象的用法，也可以适度帮助我们去理解裂隙的含义。在裂隙这个剖面图中，世界与大地同时挣扎出来，大地是世界的载体，但同时又永久的自我封闭了。大地与世界相反相成，二者相互对抗一并撕扯到它们出自统一基础的统一体的渊源之中，"把尺度和界限的对抗带入共同的轮廓之中"[2]。"裂隙"本身既是争执又是统一，它无法被消除，只能通过艺术家成为具体的存在者以被安顿。由此，真理才会设立在作品这种存在者中。与此同时，作品才能保存真理的发生。这个保存是只有当"裂隙"将自身交付给敞开领域中凸显的自行锁闭者时，才能被制造，被生产，被现身。保存的过程具体说来，即是"裂隙"使用大地并解放大地，将自身置回到石头、木头、色彩中被固定形态。形态乃是构造，构造需要通过摆置和集置完成。当构造完成时，裂隙作为这个构造而自行嵌合为真理的闪耀。当嵌合完成时，作品

---

[1] 海德格尔认为，真理有几种原始的发生方式：艺术、建国、牺牲、追问。参见［德］马丁·海德格尔著，孙周兴译，《林中路》，第45页。
[2] ［德］马丁·海德格尔著，孙周兴译，《林中路》，第47页。

创作也就完成。随着作品建立自身和制造自身完成，真理逐步固定于形态中。

海德格尔认为，真理固定于形态的持久性无需被担心，因为作品越是能够作为作品存在，本质性开启自身，就越是本质性地进入敞开领域中，被固定于形态中而立足于自身。立足是孤独的立足，解脱与人的所有的关联，才能将关系以本质性的冲击推翻，将人们移入这种敞开性中，改变我们与世界和大地的关联，同时移出平庸。作品保存与创作本身就是一体为之，没有保存者，被创作的东西不能存在，二者总是相互关联，保存者不仅是保存真理现身，更是艺术家持有恳求与期待自身进入真理之中。因为保存本身，毕竟有艺术家参与整个过程。置身于保存的艺术家，本身就是一种"知道"。之前我们说"知道"是因为聆听到本源的召唤，现在从作品保存的角度就可以换另外一种讲法，即作品的保存作为"知道"，乃是艺术家冷静地置身于作品中发生着的真理的阴森惊人的东西中。这不是私人体验，是把人推入在作品中发生着的真理的归属关系之中，即置身到那种已经被作品嵌入裂隙的争执中。[1]

"终止判断"发生时，作品保存为具体的存在者，其中实际性显现的因素就不再是作为存在对象的物因素，是进入作品而凸显的大地因素。我们知道，大地本质是自行锁闭。进入作品得以显现的大地因素，本身就意味着敞开性在此处受到了最大的抵抗和阻碍。与此同时，作品被不断拉扯进入一种与大地中的万物的关联中，自然的关联中。这就是丢勒（Albrecht Dürer）说的"艺术存在于自然之中"，好像从敞开性的争执与抵抗中"取出"裂隙，谁能将其取出，

---

[1] 参见［德］马丁·海德格尔著，孙周兴译，《林中路》，第46页。

谁就拥有艺术。"取出"便意味着画出裂隙，用画笔在绘画板上把裂隙描绘出来。再被描绘出来之前，裂隙事先已作为尺度与无度的争执而被创作者带入敞开领域之中，那是因为自然中已经隐藏着尺度、界限以及与此相关联的可能生产艺术的一切，这一切同时也原始地隐藏在作品中，唯有通过作品才能显露出来。故对于"真理自行设置入作品"这一理念来说，作品的本质上从来都是共属一体的东西，创作者和保存者均源自作品的本质。那么这样就又回到了"终止判断"时的情景，比非主客关系更加彻底，因为同源的说法已经意味着主客的分别彻底被排除在思考范围以外。我们此时看到的是保存与创建本身包含艺术家的参与之间的那种微妙的同源以及相互的转动关系。而这种关系，恰好能让我们联想起海德格尔在分析天地人神四元圆舞的关系，以及作品的作品存在等同于物物化的结论。

海德格尔以壶分析物物化的四元开展，既能容纳天地四方之源，又能馈赠给会死者与诸神。"容纳"与"馈赠"的前提首先是——壶是"中空"的。"中空"虽意味着壶壁的"有"与除此之外的"无"，但这个"无"不是虚无，它看起来是一种失去，反而是一种赠予。因为正是这个"缺失"的无，壶才能达成容纳与赠予，才能成为壶。当壶真正成为壶时，壶的"物物化"世界就展开了。海德格尔说作品的作品存在即是"物物化"，也就意味着作品存在中也能开出四元诸在。雕塑家保罗·克利（Paul Klee, 1879—1940）认为，艺术创作中最重要的，便是四个环节，"我（ich）"、"你（du）"、"大地（erde）"和"世界（welt）"。[1]四个环节即四元诸在，在作品创建和

---

[1] Paul Klee,《雕塑的思想》(Das bildnerische Denken), Stuttgart, 1965年，第63页。张庆熊，《论存在和意向性问题——一种结合考察艺术创作的探索》，孙周兴、高士明编，《视觉的思想："现象学与艺术"国际学术研讨会论文集》，杭州：中国美术学院出版社2016年，第50—51页。

作品保存者中亲密互动。而它们的背景和依据正是"中空"本身。这里再讲"中空",就没有以壶举例那么明显,更加需要我们在微妙意义层面加以理解:"中空"就是道家的"虚",徐复观先生所说的庄子"心斋中的虚静",以及老子的"无"。"循耳目内通","虚室生白","三十辐共一毂,当其无,有车之用。埏埴以为器,当其无,有器之用"。作品的根基是"中空",形式亦是"中空"。在"中空"之容纳和赠予之间,作品的创建与保存同源而生,互为微妙的转动,并在这种转动中,使得物物化、世界世界化展开,世界的本来面目得以展露,世界还原为境域并呈现出来。

> 沿着山坡丘陵建筑起来的村庄和顶部教堂的尖塔所构成的三角形;道路两旁高大的梧桐树交叉而形成的三角形和弧穹,那些家乡的风景形态,同时也是塞尚的存在世界的形态……它们不是作为塞尚画中某个再现形象的真实投影,而是构成一个综合的与明确经验的总体发形式。它们在塞尚风景画中和静物画中,同时也在《泳男》、《泳女》的主题绘画中构成一个坚固持久的结构形式再现出来……家乡的境域形态是塞尚绘画中主题之构成的边缘域。[1]

世界作为境域在作品中得以呈现,与海德格尔完全抛弃"主体"的方式不同。家乡是塞尚(Paul Cézanne,1839—1906)的家乡,"那些家乡的风景形态,同时也是塞尚的存在世界的形态。""境域还

---

[1] 司徒立,《构成的主题——塞尚的〈泳男〉、〈泳女〉系列分析》,孙周兴、高士明编,《视觉的思想:"现象学与艺术"国际学术研讨会论文集》,杭州:中国美术学院出版社 2016 年,第 159—160 页。

原"仍与人有关,是如何相关的呢?这其中需要解答两个问题,一是关于生活世界的问题,我们在后面小节有分析。二是关于人的修养问题,也是道家与海德格尔最主要的不同之处。塞尚说"我画画时基本不想任何事情,心里是一片空白,我看中了色彩,满怀喜悦,竭力要把它们按照我所看到的样子在画布上表现出来。"[1]庄子亦言"遗物以观物","澄怀味象"。终止判断所开出的境域还原,同时也可以有美的观赏的层面,这便是人的修养。也就是徐复观先生所讲"无利害的美观的观赏"。这观赏也是现象的还原,境域的还原。它如其所如地显露,熏耳目而内观地呈现出来。而人就是在这个观赏的领域里面徘徊、游荡,看见我们这个世界的一种存在。

2."抹去重来"到"气韵生动"

我们之前讲艺术家在迎接作品存在并保存作品时,看起来是主动表达,实则是因为不断受到促逼而产生的了"渴望"。"渴望"不是表象论的美学所描述的私人情绪或内在感受,是把人推于作品发生在真理的归属的关系之中,成为一种内在呼唤的要求。对于这种要求,艺术家不能停止,只能去迎接。这就是为什么很多艺术家为了创作终其一生,因为他有一种要求。诗人整生就想写他心目中的一首诗,画家整生就想完成他理想中的一幅画。柏拉图说:"这个世界不存在完美的理形,但人要追求它。"[2]虽然这是自然主义观点的讲法,但也说明追求便意味着对未知要求的渴望,渴望伴随着冲动。冲动的强度越大,作品便越纯粹,境域还原便越容易呈现出来。那境域还原究竟是如何、以什么具体方呈现的呢?若以经验的直接印

---

[1] 司徒立,《构成的主题——塞尚的〈泳男〉、〈泳女〉系列分析》,孙周兴、高士明编,《视觉的思想:"现象学与艺术"国际学术研讨会论文集》,第163页。

[2] 朱立元主编,《西方美学名著提要》,第60页。

象，会很快会有答案：作品用技法呈现。然非也。庄子言艺，传技不传道。技术只是方法，很显然艺术作品不仅依靠传授技术来实现。

徐复观先生讲忘知后的纯知觉活动能带来"美的关照"。这个"关照"便是艺术家逐渐忘掉了分解性的知识活动所创建作品时，慢慢投放出的"内在冲动"。"内在冲动"的投放过程并不稳定，或者说该过程的发生本身就是需要不断被挖掘的、动态的、甚至反复无常的。这个过程就是"抹去重来"①。对于抹去重来最好的举例，便是素描。"混淆与分辨、分解与合成、选择与集中、慢慢地目标明确清晰起来，人与看见的东西谋求了一种默契，找到了一种共同的语言。（克莱尔《素描的理性》）"②司徒立先生认为，"素描是意图。一开始就显凸出素描的主体因素。素描作为意图开始时不是十分清楚的计划"。③实际素描不仅是出于不清楚的意图，更是一个逐渐的、反复无常的、没有定性的意图。

铅笔磨损在画布上，叠叠痕迹，有些线条很粗很深，有些只是轻轻带过。一个问题始终贯穿于绘画素描的整个过程之中：究竟哪一根线条能够呈现出画面终要呈现的内容？一开始画家一定会先依赖技巧，但再绘画下去，就不只关乎技巧了。作为一个拥有几十年素描经验的画家，即使画同一角度、光线、内容的场景，第一次画与第十五次画也一定不是完全相同的。不同就意味不断的生成。线

---

① "'我的全部尝试都是来自抓住某种不断逃离我的东西的愿望。'于是，他每次工作都毫不犹豫地把上一次所作的删改、涂抹掉。他画了一遍又一遍；画一遍，涂抹掉，在抹去后留下的痕迹上，按照当下的感觉去重画；再抹去……这就是他常说的：'敢于下毁灭性的一笔'，我称此为'置诸死地而后生'的画法。"司徒立、金观涛，《当代艺术危机与具象表现绘画》，香港：香港中文大学出版社1999年，第112页。此处的"他"指画家贾科梅蒂。——著者注
② 司徒立，《构成的主题——塞尚的〈泳男〉、〈泳女〉系列分析》，孙周兴、高士明编，《视觉的思想："现象学与艺术"国际学术研讨会论文集》，第158页。
③ 同上。

条在画面上不断生成，内容在画布上不断改变，不断生成的同时也不断隐没，这即是"抹去重来"的意思。一张画总有停止之时，但对于一个画家来说，"抹去重来"不会有终结，直至画家死亡的那一天。"抹去重来"没有样板可以依循，现实经验中的对象只能作为一个参照物而存在，它作为"对象"带给画家的只是对于"对象"的模仿。"抹去重来"的诞生之地是中空的，创建者与保存者的源出背景。故而艺术家对它总是一种模糊的感觉，并不清楚它从何而来。

  说某物是一幅绘画究竟何指……绘画对我来说与流动性有关。你对将要画什么，或许有一个模糊的感觉，不过事物或许会在改变的过程中发生，对你所知的东西加以巩固或提出疑问。所以，绘画是一种思想的检验；一种缓慢的思想运动之描述。构建一幅绘画的那种不确定和不清晰的方式，有时候乃是一种如何建构意义的模式。以清晰为结果的东西不会以那种方式开始。（肯特里奇 1999：8）[1]

"抹去重来"从模糊之中来，到不确定中去，过程再持久，也终要形成一个结果。这个结果被海德格尔称为作品的"形式构成"。"形式"不是圆或者方的具体形状，而是具体呈现出来的形态。比如一朵花含苞待放的一霎那所表现出来的圆满性，石头坚硬的阴森的沉重感。至于画面中具体的形状线条，那是形态在作品中会以具体的呈现方式，比如塞尚的《泳男》、《泳女》系列。

---

[1] ［澳］芭芭拉·波尔特著，章辉译，《海德格尔眼中的艺术》，第120—121页。

是他将古典绘画与古典雕塑作为模特儿那样来描绘的素描。尽管它们不是塞尚泳男、泳女记忆中最原初的形象，但这些素描的确是使泳男、泳女模糊的记忆形象塑造成形的基本来源。……通过大量的素描，塞尚综合了泳者的姿态，并创造了一系列泳者形象的固定模式……塞尚并非像这样将画好的模式，列成图表贴在墙上，塞尚不是画连环图，也不写武侠小说。刚才大家看到的大量素描，塞尚通过对它们的描绘，泳者的形象早就一次又一次地叠进塞尚的内在世界之中，成为意识构成的基本质料。①

塞尚晚年画凯旋山风景时，他发现"绘画之所以坚实雄伟，既要靠一般建筑的概念，也要靠辛勤的'砖石工'，结果是，色彩区域的分裂，成为镶嵌画（Mosaic）一样的分散的小色块。"（里德）亚希加称之为"罗盘格"着色法，这种着色法既是色彩本身也代替了网络结构形式。这样的绘画，刚健明确的建筑性的空间结构形式终于隐蔽在平面复叠"镶嵌式"的小色块后面，仅仅在暗示空间的作用中，形式结构才被保留一点点。这种画面效果在塞尚这时期的水彩画中特别明显。

尤其是，在这些极其杰出的水彩画之中，塞尚用红、黄、蓝、绿四个颜色的反复叠置产生一切的灰色调，代替上述图表中的色彩系统。其结果，就是他说的："色彩感觉营造出光的效果。又无法在那些接触点模糊不清，若即若离的情况下充分画出形象，这便是我的形象和画面只能一直处于残缺不全的形

---

① 司徒立，《构成的主题——塞尚的〈泳男〉、〈泳女〉系列分析》，孙周兴、高士明编，《视觉的思想："现象学与艺术"国际学术研讨会论文集》，第157—158页。

态。"这是一个无法完成的，或永远在生成的，未凝结的色彩构成。这在塞尚最后几年的作品中处处可见，如凯旋山风景，蓝色《泳女》（这里画中已经男女不分了），其实这种未凝结的色彩构成，不正真实地呈现了自然不断流变，不断生成的真实吗？一如海德格尔所言：并非总是把真实体现出来，如果真实富于灵气地四处弥漫，并且产生符合一致的效果，如果真实宛若钟声庄严而亲切地播扬在空中，这就够了。[1]

"……泳者的形象早就一次又一次地叠进……"，"……用红、黄、蓝、绿四个颜色的反复叠置……"在"抹去重来"中，塞尚逐渐获得一种本能的组织能力和构成能力。并通过这种能力，最终将"单个形体的物质感和坚实感扩大运用到整个画面的结构上去。既保持了形的坚固，又能把形放到统一氛围之中，获得形、光、色之间的一致性"。[2]一致性的"形式构成"不是千篇一律的，正如我们之前所说，"抹去重来"毫无参照可言，它本身充满机遇性，错综复杂，多彩多姿，如万花筒那样看起来总是"不期而遇"至恰好位置，但也并非完全不能抱有"期待"和"预料"。这个稍许的可预期程度的根据，就在艺术家的参与活动中。其实，艺术家本身在"抹去重来"的过程中，就已经受到影响，而我们所说的能够对其稍微有些预期的地方，便是艺术家受"抹去重来"影响并发生改变之处。这些改变不仅影响艺术家，同时也影响艺术家进行"抹去重来"的过程本身，以及最终的"形式构成"。

---

[1] 司徒立，《构成的主题——塞尚的〈泳男〉、〈泳女〉系列分析》，孙周兴、高士明编，《视觉的思想："现象学与艺术"国际学术研讨会论文集》，第164页。
[2] 司徒立，《构成的主题——塞尚的〈泳男〉、〈泳女〉系列分析》，孙周兴、高士明编，《视觉的思想："现象学与艺术"国际学术研讨会论文集》，第159页。

不断抹去重来的素描，在形式构成的途中层叠推进，但到某一个程度，忽然间不能再前进。线条错综堆栈，最终相同叠加的部分又都回到同一个地方。这个地方就是中空背景投放到画面的显现，也是我们之前所说的"森林中开辟的林中空地"。每个人都有这一片空地，每个人虽各不相同，但空地之间相互有种沟通，这个沟通就是被召唤的一种肯定。在肯定中，艺术家不断抹去重来，越来越理解这个世界，也越来越通过可以沟通的中空背景，理解他人的林中空地。于是，能够沟通的地方反而是"中空"的。每位画家手中的涂满油画的色板，色板形形色色，唯一"相同"的，便是手拿色板的地方，因为它没有被颜料覆盖，是空的。人与人之间可以沟通，正是因为这些没有什么具体内容可以呼应的空的地方。"中空"来自艺术家内在对召唤的肯定，即意味着艺术家本身就有这空的一部分。作品的完成，就是试图去跟艺术家空的部分里有些呼应，那么，艺术家"空"的部分是什么呢？

首先，"中空"不只是关乎纯粹的有无相生的玄学，而其加入了更多人的生命感。如果我们将"抹去重来"的每一次重复都看作生命的一种痕迹（如西方形上学，生命可以是一种叠加的系统的纯粹的思辨；如庄子，生命可以是一种对自身本身敏感而提出立即停止），世界就成为不断讲述生命问题的世界。生命不是价值判断，不是对于自我的种种论述或者自然主义式的达尔文进化论，大脑神经学、生物学等庞大的知识系统，生命需从图像的方式进入，好像画中痕迹叠着痕迹，从起初到高潮再回复原初的静止状态。当我们能够回归到这种原初的状态时，就进入生命形态里面艺术家们通常都会理解的一种姿态，比如"唯逸气而无所成"的那些魏晋名仕们，隐隐中以美感的方式，看到某一点生命中的"花烂映发"，庄子就是这个形态。对生命的沉重感,种种的问题里面,给出一种"无关心的关心"。并表现出四种特质:"任真"、"深情"、"妙赏"与"旷达"。①"任真",简单但不粗糙、不粗率,不做任何矫饰的表达真生命(但这种表达只限于表面,并没有情感的投入)。"深情",不同于矫情,亦非执着,是对生命的一种投入感。"妙赏",对事物具有道家式的方式观赏。如观赏海天一色的情景(不止是观赏景色),在观赏中体会是我们本身在关注,在感受,在体会,在享受,以及我们本身妙赏其中以得到当下的意义。如果只能"妙赏"不能"深情"就好似数学家般辩证抽象,只能"深情"不能够"妙赏"就仅是单纯的猎奇。"旷达",从生命的开阔性中达至"道"。在"任真"、"深情"、"妙赏"与"旷达"的表现方式中,"无关心的关心"逐渐以艺术家之创建的形式投射出来。一次、两次、三次,不断涂抹,不断放下,放下本身即是"现象还原"。当到达一定程度时,比例、质感、线条、色彩之间的比配和运作,也就通过"抹去重来"完成了"形式构成"。与此同时,艺术家的"无关心的关心",艺术家的"任真"、"深情"、"妙赏"、"旷达"便成为一种带有生命色彩的内容赋予在作品中,这就是中国人讲的"气韵生动"。②"气韵生动"所指绘画内容的神气和韵味,不止是绘画语言的评价,更是生命境界的表达方式。随着"形式构成"的完成,"气韵生动"逐渐从内在投射

---

① 陶国璋,《哲学的追寻》,香港:香港中文大学出版社2004年,第40页。刘义庆,《世说新语》,沈阳:辽宁教育出版社1997年,第48、53页。

② "夫画品者,盖众画之优劣也。图绘者,莫不明劝戒,著升沉,千载寂寥,披图可鉴。虽画有六法,罕能尽该,而自古及今,各善一节。六法者何?一、气韵生动是也,二、骨法用笔是也,三、应物象形是也,四、随类赋彩是也,五、经营位置是也,六、传移模写是也。唯陆探微、卫协备该之矣。然迹有巧拙,艺无古今,谨依远近,随其品第,裁成序引。故此所述,不广其源,但传出自神仙,莫之闻见也。"顾恺之,《古画品录》,收入《画品》,哈尔滨:北方文艺出版社2000年,第31页。作为《古画品录》中的绘画六法的第一条款和最高准则,"气韵生动"往往被诠释为绘画表现内容的神气和韵味。——著者注

而出，在画面上、作品中得以展现。其表现的方式是不断地抹去重来，而本质是"内在的本有的东西如何从某种形式中走出来"的过程。

这个内在的东西，被胡塞尔称为"意向性"。"素描内在于意识，它才有可能将看见的对象内在地构成。"[①]"意向性"内在于意识，即"我对世界有种意向的理解"。世界总有个意义，该意义就表示为我们主动参与的建构。但海德格尔并不这么认为，他认为胡塞尔的建构还是知识论的建构，只是在对世界观察所得到的原有的知识论的基础上的一种添加。"意向性"不是知识论的意向性，是一种本质的"原初的意向性"。即我对世界有种意向理解是本质上的理解，即"终止判断"之后带来的"本质还原"，这种本质的原初的意向性经过内在投射出来，不断"抹去重来"，到达一定阶段的时候，就突然进入成为一种"境域构成（在作品中的显示即气韵生动）"[②]，这是需要一定进程的。所以艺术家大都需要经历这样一个过程：开始画画需要依照基本技术、公式去模仿，一段时间后就会放下很多之前比较在意的细节。放下不意味着不在意或随便涂抹，而是发现出现在画面上的形式已经可以从构成出来的意向性得到，不再需要从模仿或者技巧性中获取。这就是画家如何走出来的方式，是"自然而然"的，不是强求或碰巧。这种"自然而然"是到达某一种阶段时，突然就构成一种境域，一种气韵生动的意境。所以说，"气韵生动"就是"境域构成"，就是"境域还原"，就是回到本质的原初的意向

[①] 司徒立，《构成的主题——塞尚的〈泳男〉、〈泳女〉系列分析》，孙周兴、高士明编，《视觉的思想："现象学与艺术"国际学术研讨会论文集》，第 158 页。
[②] 司徒立在《构成境域于意境——贾科梅蒂的艺术与中国艺术的比较》一文中提出"贾科梅蒂的艺术与方法始终追问真实，一追到底，在终极存在处构成境域"。司徒立、金观涛，《当代艺术危机与具象表现绘画》，香港：香港中文大学出版社 1999 年，第 93 页。

性的问题。而"抹去重来",是回到作品能够达到"气韵生动",即作为作品本身,进入原初的境域构成的重要方式。

二、在境域中的运作方式

达成"气韵生动"的作品是否就已经完成了?我们很难去定义一个作品是否完成,似乎只有艺术家才有裁定这个标准的资格。但实际上,艺术家也并不能时常把握并确定"抹去重来"何时应该停止。因为"气韵生动"本身就具有一种律动感,总是不断生成和变化的。所以我们不能像结构主义者那样,将艺术作品定义为某种既定不变的类型的结构,又将单独的作品归属到某个既定的结构类型中,来凭借它们所归属的符号系统而进行评价其是否具有存在意义。[①]我们应该做的是将其视为不断生成和变化的原初状态,并以一种"无关心的关心"的方式进入其原初的样子。这不仅是我们观赏作品的方式,更是作品保存继艺术家创建之后的进一步"持存",同时也是作品在境遇中如何运作的具体方式。

1."历史性"与"时间性"

在境域构成中,"气韵生动"赋予作品生命感的色彩,一方面以艺术家的"任真"、"深情"、"妙赏"、"旷达"等表现融合在作品本质中,另一方面依据人的在世状态,以一种修养的方式显现出宿命的意味出来。"天下莫大于秋毫之末,而大山为小。莫寿乎殇子,而彭祖为夭。""天地与我并生,万物与我为一。"切近于道,秋毫即大,彭祖即夭,万物与我不再有别。这种宿命意味不是个人的宿命论,是修养切近于道本身的一种宏观理解的"历史性"过程。这便

---

① [加]大卫·戴维斯著,方君译,《作为施行的艺术:重构艺术本体论》,南京:江苏美术出版社 2008 年,第 56—57 页。

是道的历史（道纪），文明的历史。

> 始终逗留着的语言那是道说（das sagen）之发生……
> 一个民族的世界历史性地展开出来，而大地作为锁闭者得到了保存。在对可道说的东西的准备中，筹划着的道说同时把不可道说的东西带给世界，在这样一种道说中，一个历史性民族的本质的概念，亦即它对世界历史的归属性的概念，先行被赋形了。
> 作为诗的艺术乃是作为开端的创建……
> 每当存在者整体作为存在者本身要求那种进入敞开性的基建时，艺术就作为创建而进入其历史性的本质之中。[①]

在海德格尔那里，"历史性"被赋予为世界的民族的本质的展开，[②]可以直接通过艺术创建的发生而发生。于是，作为无蔽状态自行设置入作品的创建和保存，其本身即历史展开的契机。在此契机中，真理进入存在的突出方式，便是真理历史性的生成方式，艺术作品的本源，一个民族的历史性此在的本源。所以我们说，艺术是历史性的，艺术的发生有个"开端"的存在。"开端"不是以往发生的堆积，不是历史主义，是每一个作品都有其历史性，这便是海德格尔所说作品一次次被创建，历史被一遍遍开启。

"历史性"的一次次被开启的方式，即本源凸显的生成方式，也是作品作为存在者的首先的存在状况。该状况给我们呈现的，或者

[①] ［德］马丁·海德格尔著，孙周兴译，《林中路》，第57—60页。
[②] "历史乃是一个民族进入其被赋予的使命中而同时进入其捐献之中。"［德］马丁·海德格尔著，孙周兴译，《林中路》，第60页。

说给在历史性的民族性的 Dasein 所呈现的，便是历史性的 Dasein 已经被抛入其中东西的敞开。

"被抛"是被抛入沉沦的世界之中。"历史性"因为被抛而显现出了"时间性"，即过去、现在与未来。"时间性"与沉沦的世界融合在一起，绝大多数人不断在其中展示自己，通过时间性——过去、现在和将来，以过去经验的处理，应对未来的安排，将时间性世界的事情处理为一个个焦点，并通过对焦点过程的展开，变成自身与世界的关系。这种可以预期的未来不是历史性的宿命感，是跌落到了逻辑层面的因果论。因果论是持久并始终的，人们很难主动离开这个因果的沉沦的世界。但若有契机，Dasein 一旦在被抛中反思——发现自身、发问自身并发问整体——原因引发结果的未来期待就会破灭，成为空白的没有命定的未来，以无所待定的方式呈现出来。每一次从过去到现在，每一次对现在的关怀就是对未来的一种开展，未来以一种无所待定的方式呈现出来。这才是宿命的历史性抛入世界后，时间的真实模样。真实的时间内在于 Dasein 自身，是我们之前所讲的"内在时间"，也即"内时间意识"。作为原意识结构的促成和造就的相关时间内容，是一种基建于"我们是一种时间化的存在者"的"根本"（第三章 3-2）。在"根本"中，一般经验的"累"被放下。过去、现在以及将来相关联而通达彼此，未来的无所依待一方面作为真实时间性的未来，另一方面也即逍遥境界的无所依待（虽然庄子文中并无明确关于时间性的表达，然其逍遥意将真实时间隐含其中）。时间总伴随着变化，人总需要到达一定的年岁体会到变化，才能体会到时间。于是"时间性"与"历史性"一样，同样具有宿命意味，同样关乎着人生修养和人生哲学的问题。

"参万岁而一成纯"，"人生天地之间，若白驹之过隙，忽然而已"。过去、现在和未来不是连续的阶段性,其呈现出的是一种流动的状态,此状态连贯一致,又充满变化,阴阳涌动在逍遥之中。所以人的逍遥是在时间中逍遥,"气韵生动"、"无限妙用"、"人神感应"、"天人合一"都是有民族的历史在其中,都需要加入时间性的背景去体会。否则,人生哲学就容易成为一种笼统体验,让人变得糊涂。只有在时间中的逍遥,才是个体与整体关系的追思。而作品,就是将这种追思浓缩在自身中的呈现,并通过两种方式表达出来。

一、投合于历史过程里,以其自身方式出现。作品随现实性是因为作品被保存,保存本身是一种凸显,是大地进入作品而凸显,那么保障作品能够出现在我们面前的最重要因素便是大地因素。大地因素保存作品的过程就是作品投合于历史的过程。肯特里奇(William Kentridge)在素描活动中意识到,一支炭笔、一片软布或一块橡皮在画面上绘画或擦拭的过程本身就为绘画提供了可能性。这种可能性不是毁掉绘画,是通过对图像的回忆,追踪了实践和工序的行程,从而唤起时间和运动。这是全新的时间领域。在此领域中,炭笔、橡皮和纸面——时间里面的活动和内在于时间的关联——它们的原始关系被呈现出来。[1]这不是指艺术家操控这些工具来活动,而是在描述作品被保存于大地性的一种"相互适应"的过程。"适应"不是掌控或利用黏土的属性,是允许黏土以其自身的方式出现,由泥土生长方式本身的属性出现,这就是将自身的属性以自身的方式投合于历史过程中。艺术家本身受惠于此过程,并希望适应到其本质的呈现之中。[2]

二、安排在视线的运动中,留下时间的轨迹。在"境域构成"

---

[1] 参见[澳]芭芭拉·波尔特著,章辉译,《海德格尔眼中的艺术》,第125页。
[2] 参见[澳]芭芭拉·波尔特著,章辉译,《海德格尔眼中的艺术》,第131页。

中，被赋予历史性宿命感作品，将"时间性"安排在视线的运动中，成为不自觉的"时间性"的表达。不自觉不意味漫不经意，画家的视线运动（观看）从来都是对事物的瞄准和审视，并且总是依循某些原则进行。比如"平衡的原则"——在没有明确界限的视阈中选定一个焦点，然后让看见的事物于这个焦点有序地连接起来并达到一种相互匀称的程度；再比如"透视的原则"——所有看到的事物的端点延伸线终会消失于灭点。①这些原则一方面在直观的空间构成活动中，成为画面的形式构成的完成与良好程度的评价标准；另一方面也成为视线移动的原则，从一端移动到另一端，视线本身运动的开拓敞开着视阈，在依循原则中，将敞开的视阈中开放位置上的各东西连接并聚集。连接和聚集无前后次序分别，因为视线的发出，虽是一端到另一端，却是同时并连续发出的——"视觉的同时性是以连续性为媒介的"②。在同时和连续性中，视线本身留下运动的轨迹，便是时间的轨迹。作品在时间的轨迹中链接并充斥澄明于敞开，过去、现在同我们与世界的本然关联一并涌现，这就是为何当我们观察作品时候，好像一无所说，又好像不断述说。

2."日常生活"、"实践"与"适应性"

历史性的过程是一种适应性的过程。在适应性中，作品一方面将其自身的本来面目，即原始关系展现出来；另一方面在大地因素的保存中，将其现实性生成给我们。但身处沉沦世界的我们，割裂于整体，受限于因果，对于已保存的现实性，即作品本身，往往无法还原为其本来面目在境域中的运作方式。这种"无法"不仅仅是

---

① 陆贵山主编，《文艺源流辞典》，第690页。
② 司徒立，《构成的主题——塞尚的〈泳男〉、〈泳女〉系列分析》，孙周兴、高士明编，《视觉的思想："现象学与艺术"国际学术研讨会论文集》，第161页。

没有能力，而是误解。误解总是分割的、片面的，试图从一个单独面向去把握作品在境遇中的全部运作。这不是个别到整体的关系，是不同异性质层面的差别。差别是无法在同一层面去弥补和逾越的，这就是海德格尔一直说的那样："艺术不幸落入美学的范畴之中。"

误解作品为"人间艺术世界"的组成部分。博物馆、美术馆与画廊的墙壁，展览的新闻，杂志的宣传，这些有声的白色背景将作品纳入到一种观念性的氛围中，一种话语权中。此人与他人在其中共享这种背景所带来的信息，并通过这种背景去理解作品是什么，这便是艺术世界。反之亦然，"如果人工制品是为呈现给艺术世界的公众而创造出来的，那它就是一件艺术品。"（迪基 2004：53）[①]"艺术作品看起来像什么，由什么制成，具有什么形式或美学品质，这些都不是问题，关键的问题是，'它'是否在习俗性的艺术话语内运作。"（迪基 2004：53）[②]作品因艺术世界的承认、允许、运作其中，才能够成为作品。它将作品置纳于人言世界之中，以效用性规定并预期作品的性质，是一种典型的因果关系式误解。在此误解中，我们持续努力，阅读评论，订阅期刊、杂志，与其他艺术家、策展人、画廊主、收藏家保持联系，不断参加画展和聚会，亦步亦趋，紧跟潮流，保障我们也能够成为人间艺术世界的一部分。本应该作为作品保存的后续——作为作品历史的艺术评论和艺术鉴赏，也成为人间艺术世界中被消费的一部分。艺术的真理在艺术行业的规则至上时被彻底遗忘了。

误解作品是日常经验的提炼。自小便池被搬到展览现场之后，现成物乃至生活经验的材料就成为作品材料不可或缺的部分。"关于

---

① ［澳］芭芭拉·波尔特著，章辉译，《海德格尔眼中的艺术》，第53页。
② 同上。

日常生活的艺术使我们能够就近取材。用我们自身的经验，通过艺术来思考重要的、抽象的哲学概念（帕帕斯特里亚迪斯 1998：27）。"①看起来好像是在说作品的材质或是形式的来源贴近生活本身，于我们之前所说的现象学之回到生活世界相仿。而实际上，日常经验不是生活世界，在日常生活中就近取材，将材料直接或"集置"后放入一个特殊的空间里所产生的意义，再将此意义赋予艺术作品的做法，恰恰是背道而驰，相反于生活世界并沦陷在日常经验当中。沦陷并非偶然，长时间浸淫在人间艺术世界，通达艺术本质的道路、真理自行设置的保存，早已沦为材料和人工的组合的"制作"。"制作"（fabrication）即生产：创造式的（une poétique；希腊语意发明、创造）生产，与扩张的、集中的、嘈杂的且壮观的生产。第二种生产被称之为"消费"。②消费是大众的消费，"创造性活动并没有因为艺术家完成了这件作品而结束，而是由于大众的介入继续着它的生命。"③这便意味着，人言世界的大众的介入，持续输入并维持沦陷的艺术世界，这是日常经验本身对于作品的入侵，它总有方式，甚至有数以千计的方式，侵入作品保存的领域，以此来实现对自己的"创造"（堕落于其中）。④而这个"创造"只是一种错觉，只是根据日常经验来指定被"集置"之物的意义，在这种错觉中，慢慢地艺术家（artist）中的"艺术（art）"就没有了"τεχνη"即"对在场者之为这样一个在场者的觉知"的那部分，这便是现代艺术

---

① [澳] 芭芭拉·波尔特著，章辉译，《海德格尔眼中的艺术》，第 38 页。
② [法] 米歇尔·德·赛托著，方琳琳、黄春柳译，《日常生活实践：1. 实践的艺术》，南京：南京大学出版社 2009 年，第 33 页。
③ [法] 让·吕克·夏吕姆著，林雪潇、吴启雯译，《西方现代艺术批评》，北京：文化艺术出版社 2005 年，第 225 页。
④ [法] 米歇尔·德·赛托著，方琳琳、黄春柳译，《日常生活实践：1. 实践的艺术》，第 32 页。

的危机。

误解作品是技术的创新。艺术材料的置换，更多带来的是对于技术手段的重视。在当代技术社会的背景下，艺术家一人在画室或工作室创造作品的方式好像已经过于传统和过时。很多艺术家如基弗，就用工厂生产模式来经营他的画室作坊，聘用专门化的劳动力，并开发了技术上的集约化生产技艺，将"围绕手工的传统实践转型为工业化和机械化的生产"[1]。艺术生产和其他生产形式的边界越来越模糊，在有些人看来，艺术已俨然成为技术创新层面的行为。然庄子云，"传技非传道。"正如同我们不认同"艺术是材料"一样，技术也不应该甚至完全作为艺术生成的根据。那如何将其适应性依托在大地因素中呢？答案是"实践"。如果说技术只是作为去认识或掌控客体的一种不断更迭和精进的方式，那么"实践"就是深入主客关系之中，不再区分二者的应对和介入本身的"理解"。这个"理解""不是一个强加于存在之上的认知能力，不具有世间沉思性知识的特点，而是在世界上存在的具体经验。""当我们仅仅盯着某物，我们眼前之物仅作为一个无法理解之物置于我们面前，只有通过我们与物体（世界所抛给我们之物）的实践性应对或介入，我们的世界才变得有意义。"[2]实践意味着操作，上手，但不是技术的操控。肯特里奇发现"素描能够使他进入一支炭笔、一片软布或一块橡皮的上手状态"[3]，这就是海德格尔说的"present at hand（上手状态）"。"农妇在劳动时对鞋思量越少，或者观看越少，或者甚至感觉得越少，它们就越是真实地成其所是。"[4]上手状态使农妇与鞋的关系脱

---

[1] ［澳］芭芭拉·波尔特著，章辉译，《海德格尔眼中的艺术》，第95页。
[2] ［澳］芭芭拉·波尔特著，章辉译，《海德格尔眼中的艺术》，第34—35页。
[3] ［澳］芭芭拉·波尔特著，章辉译，《海德格尔眼中的艺术》，第125页。
[4] ［德］马丁·海德格尔著，孙周兴译，《林中路》，第16页。

离一般的经验的累，进入更原始的状态。而这所有的内容都发生在并且唯独发生在"实践"中。因为"实践"应对着的操心和重要交往的关系，能够将所有存在者带入一种可理解的背景中。所以作品本身就是实践式的理解，我们不是操纵、控制或利用工具和材料，我们是与这些因素发生重要交往。双手、双眼、大脑，关于笔、纸、石头、刀具产生一种真实性的行为，一种思考的"实践"。"实践"一方面进入背景，一方面拓展着这种背景，并开展成为艺术式的想象。

"拿起咖啡壶活塞，你可以从中领悟，有一些东西会出现……咖啡壶活塞可以穿过咖啡壶底，并且更进一步下落到矿井里。"[1]肯特里奇在思索如何坐在床上煮早餐咖啡，与矿山的地下世界连接起来的这个过程，就是艺术式想象的背景拓展。拓展不是一蹴而就的，是"抹去重来"的不断涂改与叠加，才慢慢最终显现出的"形式构成"。所以洛特克说："每一次对轮子的触摸都有不同的影响。"（普洛特克 2008：93）[2]在这种逐渐的过程中，适于作品保存的适应性才逐渐显现，而最终完成的，便是作品本来原貌的根本性价值。如泥土制陶在成品罐中出现的有力而粗糙的颗粒状结构和具有手感的表面，"专注与默默的吸收，典雅的规则，连贯性，低调，原料的质量，简朴的本质。"（维奇曼 1985：347）[3]

---

[1] 《威廉姆·肯特里奇：绘制流逝者》(1999) 是一个由电影制作人莱茵哈德·伍尔夫和历史学家玛利亚·安娜·塔普尼尔制作的纪录片。由西德广播交响乐团出品，戴维·克鲁出版社发行。——著者注
[2] [澳]芭芭拉·波尔特著，章辉译，《海德格尔眼中的艺术》，第126页。
[3] 参见[澳]芭芭拉·波尔特著，章辉译，《海德格尔眼中的艺术》，第131页。

结论　从"伪装的遮蔽"到"蔽障"：一种"艺术"到"人文"的方式

绝大部分人可以非常适应这个现实世界，历史，战争，和平，竞争，存活，荣誉……人的存在似乎完全符合这些已有的事实，一切只是不断的重复，这种幻象即是构成了我们常说的"命运感"。然而，总有很少一部分的人能够"发问"或"反省"自己的存在。研究哲学的人或发问真理，或发问人的本真面目，都是在试图"拨开混杂见真知"，这个混杂便是一般人终日翻滚其中且乐此不疲的现实生活。钻研宗教的人认为世界很危险，我们需要通过自觉的修行来履行自己的职责。同样，追求艺术的人也在发问，虽然不如哲学系统，充斥了很多没有标准的不同意见的表达，不如宗教神秘，没有一个至高无上的教条引导和敦促，但在很多有地方三者是接近的，尤其在艺术家对于世界的态度方面：艺术家总要求冲破那种虚伪、沉沦，觉得世界太糊涂，太卑污了，总以一种近似于道德的洁癖感来要求真、善、美。甚至往往有人觉得艺术家对于世界上的其他人来说好像一种"错误的基因"，总是离开"正常的要求"，对世界感到悲观。至于究竟是什么让他们成为如此，似乎也不能用确定的文字或语言来直接加以表述，那些尝试以美学概念去量化艺术作品的标准似乎也只是评论家的一厢情愿，而人们（除了艺术家）总是对此乐此不疲——因为人总是习惯与期待被一种符号或教条去规定和量化，失去这些就会很无助和痛苦。这便是人最难冲破的、艺术家无法达到的"正常的要求"，也是让艺术家最容易被迷惑和困扰的："自然主义观点"[1]。

简单说来，"自然主义观点"就是认为无论世界是以怎样的模式在运作，其中总有一个本质。从西方传统哲学到一般人的固定思维，每一个东西总有种特定的本质，找到这个特定的本质便能够规定出一个"定义"，能够让我们理解并运用。自然主义观点适用于很多领域，比如科学中遵循的规律，宗教中信仰的神，心理学里行为模式，追溯的历史原因，物理学的定律，数学的公式等。这些自然主义观点并不是错的，但总是停留在这种观点所开启出来的所能够理解的地方——比如用数学方程式的计算得到正确的答案——这都是我们已经能够理解的并显现出来的地方。但艺术家追求的并不是这些，艺术家追求的是我们所不能理解的地方，不可说的地方。

当海德格尔说"语言是存在的家"时，我们就慢慢能够理解，沉沦在现实世界的一般人所说所用的"人言"不完全是"假"的语言，相反，人言"很真"。因为"人言"就是他所能够理解的东西，而只要是局限在能够理解的范围里，他就总是没有回家的，是离开的。越是没有回家，就越熟识和习惯于这个现实世界。为了渡过"人言"的困境，庄子的将一切人世知识，经验理论，是非黑白，所成所毁，都通过"无"而复通为一，"无"即我们不能够理解的地

---

[1] "自然主义观点：以不同形式出现的自然主义态度，客观主义和历史主义所共有的以某种'事实'为起点的态度（唯理主义和经验主义）总是已经赋予了各自的起点——不管它是事实、实体还是感觉材料——以某种存在性，或视这存在性为理所当然的；然后，再从这已具有存在性和可理解性的基点出发去构造一个多样化的世界。"张祥龙，《从现象学到孔夫子》，第34页。

方。从"'人言'进入'无'"与"道坎陷而成为成心"相反,①是从形下升华至形上,逐渐离开存有论领域的过程。这个存有论领域就是指我们面对的经验世界,在命运感中人文化成的"人文世界"。"人文世界"因自然主义观点的牵绊,总要制定出某一种特定的准则,准则产生分别,对与错,善与恶,每个人采取的角度不同,就产生不同的判断准则,产生无穷无尽要辩论的问题。庄子讲"参万岁而一成纯",便是提醒我们如果抛开自己的感官层面的认识,抛开对于对象的规定,我们所面对的东西就具有无穷的角度,且永远无法空尽。所以从感觉对象中寻找多样性对象的"同一性(本质)"实无多少意义,因为这种"同一性"无法抛开感觉对象本身,若是抛开,便再也无法与其沟通。

艺术家所追寻的东西恰恰就是不需要感觉对象也能够沟通的地方,"本质还原"的直观方式即是能够把握到这种理念,直观发生时,"参万岁一成纯"的"纯"就是"同一性",一个不需要多样性对象的"同一性",因为它本身就是不断生成与变化的"同一"。这就是"无"那个不能被理解的地方,因为它不是能够被确定下来的实在,而总是处在一种流动的思维中。在流动之中,语言不断开展我们还不明白的东西,在语言思想的开导中让我们回去,引导我们返乡。这个返乡便是道家所讲的"归根复命"。所以,艺术家始终都在寻找这样一条回归的路,在这条路上,我们无法通过打坐、修行去逃避外在的烦恼,我们需要做的,是直面死亡,直面时间,并在直面的过程中慢慢开展出来我们不能够理解的地方,慢慢回到我们本源的地方。这个地方便是艺术家苦苦追寻并终其一生想要通过作

---

① 牟宗三讲述,陶国璋整理,《庄子齐物论义理演析》,第110页。

品持存并居留的处所，庄子称之为"天籁"的境界，海德格尔称之为"艺术的本源"。

所以说，"美"在这两位哲人的思想中从来就不是问题，因为与之相关联的是整体地把握整个艺术境界的能力。如同"抹去重来"的一遍遍覆盖、更改、抹擦与添加，艺术境界的境域呈现是整体并慢慢浮现出来的，与自然主义观点的非黑即白式的定义截然不同，但也不否定这种二元论的存在。因为关于"艺术"的一切均不具有任何价值判断，其拥有的只是无数的意向对象与境域叠加，并随着叠加最终构成全部的我们所能赋予意义的生活世界。这即是"天地有大美而不言"，一无所说，但不断述说。Dasein要进入这个不断述说的场域之中，便要进行"终止判断"以达到直观的"本质还原"，这样才能将作品的作品存在即真理开展出来，因为"美即是真理无蔽存在的一种发生方式"①。海德格尔将真理——争执（裂隙）——作品这一关系表达给我们，向我们说明真理是如何通过"遮蔽（存在者的本有状态）"与"澄明（围绕存在者间的敞开领域）"之间的争执开展出来，并完成艺术作品的作品存在。

相较于海德格尔的真理开展说，庄子提出"天籁"，从"齐物"到"逍遥"，最终至"物化"的推论方式更加贴近"Dasein沉沦在人文世界中，遗忘了本源所在"——这条进路更加贴近人本身。作为存在双重"遮蔽"属性的其中一种②——"拒绝的遮蔽"因为人所产生的"成心"，破坏了存在者遮蔽的"自居"，迫使"遮蔽"异化成为"蔽障"。"遮蔽"是自在自由的存在者状态，它通融并与"澄

---

① 参见［德］马丁·海德格尔著，孙周兴译，《林中路》，第20页。
② "遮蔽可能是一种拒绝，或者只不过是一种伪装。"［德］马丁·海德格尔著，孙周兴译，《林中路》，第37页。"拒绝的遮蔽"即存在本身就拒绝显露自身，"伪装的遮蔽"即存在不显示本身而是他物。——著者注

明"共生，无时无刻不敞开着自身，却又自居地遮蔽自身，不显现自身而是他物。"伪装的遮蔽"成为成心的"伪装"，让我们即使想摆脱"成心"，也很难从"成心"的"伪装"中离开。该"伪装"的表现如"破除对偶关系而执着于'成心'的伪装"、"以杂多现象作为'客体'的伪装"[①]、"缺失语言本质的人言的伪装"等。异化后的"伪装"即"蔽障"，成为因集置而被产生的异质层面的障碍物，其表面是时刻敞开的可以通过人言世界的规律去理解的部分，而实际已经将存在者本身永远的隐藏了起来。一旦"蔽障"被产生，就直接下落到了人文世界中去。由此"伪装的遮蔽"到"蔽障"的异化过程，即作为"艺术"到"人文"的坎陷路径的一种方式而存在。无论是庄子还是海德格尔，他们共同想表达的，便是尽可能还原呈现这个世界"真正的样态"。"真正的样态"的不是现象背后的"本质"，是回到这个世界的本源，并以本源的姿态展开其本有的属性。而无论"天籁"还是"物化"，或是"真理"与"艺术的本源"，都是为这个世界的样态的呈现所注之脚注，因为境域的叠加本就不能够被人言或定义所框架。大言无言，大音希声，语言的最终归宿是消解语言的逻辑，同时又居留在语言本身，居留在道说之中，居留在那光明之处。正如海德格尔所言："在光明之上的至高之物，那爰是光芒照耀的澄明本身。"[②]

[①] "以理性投射、知性范畴之套用的方式看待这有限者或他'以外'的无限领域。"陶国璋，《双重之寂静》，未出版文稿。
[②] Sieht Martin Heidegger, *Die Feage nach der Technik*, Tuebingen: Guenther Neske Pfullingen, 1962, p. 18.

参考文献

专著
古籍

〔汉〕司马迁：《史记》，北京：中华书局，1959年版。

〔魏〕王弼、楼宇烈注：《老子道德经注校释》，香港：中华书局，2008年版。

〔东晋〕顾恺之：《古画品录》，收入《画品》，哈尔滨：北方文艺出版社，2000年版。

〔南朝宋〕刘义庆：《世说新语》，沈阳：辽宁教育出版社，1997年版。

〔清〕郭庆藩撰，王孝鱼点校：《庄子集释》，上册、中册、下册。北京：中华书局，2004年版。

〔清〕王夫之撰：《老子衍·庄子通·庄子解》，北京：中华书局，2011年版。

〔清〕王先谦，刘武编撰：《新编诸子集成：庄子集解内篇补正》，北京：中华书局，1987年版。

近现代

北京大学哲学系/外国哲学史教研室编译：《古希腊罗马哲学》，北京：商务印书馆，1982年版。

曹础基：《庄子浅注》，北京：中华书局，2007年版。

陈波主编：《逻辑学读本》，北京：中国人民大学出版社，2009年版。

陈鼓应：《道家文化研究》，北京：三联书店，2000年版。

陈中梅：《柏拉图诗学和艺术思想研究》，北京：商务印书馆，1999年版。

崔宜明：《生存与智慧——庄子哲学的现代阐释》，上海：上海人民出版社，1996年版。

丁子江：《罗素与中西思想对话》，台北：秀威资讯科技股份有限公司，2016年版。

范明生：《柏拉图哲学述评》，上海：上海人民出版社，1984年版。

冯国超编：《中国传统文化读本·礼记》，长春：吉林人民出版社，2006年版。

富立柏编：《汉语神学术语录》，北京：宗教文化出版社，2007年版。

辅仁神学著作编译会：《神学词语汇编》，台北：辅仁神学著作编译会，2005年版。

高明撰：《帛书老子校注》，北京：中华书局，1996年版。

寒谷松神父主编，杨牧谷编译：《种子新约神学词典》，香港：种子出版社，1983年版。

黄寿祺、张善文译注：《周易译注》，上海：上海古籍出版社，2007年版。

葛力主编：《现代西方哲学辞典》，北京：求实出版社，1990年版。

金白铉：《庄子哲学中"天人之际"研究》，台北：文史哲出版社，

1986年版。

金岳霖主编：《形式逻辑》，北京：人民出版社，1979年版。

贾学鸿：《〈庄子〉结构艺术研究》，北京：学苑出版社，2013年版。

李泽厚、刘纲纪：《先秦美学史》，台北：金枫出版社，1987年版。

李泽厚主编：《美学百科全书》，北京：社会科学文献出版社，1990年版。

林有能、叶金宝主编：《审美文化：从形而上研究到范畴拓展》，北京：商务印书馆，2015年版。

梁启超：《老子哲学》，《饮冰室文集》点校本，昆明：云南教育出版社，2001年版。

梁瑞明：《庄子调适生命之学——〈庄子〉释义》，香港：志莲净苑，2008年版。

刘绍瑾：《庄子与中国美学》，广州：广东高等教育出版社，1992年版。

陆贵山主编：《文艺源流辞典》，北京：文化艺术出版社，1994年版。

吕祥：《希腊哲学中的知识问题及其困境》，长沙：湖南教育出版社，2016年版。

卢雪崑：《康德的批判哲学》，台北：里仁书局，2014年版。

马一浮：《马一浮集》，第一册，杭州：浙江古籍出版社，浙江教育出版社，1996年版。

牟宗三：《才性与玄理》，台北：台湾学生书局，2002年版。

牟宗三：《佛性与般若》，台北：台湾学生书局，1984年版。

牟宗三：《理则学》，南京：正中书局，1971年版。

牟宗三：《判断力之批判》，上册、下册，台北：台湾学生书局，1993年版。

牟宗三：《认识心之判断》，台北：台湾学生书局，1990年版。

牟宗三：《寂寞中的独体》，北京：新星出版社，2005年版。

牟宗三：《生命的学问》，台北：三民书局，2015年版。

牟宗三：《心体与性体》，上册，台北：正中出版社，1981年版。

牟宗三：《中国哲学的特质》，上海：上海古籍出版社，1997年版。

牟宗三：《中国哲学十九讲》，上海：上海古籍出版社，2007年版。

牟宗三：《智的直觉与中国哲学》，台北：台湾商务印书馆，2006年版。

牟宗三讲述，陶国璋整理：《庄子齐物论义理演析》，台北：书林出版有限公司，1999年版。

牟宗三主讲，卢雪崑录音整理：《四因说演讲录》，《牟宗三先生全集》，31卷，台北：联经出版事业股份有限公司，2003年版。

欧崇敬：《庄子与解构主义》，台北：秀威资讯科技股份有限公司，2010年版。

钱穆：《庄老通辨》，香港：香港新亚研究所，1957年版。

钱穆：《庄子纂笺》，香港：东南印务出版社，1951年版。

钱锺书：《管锥编》，北京：三联书店，2007年版。

邱棨鐊：《庄子哲学体系论》，台北：文津出版社，1999年版。

宋洁人：《亚里士多德与古希腊早期自然哲学》，北京：人民出版社，1995年版。

孙以楷、甄长松撰：《庄子通论》，北京：东方出版社，1995年版。

史作柽：《存在的绝对与真实：形上学方法导论》，台北：河洛图书出版社，1975年版。

司徒立、金观涛：《当代艺术危机与具象表现绘画》，香港：香港中文大学出版社，1999年版。

石衍丰主编：《宗教观的历史·理论·现实》，成都：四川大学出版社，1996年版。

孙中锋：《庄学之美学义蕴新诠》，台北：文津出版社，2005年版。

孙亦平主编：《西方宗教学名著提要》，香港：昭明出版社，2003年版。

孙周兴：《哲学的后哲学问题》，北京：商务印书馆，2009年版。

孙周兴：《语言存在论——海德格尔后期思想研究》，北京：商务印书馆，2015年版。

唐君毅：《生命存在与心灵境界》，上册、下册，台北：台湾学生书局，1986年版。

唐君毅：《中国哲学原论原性篇》，香港：新亚书院研究所，1968年版。

唐君毅：《中西哲学思想之比较论文集》，台北：台湾学生书局，1988年版。

陶国璋：《哲学的陌生感》，香港：汇智出版有限公司，2015年版。

陶国璋：《哲学的追寻》，香港：香港中文大学出版社，2004年版。

邬昆如主编：《哲学概论》，第二部，台北：五南图书出版公司，1990年版。

邬昆如、陈俊辉主编：《形上学专题》，台北：哲学与文化月刊杂志社，2004年版。

王文方：《形上学 = Metaphysics》，台北：三民书局，2008年版。

徐复观：《中国艺术精神》，台北：台湾学生书局，1998年版。

薛华：《黑格尔对历史终点的理解》，北京：中国社会科学出版社，1983年版。

叶秀山：《前苏格拉底哲学研究》，北京：人民出版社，1982年版。

仪平策、陈炎主编：《中国审美文化史（秦汉魏晋南北朝卷）》，济南：山东画报出版社，2000年版。

余英时：《论天人之际：中国古代思想起源试探》，台北：联经出版事业股份有限公司，2014年版。

袁世全主编：《誉称大辞典》，上海：汉语大辞典出版社，2002年版。

张弓长主编：《哲学辞典》，长春：吉林人民出版社，1983年版。

张海福：《海德格尔的原诗歌思想》，济南：山东大学出版社，2014年版。

张祥龙：《从现象学到孔夫子》，北京：商务印书馆，2001年版。

赵中辉编译：《英美神学名词词典》，台北：基督教改革宗翻译社，1990年版。

郑开：《道家形而上学研究》，北京：宗教文化出版社，2003年版。

郑笠：《庄子美学与中国古代画论》，北京：商务印书馆，2015年版。

钟华：《从逍遥游到林中路》，北京：中国社会科学出版社，2013年版。

朱立元主编：《西方美学名著提要》，卷一，香港：昭明出版社，2013年版。

朱谦之：《老子校释》，北京：中华书局，2010年版。

朱哲：《先秦道家哲学研究》，上海：上海人民出版社，2000年版。

朱志荣：《康德美学思想研究》，台北：秀威资讯科技股份有限公司，2011年版。

［古希腊］亚里士多德著，张竹明译：《物理学》，北京：商务印书馆，1997年版。

［古希腊］亚里士多德著，吴寿彭译：《形而上学》，北京：商务印书馆，1996年版。

［古希腊］亚里士多德著，徐开来译：《物理学：论生成和消灭》，台北：慧明出版社，2002年版。

［古希腊］亚里士多德著，林长杰译：《论天》，台北：慧明出版社，2002年版。

［古罗马］彼得罗·彭梵得著，黄风译：《罗马法教科书》，北京：中国政法大学出版社，1996年版。

［古罗马］卢克莱修著，方书春译：《物性论》，北京：商务印书馆，1982年版。

［德］埃德蒙德·胡塞尔著，倪梁康译：《现象学的方法》，上海：上海译文出版社，2016年版。

［澳］芭芭拉·波尔特著，章辉译：《海德格尔眼中的艺术》，重庆：重庆大学出版社，2016年版。

［俄］车尔尼雪夫斯基著，周扬译：《艺术与现实的审美关系》，北京：人民文学出版社，1979年版。

［德］F. W. J. 谢林著，邓安庆译：《对人类自由的本质及其相关物件的哲学研究》，北京：商务印书馆，2006年版。

［德］汉斯·罗伯特·耀斯著，顾建光等译：《审美经验与文学解释学》，上海：上海译文出版社，2006年版。

［德］康德著，宗白华译：《判断力批判》上卷，北京：商务印书馆，1964年版。

［德］康德著，邓晓芒译：《实践理性批判》，北京：人民出版社，2003年版。

［德］康德著，邓晓芒译：《纯粹理性批判》，北京：人民出版社，2004年版。

［德］黑格尔著，贺麟、王太庆译：《哲学史讲演录》，北京：商务印

书馆，1997年版。

［德］黑格尔著，贺麟、王玖兴译：《精神现象学》，北京：商务印书馆，1983年版。

［德］马丁·海德格尔著，孙周兴译：《林中路》，上海：上海译文出版社，2014年版。

［德］马丁·海德格尔著，孙周兴译：《演讲与论文集》，北京：三联书店，2005年版。

［德］马丁·海德格尔著，孙周兴译：《在通向语言的途中》，北京：商务印书馆，2016年版。

［德］马丁·海德格尔著，王庆节译：《形而上学导论》，北京：商务印书馆，2015年版。

［德］马丁·海德格尔著，陈嘉映、王庆节译：《存在与时间》，北京：三联书店，1987年版。

［德］马丁·海德格尔著，孙周兴译：《路标》，北京：商务印书馆，2011年版。

［德］马丁·海德格尔著，郜元宝编译：《人，诗意的栖居——超译海德格尔》，北京：时代文化书局，2017年版。

［德］马丁·海德格尔著，孙周兴译：《哲学论稿：从本有而来》，北京：商务印书馆，2013年版。

［德］马丁·海德格尔著，孙周兴译：《形式显示的现象学：海德格尔在佛莱堡文选》，上海：同济大学出版社，2004年版。

［德］马丁·海德格尔著，孙周兴译：《荷尔德林诗的阐释》，北京：商务印书馆，2015年版。

［德］马丁·海德格尔著，赵卫国译：《对亚里士多德的现象学阐释——现象学研究导论》，北京：华夏出版社，2012年版。

［德］马丁·海德格尔著，孙周兴译：《面向思的事情》，北京：商务印书馆，2015年版。

［德］尼采著，钱春绮译：《查拉图斯特拉如是说》，北京：三联书店，2007年版。

［德］尼采著，周国平译：《希腊悲剧时代的哲学》，北京：商务印书馆，1994年版。

［德］席勒著，徐恒醇译：《美育书简》，北京：中国文联出版公司，1984年版。

［德］约翰·哥特利勃·费希特著，王玖兴译：《全部知识学的基础》，北京：商务印书馆，1986年版。

［法］伏尔泰著，王燕生译：《哲学辞典》，北京：商务印书馆，1991年版。

［法］笛卡尔著，王太庆译：《谈谈方法》，北京：商务印书馆，2010年版。

［法］笛卡尔著，庞景仁译：《第一哲学沉思录集》，北京：商务印书馆，1998年版。

［法］米歇尔·德·赛托著，方琳琳、黄春柳译：《日常生活实践：1.实践的艺术》，南京：南京大学出版社，2009年版。

［法］让·吕克·夏吕姆著，林雪潇、吴启雯译：《西方现代艺术批评》，北京：文化艺术出版社，2005年版。

［加］大卫·戴维斯著，方君译：《作为施行的艺术：重构艺术本体论》，南京：江苏美术出版社，2008年版。

［美］爱莲心著，周炽成译：《向往心灵转化的庄子：内篇分析》，南京：江苏人民出版社，2004年版。

［美］鲁道夫·阿恩海姆著，孟沛欣译：《艺术与视知觉》，北京：中

国社会科学出版社，1984年版。

［意］桑德罗·斯契巴尼选编，范怀俊译：《物与物权》，北京：中国政法大学出版社，1999年版。

［意］克罗齐著，朱光潜等译：《美学原理·美学纲要》，北京：人民文学出版社，1983年版。

［意］列奥纳多·达·芬奇著，戴勉编译：《芬奇论绘画》，北京：人民美术出版社，1979年版。

［意］圣多玛斯·阿奎那著，周克勤等译：《神学大全》，卷一，卷二，高雄：碧岳学社联合出版，2008年版。

［英］罗宾·乔治·科林伍德著，王至元等译：《艺术原理》，长沙：湖南人民出版社，1985年版。

［英］G. 巴克莱著，关琪桐译：《人类知识原理》，台北：台湾商务印书馆，1966年版。

［英］休谟著，石碧球译：《人性论》，北京：九州出版社，2007年版。

W. K. C. Guthrie, *A History of Greek Philosophy: Volume I, The Earlier Presocratics and the Pythagoreans*, Cambridge: Cambridge University Press, 1962.

M. Heidegger, *Phänomenologie des Religiösen Lebens-Gesamtausgabe Band 60*, Frankfurt am Main: Verlag Vittorio Klostermann, 1995.

M. Heidegger, *Die Feage nach der Technik*, Tuebingen: Guenther Neske Pfullingen, 1962.

Claude Levi-Strauss, *The Savage Mind*, Hertfordshire: The Garden City Press ltd, 1966.

Mary Margaret McCabe, *Platonic Conversation*, NY: Oxford University Press, 2015.

Dermot Moran and Joseph Cohen, *The Husserl Dictionary*, NY: Continuum international Publishing Group, 2012.

论文

赖锡三：《〈庄子〉的文学力量与文本空间——与罗兰巴特相对话》，《文与哲》第 20 辑。

蓝雪：《认知论观点的哲学根源及心理研究现状》，《人文暨社会科学期刊》2006 年第 2 期。

李德材：《海德格〈存有与时间〉与生命教育之哲学基础初探——以本真性和非本真性存在为核心之探讨》，《止善》2008 年第 4 期。

刘梅琴：《论〈庄子・人间世〉快感・美感・审美境界的现代诠释》，《第三届中国文哲之当代诠释学术研讨会会前论文集》，台北：国立台北大学中国文学系，2007 年版。

刘笑敢：《从超越逍遥到足性逍遥之转化——兼论郭象〈庄子注〉之诠释方法》，《中国哲学史》2006 年第 3 期。

刘笑敢：《经典诠释中的两种内在定向及其外化——以王弼〈老子注〉与郭象〈庄子注〉为例》，《中国文史哲研究集刊》2005 年第 26 期。

司徒立：《绘画艺术的终结与开端》，《景观》2005 年第 90 期。

司徒立：《当代具象表现绘画及其基础方法论浅谈》，《具象表现绘画文献》，中国美术学院画廊，1996 年版。

司徒立：《构成的主题——塞尚的〈泳男〉、〈泳女〉系列分析》，孙周兴、高士明编：《视觉的思想："现象学与艺术"国际学术研讨会论文集》。杭州：中国美术学院出版社 2016 年版。

孙周兴：《一种非对象性的思与言是如何可能的？——海德格尔现象

学的一条路线》，倪梁康主编：《中国现象学与哲学评论：现象学与语言》，第 3 辑，上海：上海译文出版社 2006 年版。

王庆节：《道之为物：海德格尔的"四方域"物论与老子的自然物论》，《中国学术》2003 年第 3 期。

王太庆：《我们如何认识西方人的"是"》，《学人》1993 年第 4 期。

熊伟：《道家与海德格尔》，陈鼓应主编，《道家文化研究》第 2 辑，上海：上海古籍出版社 1992 年版。

张光直：《连续与破裂——一个文明起源新说的草稿》，《中国青铜时代卷》，卷二，台北：联经出版事业股份有限公司 1999 年版。

张庆熊：《论存在和意向性问题——一种结合考察艺术创作的探索》，孙周兴、高士明编：《视觉的思想："现象学与艺术"国际学术研讨会论文集》，杭州：中国美术学院出版社 2016 年版。

张天昱著，陈鼓应主编：《从"思"之大道到"无"之境界——海德格与老子》，《道家文化研究》第 4 辑，上海：上海古籍出版社 1994 年版。

张祥龙：《海德格尔的形式显示方法和〈存在与时间〉》，《中国高校社会科学》2014 年第 1 期。

郑涌著，陈鼓应主编：《以海德格尔为参照点看老庄》，《道家文化研究》第 2 辑，上海：上海古籍出版社 1992 年版。

钟振宇：《庄子的气化现象学》，《中国文史研究集刊》2013 年第 42 期。

钟振宇：《道家器具存有论——与海德格器具理论之跨文化对话》，《中国哲史研究集刊》2013 年第 43 期。

［奥地利］路德维希·兰德格雷贝著，罗丽君译：《胡塞尔告别笛卡尔主义》，倪梁康主编：《面对实事本身——现象学经典文选》，上

海：东方出版社 2000 年版。

[美] 陈张婉华：《追求道家形而上学的中心思想——希腊形而上学和道家形而上学的比较》，陈鼓应主编：《道家文化研究》第四辑，上海：上海古籍出版社 1994 年版。

Weston La Barre, "Hallucinogens and the schamanic origins of religions", in *Flesh of the Gods*, Peter T. Furst, ed., New York：Praeger, 1972.

Peter T. Furst, "Shamanistic survivals in Mesoamerican religion", in *Actas del XLI Congress International de Americanistas*：Volume Ⅲ，Mexico：Comision de Publicacion de las Actas y Memorias, 1976.

网址

"中国期刊全文数据库" http：//cnki50.csis.com.tw/kns50/detail.aspx?QueryID=23&CurRec=1

"朱子学刊，华东师范大学先秦诸子研究中心" http：//www.byscrj.com/jmm/fangyong/Journal03.article33.htm

"庄子集成 Collections of Chuang-Tzu（Zhuang Zi）" http：//www.byscrj.com/jmm/index.htm♯13

"老子集成 Collections of Lao-tzu（Lao Zi）Tao Te King" http：//www.byscrj.com/jmm/index.htm♯12

"台湾人文及社会科学引文索引数据库" http：//tci.ncl.edu.tw/cgi-bin/gs32/gsweb.cgi/ccd=P4Tb5N/tcisearcharea?opt=1&mode=basic

"华东师范大学先秦诸子研究中心《子藏·庄子卷》总目录" http：//www.xqzzyjzx.ecnu.edu.cn/s/291/t/402/e8/10/info59408.htm

"中国哲学书电子化计划先秦部" http：//ctext.org/pre-qin-and-han/zhs

后 记

和大多数博士研究生不同,在撰写博士论文这件事上,它对我的意义远远大于"去研究一个专业课题",或是得到某种专业文凭的称号。虽然此二者对于一个还未迈入而立之年的女士也同等重要,但是毕竟只是外界给予的认同感。对我来讲,能够成功撰写此文标志着一个重要的节点:真正实现自我价值的肯定。

"肯定自我价值"这件事对我来说,一直处在一种动荡的情绪中,这并不是心理主义的表达,而是实在的确切的一种恐慌感。恐慌但不恐惧,因为我确定某些东西是存在的,只是无法落实下来,它一直动荡且漂浮着提醒、伴随着我的青少年时期、大学时期,乃至在北京工作的两年时间里。在这"漫长的岁月"中,我总被一种"存在"所召唤着,它有时如声音,有时如形体,甚至有时会转化成一种"直觉"影响着我,并促成我创作很多作品。我们的经验世界称之为"艺术天分"。但是,"天分"这个词代表着一切,又同时抹杀了一切。尤其是在我们必须通过语言和文字去表达和传播的时候,"天分"截留了很多不容易言表、却又着实存在的东西。于是,一方面"天分"保护了一些真正拥有天分的人,另一方面也为某些冒名顶替者找到了很好的掩饰法则。

于是,在我那段"漫长的岁月"里,不计其数的冒牌货争先涌出和告别那个舞台，也愈发的使我对自己产生了怀疑，所谓的艺术天分是否真的存在，或许只是我一厢情愿的表达？

带着这些疑问，我一次又一次踏上了寻求答案的道路，在不计其数碰壁之后，我终于脱离了美学和艺术理论束缚，进入哲学的殿堂。这又是一个重要的节点，带给我这个节点的人，便是我的师爷徐复观先生。徐先生的著作《中国艺术精神》一书认为，庄子所开展出来的是一种艺术精神世界，并且与胡塞尔的现象学有很多呼应之处。代表的关键词便是"物化"、"心斋"。这一说法一下击中了我心中的疑问，这不正是多年缠绕和影响我的无法言表的东西么？沿着这一思路，我开始阅读和搜集关于现象学和庄子的资料，但由于并非哲学专业出身，思考和逻辑推理方面受到了很多阻碍和限制。我的恩师翟志成教授知道我的困难后，向香港中文大学的陶国璋教授推荐了我。陶国璋教授后来便成为我的论文指导教授，无论是对我的论文还是对我个人，都产生了极为深远的影响。

如此，在陶国璋教授的指导下，我一步步迈向自己所预期的效果——能够用语言去呈现自己所直觉到的存在。而现在，随着论文的完成，我的预期也基本达到。虽然其中出现了种种波折，但带给我的，更多是一种新的挑战和未来可以持续进行研究的动力。而这些，都是在肯定自我价值的基础上去实现的。所以我说，该论文的完成对我来讲有极为重大的意义。

在此，我想向在攻读博士课程并撰写博士论文的四年时间里，帮助过我的所有人表达深深的谢意。

首先是尊敬的各位老师们，感谢我的指导教授陶国璋老师，陶老师在撰写论文期间孜孜不倦的引导，将我带入哲学的专业领域和崭新的思考高度；感谢我的恩师翟志成老师，翟老师是我的硕士研究生时期的老师,是翟老师推荐我进入新亚研究所就读哲学专业,并在每个关键时刻,一路帮助我顺利完成学业;感谢刘楚华所长和新亚研究所的各位老师,这四年中各位老师一直督促我学习和传授各门学业,我学到的不止是如何治学,更是如何治学的态度,以及如何修养成为理想的人品和品格,这对我一生致用。

此外,我想对我的家人们表示感谢,父亲母亲一直支持我在学业的道路上开拓驰骋,没有他们的支持,我无法持续地将精力和思绪专注在论文的思考中。最后,我尤其要对我的先生李杨洋表示感谢。这四年的时光对于我来说如攀登高山,艰辛但充满喜悦。但对他来说,只能是生活负担的加重,以及时而要承受我写论文不顺利时的不良情绪。而这些他都能一一化解,从不抱怨并一直鼓励和激励我。他个人也非常的努力,这几年中,在自己独立完成一部小说之余,还帮助我完成了两次个人展览,以及与我合力出版一部新书。

所以虽路途遥遥,道路险且阻,但有良师指引,良人作伴,严肃的学术研究也不失成为一庄"浪漫的追求"。这想必便是海德格尔所说的"诗意地居住"了。

曹璇

于香港居所

2018. 9. 18